唯識

これだけは知りたい

法相宗管長 薬師寺管主
加藤朝胤［監修］
船山 徹
石垣明貴杞

カバー装画
田渕俊夫画「聖なる涅槃の夜」
題字
加藤朝胤書「唯識」

推薦のことば

前文化庁長官　宮田亮平

無著《むじゃく》（アサンガ）と世親《せしん》（ヴァスバンドゥ）の名を耳にされた方はおられるのではないでしょうか。奈良の興福寺にある国宝の無著・世親立像は鎌倉時代にできた文化財として有名ですし、近年制作されたものでは薬師寺の大講堂に、文化勲章を受賞された中村晋也先生制作の両ブロンズ像が安置されています。

本書によると、インドの佛教から生み出された大乗佛教の教えには、唯識といわれる思想を説いた「瑜伽行派《ゆがぎょうは》」と、この世のすべては「空《くう》」であり、変化しないで存在し続けるものなど何もないと龍樹《りゅうじゅ》が説いた「中観派《ちゅうがんは》」の二つの学派《がくは》があるようです。今この本が主題とするのは「瑜伽行派」の唯識思想の方で、それは無著と世親という兄弟の僧侶によってまとめられ、インドだけでなく中国や朝鮮半島、日本にも伝えられたものです。

この教理は日本に初めて佛教が伝えられた後に早々と請来され、その後も国の要請で僧侶が幾度も留学しながら研究を重ねました。昔は僧侶ならば必ず学ぶ教えとされ、有名な行基《ぎょうき》や最《さい》澄《ちょう》、空海《くうかい》、法然《ほうねん》、親鸞《しんらん》といった名僧も、宗派を超えて唯識を学んだのです。大変興味深いことに、唯識では「悟り」に到達するまでの心と体の変化を段階的に明らかにしていくので、過去の佛教徒はその教理に則って自分の悟りへの段階を推し量っていたようです。自分にとって「悟り」は遠いのか近いのか。僧侶でなくても大いに気になるところです。

ところがこの教えは、二千年近くの長い歴史の中でさまざまな困難を受け、徐々に継承することすらできない状況へと陥りました。政治的な動きによって手放さなければならなくなった思想や、戦争で焼失した経典もあります。それらを取り戻すことは、困難というより、不可能なことです。人が富も権力もなく、年老いても、どんな環境に身を置いていても、平安で幸せに暮らせることを目指した唯識の思想を失うとすれば、それは余りにも大きな損失ではないでしょうか。

本書はこのような危機的な状況を打破して、佛教が生み出した叡知を次代に残そうとしたものです。推薦理由は複数ありますが、その中でも特筆すべき点は、専門書でありながら、どなたでも読破ができるということです。国ごとに時系列に並べられた記録はまるで物語を読んでいるかのようであり、その上専門家の興味を満足させる地図や重要な語句の解説も付録しています。ここに最先端の研究成果まで著されているのですから、瑜伽行唯識派についての学びを志す者に限らず、大乗佛教の歴史や思想にご興味のある方は、ぜひ本書を読んでいただきたいと思います。

私の得意分野からも推薦理由を挙げておきましょう。これまで私は哲学や宗教の分野で眺めていて楽しいという書籍に出会った記憶がありません。正直に言うと難しい文言が整然と並んでいるという印象でした。ところが本書には、至る所に日本を代表する美術家の作品が散りばめられているではないですか。しかもそれらがすべて未発表作品であり、何らかの形で佛教に関連付けがなされているのです。頁を繰ると、日本が誇る現代最高の技術で佛教をテーマにした作品が目に飛び込んでくる。そして制作者の佛教に対する思いまで綴られているのです。その緩急の素晴らしいこと。最後の最後まで楽しめます。

ここでそっと裏話をするならば、これほど著名な先生方の文章や作品が満載でありながら、本の中には履歴が見当たりません。なぜか。お一人ごとの受賞歴など書こうものなら、本書が気軽に手に取れる重さではなくなってしまうからです。もしもこれらすべての作品が陳列されたならば、きっと記憶に残る佛教をテーマにした展覧会となることでしょう。作品が蔵に仕舞い込まれることなく、直接皆様に御高覧頂ける機会が得られますように。

このように本書は多数の方から賛同と協力を得て上梓されました。普段は意識しておりませんが、日本文化はその源で佛教から多大な影響を受けています。たとえば寺院でお経を唱える声明《しょうみょう》の旋律は日本の伝統音楽の源流ですし、日本人が書いた文字を初めて目にしたのもお経です。遣唐使は建築や架橋、あるいは貯水工事の技術などを学んで日本に持ち帰り、僧侶も率先してそれらの施工にたずさわりました。今現代に活用されている事柄も沢山あります。同様に美術の世界も、技術や紋様など、突き詰めれば佛教文化と切り離せない過去へとつながります。伝統技術を継承して、そこに新たな技術を加えながら制作するという立場にある諸氏だからこそ、この度思想の存続にもご理解とご尽力を賜ることができたのではないでしょうか。

本書のように、世界中から失われつつある佛教の一大流派の歴史や思想を、現代の日本から文字記録として残せることは大変価値ある誇らしいことです。

今、図らずも生命の犠牲を強いるような争いが現実世界で起きているのは皆さんご承知の通りです。このような時代だからこそ、唯識思想が究極の幸福とする「悟り」について改めて再検討し、皆さん一人一人が実際の人生に反映させることができればと切に願います。

はじめに

法相宗管長　薬師寺管主　加藤朝胤

薬師寺をご参拝いただく方々から、時折宗派名を尋ねられます。「法相宗《ほっそうしゅう》」とお答えすると、ほとんどの方がご存知ありません。法相宗は本来唯識の教理を中心に学んで研究する宗派でした。この教理は六世紀初頭に日本へ佛教が伝えられて以来、国を挙げて研鑽されました。けれども今では研究者によってのみ細々と伝えられているような状況です。理由は色々と考えられますが、難解な専門用語の羅列が多く、最も厳しい悟りへの道を教えとするところが、衰退の原因にはあると思われます。

令和元年八月十六日に法相宗管長薬師寺管主に晋山した小衲でさえ、これまで唯識の教理を専門的に学んでおりませんでした。すでにインドや中国では唯識学派の資料の大半が現存しておらず、日本においても南都寺院の一部に存在しているだけです。管主就任時に、このような現状を危惧した京都大学人文科学研究所の石垣明貴杞先生から、唯識学派の歴史と思想を誰にでもわかる言葉で、今文字に残しておくべきではないか、とお話を賜りました。こうして『唯識 これだけは知りたい』の制作がスタートを切りました。

監修のお役目を果たすに当たり、私への集中講義が始まりました。個人授業はサンスクリット語や中国語の原典を駆使したものでしたが、ご教授いただいた京都大学人文科学研究所の船山徹先生の解り易いご説明で回を重ねることができました。

本書の主たる方針は「唯識の歴史や教えが過去の学問にならず、正しく伝承されること」と、「広く様々な方に楽しんでお読みいただけること」です。そこで日本を代表する工芸家の諸先生にもご協力を仰ぎ、本書のために佛教に纏わるテーマで新たな作品をご提供頂きました。日夜日本文化の牽引役を努めておられる方々に、即座に本書出版へのご賛同をいただけましたことを大変誇りに思います。また前文化庁長官の宮田亮平氏には、哲学や歴史の分野にある本書と挿絵として掲載させていただく工芸作品を、伝承という観点から結びつけたご意見を頂戴し、複数の点からご推薦を賜りました。このように多くの方々のお力添えをいただいたこと、感謝の念に堪えません。

インドだけでなく、日本人も佛教伝来時から、どのようにしたら悟れるのか、また悟りを得るとはどんな状態なのか、を唯識教理に求めてまいりました。本書の上梓を契機に、再び沢山の方々が真の幸せについて考え、平和な日々を送る事が出来ればと願います。

本文概要

有史以来、存在するものは精神がすべての根源であると考えられてきました。紀元前のインドで生まれた佛教の基本も人の心のあり様を重んじ、日々の積み重ねによって心を悪い状態から良い状態に変える事で、穏やかな日常と安楽な生活を営む事が出来るように、という教えです。

本書はインドから中国へ、そして中国から（部分的に朝鮮半島も介して）日本に伝わった瑜伽《ゆが》行派《ぎょうは》の説く唯識思想の要点を概説します。諺をもじって「唯識三年《ゆいしきさんねん》、倶舎八年《くしゃはちねん》」と言う程に、唯識思想には様々な人と書が複雑に絡み合う一面があります。ここでは煩瑣な内容を理解しやすいように要点を絞り、簡潔で正確な説明を目指します。

「第一章　インド」では、佛教の始まりから瑜伽行派が現れ、多くの著作が作られたことを歴史中心に見ていきます。

人の心は地域や時代を超えて迷いの世界を作り出し、悟った世界も作り出します。インドで生まれた佛教では、迷い苦しむのもそこから解放されて悟りに至るのも、すべて心のあり方によるもので、そのような心のあり様は修行で改善することが可能であると考えました。

釈迦牟尼の没後に、佛教教団では内部で考え方の異なる部派佛教集団が起こり、更にその後、改革派新勢力である大乗佛教が現れました。大乗では理想の修行者像を阿羅漢ではなく菩薩と呼び、自利行と共に利他行も実践することが重要だと考えます。こうして苦悩する衆生を救済し、この世のすべてが救われた時に初めて悟りの世界に入ろう、という菩薩の誓いがいわれるようになりました。

大乗佛教は幾つかの時期に区分することができます。最初に大乗の経典が世に現れました。その後、経典内容を論じて整理分析し、教えを体系化する学派の時代が始まりました。学派時代は「中観派《ちゅうがんは》」の登場と共に始まり、次に生じた学派が「瑜伽行派《ゆがぎょうは》」でした。本書の主題である「唯識」の教えを打ち立てたのはこの学派です。

瑜伽行派の始祖は、『瑜伽師地論《ゆがしじろん》』を説いた弥勒菩薩《みろくぼさつ》だと伝えられています。中国の唐代に活躍した高僧玄奘《げんじょう》の『瑜伽師地論』百巻は、この論書を翻訳したものです。前半は瑜伽行派の教えを説きますが、後半部分になると唯識思想が付け加わります。唯識というのは、この世はすべて心が作り出した事柄の現れに過ぎず、心の外には何も実在しないという考え方で、瑜伽行派の中では少し後に生まれた新たな思想でした。そこで思想の成立前と区別するために、唯識を含む瑜伽行派の教えを瑜伽行唯識思想といい、それを唱えた人々は瑜伽行唯識派と呼んだのです。瑜伽行唯識の教えを引き継いだのは無著《むじゃく》（アサンガ）と世親《せしん》（ヴァスバンドゥ）でした。唯識思想を初めて理論的に論述した書は世親の『唯識二十論』ですが、それだけに止まらず二人は実に多くの論を著し、瑜伽行唯識思想をインドに弘めました。およそ以上の事柄を第一章で解説します。

「第二章　インドから中国へ」では、中国に伝わった瑜伽行唯識思想を歴史中心に概説します。

唐の玄奘は、若い頃勉学に勤しむ中で陳《ちん》の真諦《しんたい》が翻訳した『十七地論《じゅうしちじろん》』の存在を知りますが、訳語が難しく、内容も十分に理解する事ができませんでした。そこでインドに『十七地論』の原典を求め、最新の解釈を学んで中国に持ち帰る求法の旅を決心します。玄奘がインドで学んだ場所はナーランダー寺です（現在のインド共和国ビハール州都パトナの南東。二〇一六年に世界遺産登録）。そこで直接教えを受けた師匠は、護法《ごほう》（ダルマパーラ）の直弟子であった戒賢《かいげん》（シーラバドラ）でした。つまり玄奘は護法の孫弟子に当たるので、瑜伽行派思想を受け継ぐ直系ということになります。

玄奘が帰国後、最初期に翻訳した佛典に弥勒菩薩の説いた『瑜伽師地論』があります。これこそインド留学を決意するきっかけとなった真諦訳『十七地論』の原典です。初志貫徹で理解しやすいように翻訳し直したのです。

玄奘は生涯をかけて瑜伽行唯識派の経典と論書を数多く翻訳し、そのお蔭で初めて中国に弘まった佛教書も数多く存在します。玄奘が伝えた最新の瑜伽行唯識思想も弟子の慈恩大師窺《き》基《き》（大乗基）に引き継がれ、法相学という名で更に弘がりを見せました。法系は淄州大師《ししゅうだいし》慧沼《えしょう》、濮陽大師《ぼくようだいし》智周《ちしゅう》へと継承されます。第二章ではこれらの歴史を代表的書物の内容と共に紹介します。

「第三章　中国から日本へ」では、日本の法相宗（日本の瑜伽行唯識派）の歴史を概説します。無著と世親の前期唯識派と護法の思想は玄奘訳の経典を通して中国に伝わり、南都（奈良の藤原京や平城京に建立された大寺院）に引き継がれました。飛鳥時代に日本に伝えられた佛教は、朝廷の厳しい管理の下で国家佛教として国や民の繁栄を祈願すると共に、佛教を研究する学問佛教の役割を担いました。国から資格が与えられた僧侶は、佛教教理の各分野を研鑽する超エリート集団でした。中でも法相の教えは衆生救済を目指す大乗佛教の教えとして、中国の唐に留学した道昭が直接玄奘から教えを受けたことに端を発します。

資料により違いが確認されることがあるため、確実な歴史に限り紹介していきます。また、日本で独自に発達した法相宗の法会や儀礼についても概略を解説し、現代の状況もわかるように心懸けます。

日本では四度に渡る唯識の伝来を通して、玄奘から中国法相学第三祖智周に至るまでの伝統を、奈良の大寺院がそのまま引き継ぐ形で始まりました。今もなお、奈良の薬師寺と興福寺がその伝統を途切れさせずに継承していることは大変意義深いことです。

「第四章　基本用語」では、インドの瑜伽行唯識派、中国の法相学、日本における奈良の法相宗の教理学を理解するために、是非とも知っておくべき基本的な術語について説明します。

第一章から第三章までは歴史的な出来事を主に解説しましたが、ここでは歴史ではなく、教義について思想の根本を説明します。法相宗で用いる用語には難しいものが多いのですが、現代日本語で理解できるように配慮しながら、五つの点に焦点を当てて、用語を解説します。

是非、付録の図表や索引も活用して、瑜伽行唯識の思想を身近に活かしてください。

目次

江里康慧・江里朋子――神代樟 截金「法輪」
（撮影　山崎兼慈）

江里康慧

Eri Kōkei

佛教では佛や菩薩の誓願を佛像の印相や持ち物であらわし、釈尊の生涯でのさまざまな故事や事跡をいろいろな象徴物に置き換えてあらわしてきています。これらは三昧耶形《さんまやぎょう》（三摩耶形）とよばれてきました。

例えば釈尊の誕生の地ルンビニーは無憂樹で、悟りを開かれたブダガヤは菩提樹または金剛法座で、涅槃の地クシナガラは沙羅双樹に象徴して示されてきています。

中でもブダガヤにおいて悟りを得て、根本真理そのものとなられた佛陀釈尊はサールナート（鹿野苑）に赴かれ、かつての修行仲間であった五人の比丘に初めて法を説かれた初転法輪の場面では舵輪形の「法輪」をもってあらわされています。時代を経ても、釈尊が説かれた教えに心を澄まして耳を傾けたいものです。

江里朋子

Eri Tomoko

ほとけを賛嘆し供養する心から生まれ、そして伝承されてきた法輪が、より輝きを増しますように截金《きりかね》にて装飾をいたしました。ご佛像や佛画の荘厳に見られる截金を生みだし、伝承してきた往時の人びとのこころにふれる思いをいたしました。

唯識

これだけは知りたい

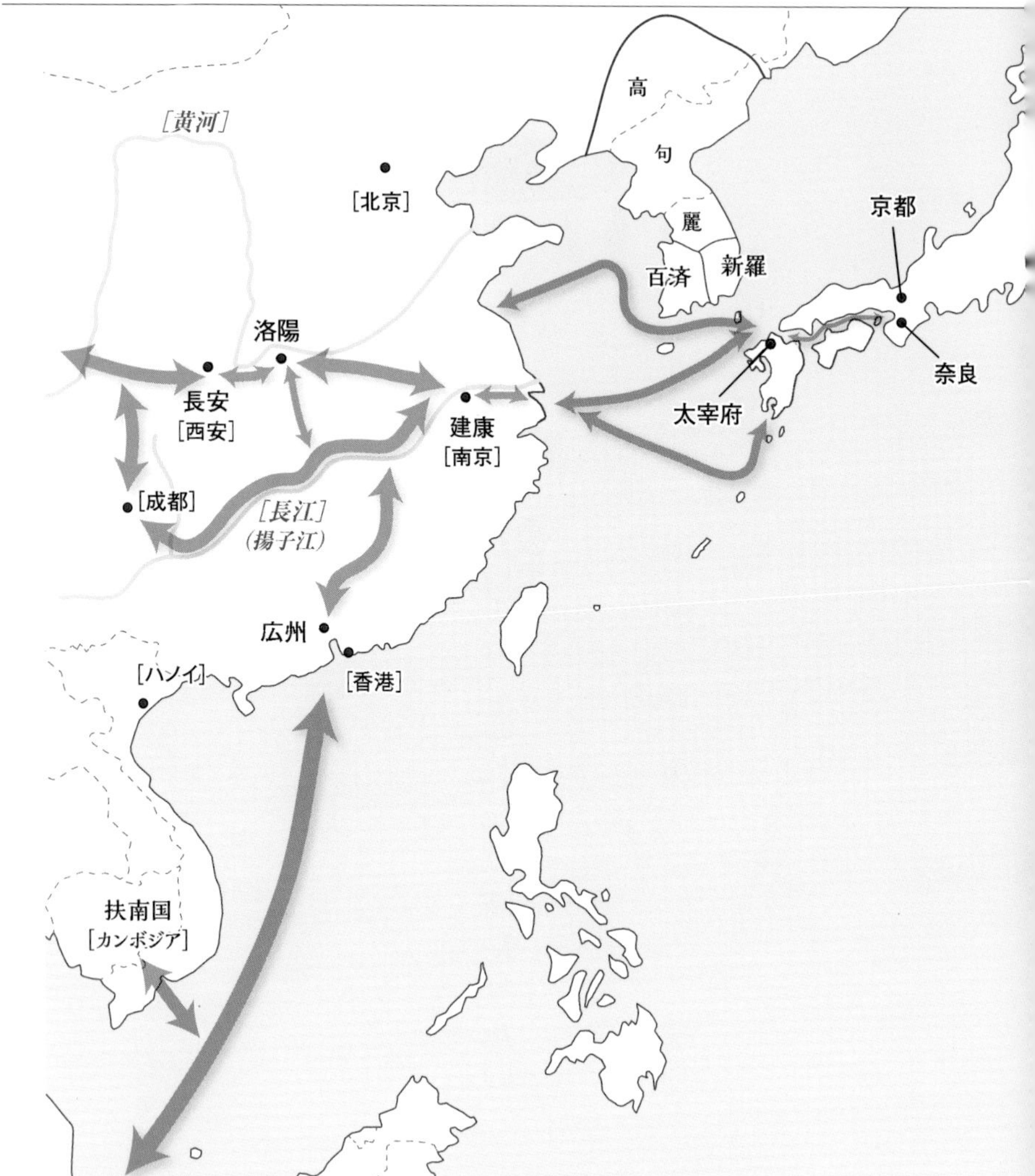

［黄河］
［北京］
高
句
麗
百済
新羅
京都
奈良
太宰府
洛陽
長安
［西安］
建康
［南京］
［成都］
［長江］
（揚子江）
広州
［香港］
［ハノイ］
扶南国
［カンボジア］

◇インド・中国・日本　概略図

本書にふれた主な地名を掲げた。［　］は現代名を示す。

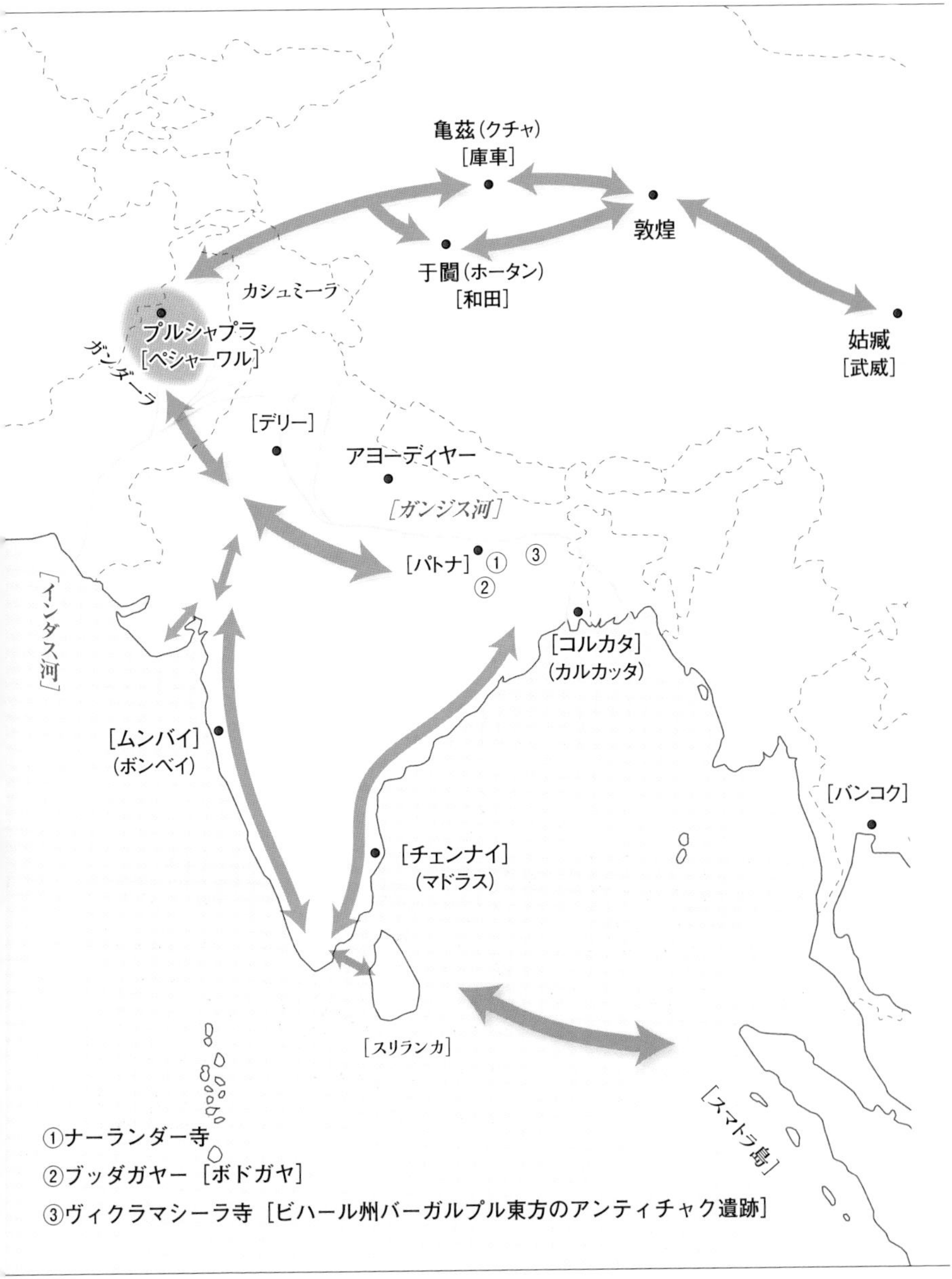

薬師寺

興福寺

第一章

インド

第一節 ❖ 心を重んずる佛教

❇ 初期佛教の時代

佛教は、インド佛教の最初期から、人の心のあり様を重んじ、修行によって心を悪い状態から良い状態に変えてゆくことで悩みや不安をなくし、悟りに近づくことを目指します。インド佛教史の最初期の内容を伝えるパーリ語版『法句経《ほっくきょう》（ダンマ・パダ *Dhamma-pada*「真実についての言葉」）』は、冒頭第一章の第一偈《げ》と第二偈を次のように説いています（「偈」とは韻文の詩節のこと）。

一　ものごとは心にもとづき、心を主とし、心によってつくり出される。もしも汚れた心で話したり行なったりするならば、苦しみはその人につき従う。――車をひく（牛）の足跡に車輪がついて行くように。

二　ものごとは心にもとづき、心を主とし、心によってつくり出される。もしも清らかな心で話したり行なったりするならば、福楽はその人につき従う。――影がそのからだから

離れないように。[注1]

第一偈と第二偈が対になって苦も楽もすべて心のあり方に基づくことを述べています。同じ内容は他の多くの経典に見られます。例えばブッダの涅槃《ねはん》（ニルヴァーナ nirvāṇa 肉体の死滅による解脱・完全な解放）を説くインド初期佛教の『般泥洹経《はつないおんぎょう》』は、迷いの世界に属する神々・人間・動物・餓鬼《がき》（飢えに苦しみ決して満腹になれない生存）・地獄という五つの生まれ方も皆、心の産物に他ならないことをこう説きます。

心が天の神々を作り、心が人を作り、心が悪鬼《あっき》（「餓鬼《がき》」と同じ）や動物や地獄を作る。すべて心が作り出したものである。心のはたらきから諸の存在事物が生まれる。

（失訳《しつやく》『般泥洹経』巻上）

「失訳」は翻訳者不明という意味です。そして更に但し書きを付けておきますが、最初期の佛教経典が皆このように説いているわけではありません。普通の意味の通りに人や動物がいると認める経典も、心の価値を特に重視せずに説く経典も沢山あります。しかし世俗的・習慣的なものから事物や世界の究極的なあり様を説くことに話題が深まると、心の意義を強く説き示します。右に引いた二節はその例です。

❊ 大乗佛教の初期

こうしてインドの佛教は、大乗佛教が生まれる以前から心を一切諸物の根源と見なす考えを随所に示しています。心の重視は、地域や時代を超えてあらゆる種類の佛教に通じます。初期佛典はもちろんのこと、大乗佛教（恐らく西暦紀元前後頃に発生）にも引き継がれました。

例えば『般舟三昧経《はんじゅざんまいきょう》』というインドの初期大乗経典があります。経名の「般舟三昧」は「般舟という三昧」を指し、「般舟」「三昧」共にサンスクリット語の漢字音写です。経名の原語はサンスクリット語「プラティウトパンナ・（ブッダ・サンムクハ・アヴァストゥヒタ・）サマーディ pratyutpanna (-buddha-saṃmukhāvasthita-) samādhi」です。「三昧」は「精神統一・精神集中」を表しますから、「般舟三昧」は「今現に〔諸佛が修行者の面前に立っている様を目の当たりにする〕精神集中」という意味です。佛がありありと眼前に立ち現れる様を目の当たりにする神秘的な宗教体験です。

『般舟三昧経』は、修行者が寝ても覚めても心を散らさず、ひたすら阿弥陀佛の姿を細部まで詳しく思い続けるならば、やがて必ず阿弥陀佛が修行者の前に立ち現れることを説いています。この経典の最も古い原形を伝える翻訳、後漢《ごかん》の支婁迦讖《しるかしん》（後二世紀中後期。サンスクリット名は「ローカクシェーマ Lokakṣema」か）が訳した『般舟三昧経』は次のように説いています。

心が佛を作るのであり、心が自らを見るのである。心は佛であり、心はタタハーガタ（如来、「佛」と同じ意味）である。心がわが身であり、心が佛を見るのである。心は自ら心を知らず、心は自ら心を見ない。心に〔誤った〕思念が働くと無知蒙昧になる。心にその思念が働かなければ、それがニルヴァーナ（涅槃。＝悟り＝解脱《げだつ》）である。

（支婁迦讖訳『般舟三昧経』行品《ぎょうほん》）

心が作る「すべて」はブッダも含むのです。中国の三国時代の呉国《ごこく》で支謙《しけん》が翻訳した『維摩詰経《ゆいまきつきょう》』という大乗経典も、「一切の諸存在は、心から生まれる」と語ります（支謙訳『維摩詰経』弟子品《でしぼん》）。先に紹介した『般泥洹経』は、心は迷いの世界を作り出すと説きます。一方、右に紹介した『般舟三昧経』は、心は、悟ったブッダをも作り出すと説きます。

この二つを合わせると、迷い苦しむのも、そこから解放されて悟りに至るのも、どちらも心のあり方にかかっているのだから、しっかり修行し、心のあり様を改善すべしという教えとなります。

この考え方は、本書の主題である「唯識《ゆいしき》」という大乗の思想がインド佛教の歴史に現れるより遥か以前から存在したものの見方です。
よく西洋の思想では、精神と物質の二つを並べる考え方を「物心二元論《ぶっしんにげんろん》」と言いますが、右に紹介したような佛教の思想は、精神のみがすべての根源であるという「精神一元論《せいしんいちげんろん》」すなわち「唯心論《ゆいしんろん》」です。後に詳しく説明するように、唯識思想では、この世のすべては唯だ識《しき》（ヴィジニャプティ *vijñapti* 心のはたらき）に他ならず、心とまったく別な物質など何処にも存在しないと断言します。

大乗経典の『十地経《じゅうじ》（ダシャ・ブフーミカ *Daśabhūmika*）』（『華厳経』十地品の源）は、大乗の理想の修行者である菩薩《ぼさつ》の生き方を十段階に分けて教えます。「十地」と呼ばれる思想がそれであり、初地《しょじ》から始まり、二地《にじ》、三地《さんじ》と境地を高め、十地《じゅうじ》に至るまで修行し続けます。それぞれの「地《じ》（修行の段階）」には中心的に行うべき事柄が定められています。『十地経』の最も古い翻訳の一つに鳩摩羅什《くまらじゅう》訳『十住経《じゅうじゅうきょう》』があります。六地《ろくじ》の「現前地《げんぜんじ》」に、「唯識《ゆいしき》」の元となる次の教えが現れます。

更にまた〔菩薩は〕「三界《さんがい》は虚妄《こもう》であり、専ら心が作りだしたものに過ぎない」〔と念ずる〕」。

（鳩摩羅什訳『十住経』六地）

「三界」は、欲界《よくかい》（欲望にまみれた領域）・色界《しきかい》（欲望を離れた純粋物質の領域）・無《む》色界《しきかい》（物質さえも離れた純粋精神の領域）の三領域です。全体として、生きものが、悟らない限り、ずっとさまよい続ける偽りの世界を意味します。この「但是心作――但だ是れ心の作《な》すのみ」という言い方が、後に瑜伽行唯識派を確立した一人であるヴァスバンドゥの『唯識二十論《ゆいしきにじゅうろん》』の自注《じちゅう》（ヴァスバンドゥが自ら施した注釈・解説）に取り込まれ、『スートラ』（sūtra 経、経典）は、三界は唯《た》だ心のみであると説いている（『契経』説「三界唯心」）と言い換えられました。それをヴァスバンドゥは更に「三界唯識――三界は唯だ識のみ」と表しました。こうして心を重視する伝統はインド佛教の初期に始まり、大乗に受け継がれ、瑜伽行派の論書で最終的に「唯識」という用語に結実したのです。

まとめるとこう言えます――唯識思想の基礎はインド佛教の最初期から存在しました。次に、大乗佛教の登場でそれが強まりました。そして更に、こうした流れから後に唯識思想が生まれました。唯識は突然変異のような突飛な思想ではありません。インド佛教史の流れの中で生まれるべくして生まれたのです。枠組みとなるこの大きな流れを、しっかりと頭に入れてください。

❊ 鏡の喩えと水面の喩え

心をあらゆる現象の源と見なす佛教唯心論では、時代の違いを超えて、巧みな喩えを用いて迷いと悟りの構造を例示することに努めました。鏡の喩えと水面《みなも》の喩えがよく知られています。鏡といっても、現代のようなガラスの鏡でなく、古い時代のインドや中国では銅や青銅の鏡でした。日本の古墳から出土した銅鏡に三角縁神獣鏡《さんかくぶちしんじゅうきょう》があるのは周知の通りです。鏡の表を美しい文様で飾り、鏡背《きょうはい》を磨いて鏡にします。同様に、水面も経典に登場します。鏡が汚れていたら、鏡の中に自らの顔は現れませんし、水面に波や汚れがあったら、空にかかる月も水面に映りません。同様に、心が汚れたままだったら、本来の清らかで美しい心は現れ出ることはありません。また、ブッダを自ら目の当たりにしたくとも、その御姿を我が心の中に現わしてくれません。

このようなことを喩えで示す教えとして、次に掲げる『大智度論《だいちどろん》』の問答は明快です。『大智度論』は、五世紀の初め、中央アジア亀茲国《きゅうじこく》（クチャ Kucha）出身の鳩摩羅什《くまらじゅう》（クマーラジーヴァ Kumārajīva、生卒年《せいしゅつねん》は約三五〇～四〇九頃）が当時の後秦国《こうしんこく》の都、長安《ちょうあん》（現在の陝西省西安市）で翻訳した、『般若経《はんにゃきょう》』に対する注釈であり、豊富な話題に溢れています。

『大智度論』は、「もしブッダが本当にいるのなら、どうして私には見えないのか。ブッダなど実はいないのではないか」という疑いを立て、それに答えます。

問い。もし十方[1]に無数の諸佛・諸菩薩がいるなら、今多くの生きもの（衆生《しゅじょう》）が〔地獄・餓鬼・動物という〕三悪道に堕ちているのに、どうして〔助けに〕来ないのか。

答え。彼ら生きものたちは〔犯した〕罪過が重いから、諸佛・諸菩薩がやって来ても見えないのだ。更に、真実そのものを身体《からだ》とする諸佛がいつも光を放ち、いつも説法しているのに、〔彼らは〕罪過が重いから〔その姿が〕見えず、〔諸佛の説法する〕声が聞こえないのだ。それは陽が上っていても盲者には見えず、雷が轟き大地を震わしても聾者には聞こえないのと同じである。このように真実そのものを身体とする〔諸佛〕はいつも光を放ち、いつも説法しているのに、生きものたちは量り知れない長大なカルパ(2)〔の間に犯した〕罪過が大量で重いので、〔彼らには諸佛の姿も説法も〕見えず、聞こえない。〔それは汚れなき〕清らかな鏡や澄み切った水に面《おもて》を映《うつ》せば見えるが、〔鏡が〕翳《くも》って汚れていたり〔水面《みなも》が〕澄み切っていなかったら何も見えないのと同じである。このように、生きものたちの心が清らかなら佛に見《まみ》えるが、心が清らかでないなら佛に見《まみ》えることはない。今、十方に諸佛・諸菩薩が実際にいて、ここにやって来て生きものたちを救い出〔そうと〕しているのに、〔心が汚れた彼らにはそれが〕見えないのだ。（鳩摩羅什訳『大智度論』巻九）

（1）「十方」は自らを中心とした時の十方向。すなわち東西南北の四方に、その間の北東・北西・南東・南西を加えると八方になる。それに上方と下方を合わせた十の方向を十方と言う。つまり

「十方」はあらゆる方向の意。
（2）「カルパ」はサンスクリット語の kalpa という、想像を絶する長い時間の単位。その漢字音写の省略形を「劫《こう》」と言う。「カルパ」は、桁外れに長い、インド文化ならではの独特の時間の長さを示す。

意味するところは明らかでしょう。心が汚れたままなら、ブッダがいても目の当たりにすることはできないから、まず心を清らかにせよ、そして慎んで修行せよという教えです。

第二節 ❖ 瑜伽行思想の始まり

❊ 大乗の「経（スートラ）」

前節では、比較的初期の大乗の経典・論書に即して、佛教の心のあり様を重んずる教えを説明しました。まったく同じことは、時代と地域を超えて後のインド佛教にも、そしてインド以外の中国佛教や日本佛教、チベット佛教にも当てはまります。

大乗佛教がインドのどの地域でいつ頃、どんな理由で生まれたかについては定説がありません。しかし多くの学者はおよそ紀元前後の頃、特に紀元直前の頃に生まれた可能性が高いと推測しています。こうした最初期の大乗が世に弘めたのは専ら「経《きょう》」でした。「経」は「経典《きょうてん》」とも言います。ブッダの直説《じきせつ》として伝わる教えです。既に名前を挙げた初期大乗経典の他にも、『般若経《はんにゃきょう》』は最初期に生まれた一つで、その後、数世紀をかけて、『大般若経』六百巻のような分量拡大版と、『金剛般若経《こんごう》』や『般若心経《はんにゃしんぎょう》』のような簡略版の数々を世に弘めました。

本書はこれまで「大乗」という語を説明せずに用いてきました。そこで大乗とは何か、どのような特徴があるかをまとめておきましょう。

インドの佛教は、（一）釈迦牟尼《しゃかむに》の生前の初期佛教とその直後、（二）釈迦牟尼の没後、マウリヤ朝アショーカ王（在位前二六八～二三二頃）の時に生じた部派分裂《ぶはぶんれつ》をきっかけとして、佛教内部に少しずつ異なる集団が生まれた部派《ぶは》佛教の時代、更に、（三）部派佛教は十分な教えではないと考えた人々が起こした改革派の新勢力である大乗《だいじょう》佛教の時代、の三期に大きく分かれます。

（一）は、釈迦牟尼の教えをそのまま伝える最初期であり、かつては原始佛教と呼ぶこともありましたが、「古いだけで未発達の」という意味を避けるため、今は「初期佛教」と呼ぶのが普通です。

（二）は、保守派と改革派に大きく二分した後、各々が細かく分派し、結局、十八部派・二十部派等と呼ばれる小さな集団に分かれました。それぞれが少しずつ異なる出家教団の生活規則（律《りつ》、ヴィナヤ）を持ち、思想的にも異なる集団となりましたが、全部派に共通したのは修行の目的です。彼らは、どんなに熱心に修行しても師の釈迦牟尼と同じ境地に達することはできないと考え、自らの目標をブッダ（悟った者・真理に目覚めた者）でなく、アルハト（阿羅漢 arhat 供養されるに相応しい、尊敬すべき者）となることに定めました。そしてアルハトになるまで、専ら、自らを向上させるためだけに修行すべしと考えました。分かりやすいよう極端な言い方をするなら、部派佛教の目指す目標は自らアルハトになることであり、自らの修行成果はすべて自らに返ってくるのであって、他者のために修行することは一切しないと、他者は眼中にない立場を貫きました。

これに異を唱えたのが（二）大乗の人々です。最初からアルハトという一段低いところに目標を設定するのは理に適わず、修行する以上、誰でも自らブッダになることを目指し、そして他者を無視するのでなく、我々全体が共同して向上すべしという立場を表明しました。そのため、大乗では理想の修行者像をアルハトでなく、菩薩（ボーディサットヴァ、悟りを目指す者）と呼び、そのためには、自らのためだけ（自利行《じりぎょう》）でなく、他者のためになる行い（利他《りた》行《ぎょう》）も一緒に実践すべしと考えました。他者のためになるとは、現代風の言い方に置き換えれば、社会性や公共性を考慮することです。自分ひとりが悟りすますのでなく、この世の迷える生きものたちの役に立つことを行いながら、衆生を救済し（「済度《さいど》——救って悟りの岸辺に渡してやる」）、この世の全員が救われて初めて自らが最後の一人としてブッダとなろう、そしてもし一人でも救われない人が残っているなら自分勝手に悟りの世界に入ったりはするまいという、菩薩の誓願《せいがん》（今後何度生まれ変わっても菩薩として生きるという偉大な誓い）をします。こうした大乗思想が生まれた地域は不明ですが、時代は釈迦牟尼の入滅後数百年後の紀元直前頃だったと、現在多くの研究者は考えています。

❋ 大乗の「論（シャーストラ）」

大乗佛教は、出家教団の生活規則をまとめた「律《りつ》」（ヴィナヤ vinaya）について大乗独自の新しい律を作りませんでした。どういうことかと言うと、大乗は在家信者の活動に大きな意義を認めましたが、出家者に関しては、大乗が生まれる前から伝統的に存在していた部派《ぶは》佛教——しばしば「小乗佛教」と呼ばれる佛教[注2]——が伝えた「律」を大乗もそのまま用いて出家し、日々の生活規則とするのがよいと考えたのです。しかし、その一方で、教理学については、部派の教理で十分とは見なさず、大乗に特有の教理を新たに作り、世に弘めました。「空《くう》」の思想はその典型です。

「空」は空虚という意味ではありません。ものごとには何ら固定的で永遠不滅の性質など存在しないことを表します。「空」を表すサンスクリット語「シューニヤ śūnya」は、数学では零（ゼロ）を意味します。零の発見によってインド数学は初めて位取り（数字の桁）を確定し、プラスの数字とマイナスの数字を等しく扱うことも可能とする基本を作りました。このような、意味に幅のある「空」を主題とした大乗経典が『般若経』と総称される諸経典でした。

大乗佛教は、スートラのみを次々と世に弘める状況を暫く続けた後、次に「論《ろん》」（シャーストラ śāstra）を作り始めるようになりました。「論」（論書《ろんじょ》）は、ブッダ自らの言葉を記録した「経《きょう》（スートラ）」と異なり、「経」に沿って、「経」の内容を更に理論的・整合的に体系化し、「経」よりも理路整然と発達させた論説です。

こうして「経」と「論」の両方によって教えを弘め、信者を増やした大乗は、新たな大乗経典に説かれた様々な教えで特に重視する教理の違いから、大乗の「学派《がくは》」を生み出しました。「学派」とは、大乗の教えが様々に数多くある中で、何かある特定の教理や理論を闡明に打ち出して主張し、思想を共有した大乗佛教徒の集団のことです。[注3]

❊ 大乗の経典と学派――㈠初期大乗経典・㈡中観派・㈢瑜伽行派・㈣密教

大乗佛教は大別すると四つの大きな流れがあり、それぞれ時期が異なります。

㈠ 大乗の最初期には、大乗の経典（スートラ）だけが存在し、次々と世に現れました。経典のみの時代、それが大乗の第一期です。

㈡　その後、経典を唱え信ずるだけでなく、経典の内容を理路整然と論じ解説する人々が「学派」を作るようになりました。歴史にまず現れた学派は、『般若経』の「空」の思想を理論化した「中観派《ちゅうがんは》」であり、それが大乗の第二期です。

㈢　次いで中観派を批判的に受け止め、別の学派が現れました。それが本書で主題として扱う「瑜伽行派《ゆがぎょうは》」であり、大乗の第三期です。

㈣　更にその後、学派ではなく、新しい種類の大乗経典が次々と世に現れました。それが大乗の第四期となった「密教《みっきょう》」の時代です。

これら四期は違う時代に生まれましたが、例えば㈢第三期の瑜伽行派の時代であっても、当然、㈠大乗のスートラは読まれ、瑜伽行派に相応しい新しい経典さえ現れましたが、㈢中観派も消滅することなく、同時に栄えました。すなわち四期とは、時期をずらしながら大乗の動きが積み重なり、最後は四種がすべて併存する時代になったということです。

❇ 中観派

このうち、学派の始まりである第二期、中観派について更に解説します。

中観派を表すサンスクリット原語は「マドゥヒャマカ Madhyamaka」と「マードゥヒャミカ

Mādhyamika」で、どちらも同じ意味です。存在と非存在の両極端に与《くみ》しない、中庸《ちゅうよう》の立場を意味する「マドゥヒャ madhya（中央の・中間の・端に偏らない）」という形容詞から生まれた名前です。

中観派の祖師は、南インド出身のナーガールジュナ（ナーガアルジュナ Nāgārjuna）という僧です。翻訳名を「龍樹《りゅうじゅ》」と言い、生卒年は確定していませんが、約一五〇〜二五〇年頃のある時期とするのが一般的です。ナーガールジュナは徹底した空の思想を説き、『中論《ちゅうろん》（ムーラ・マドゥヒャマカ・カーリカー *Mūla-madhyamaka-kārikā*）』という論書を残しました。そしてナーガールジュナの教えは、次世代のデーヴァ Deva（翻訳名は「提婆《だいば》」）またはアーリヤデーヴァ Āryadeva（翻訳名は「聖提婆《しょうだいば》」）という名の僧に引き継がれ、その後、更に多くの学僧が現れました。

❊ 瑜伽行派

中観派の次に生じた学派が「瑜伽行派《ゆがぎょうは》」でした。この学派こそ、本書の主題とする「唯識」の教えを打ち立て、世に弘めた学派でした。サンスクリット原語は「ヨーガアーチャーラ Yogācāra」と言います。ここでいう「ヨーガ」は、美容健康に行う現代の「ヨガ」と同じ言葉ですが、意味は「［心をある一つの所や境地に］結び付ける」という動詞から生まれた名詞であり、「心の制御・統制」のことです。「アーチャーラ」は行い・振る舞いという意味なので、「ヨーガアーチャーラ」は「心の統御・制御を行う人々」です。「瑜伽行」の「瑜伽」はヨーガを漢字で示す音写語、「行」は「アーチャーラ」を意味する翻訳です。

瑜伽行派の始祖はマーイトレーヤ Maitreya 菩薩です。その後、アサンガ Asaṅga とヴァスバンドゥ Vasubandhu の二兄弟がマーイトレーヤの教えを引き継ぎ、多くの論を精力的に著しました。マーイトレーヤの翻訳名は「弥勒《みろく》」、アサンガの翻訳名は「無著《むじゃく》」です。原語を漢字で音写して「阿僧伽《あそうぎゃ》」とも言います。因みに「無著」のことを現代の出版物では「無着」と書くこともありますが、伝統的に正しい字は「着」でなく「著」です。弟のヴァスバンドゥの翻訳名は、古い時代には「天親（てんしん・てんじん）」と言い、その後、「世親《せしん》」に変わりました。原語を漢字で音写した「婆藪槃豆《ばすばんず》」という表記もあります。

この三者のうち、マーイトレーヤについては中国とチベットで伝承が異なり、実在した人物か天から降臨した神話的な菩薩かという問題が今も解決されていません。アサンガとヴァスバンドゥについては、未だ年代が定まらず、ヴァスバンドゥという人物は一人か複数いたのかという点にも問題が提起されており、未だ解決しておりません。これについては本章で後に整理して述べます（51〜53頁）。

これら「中観派」と「瑜伽行派」の二派を大乗の二大学派と呼びます。その後、大乗の歴史は、別の傾向を示す文献と人々の活動を残しました。それが第三の「密教《みっきょう》」と呼ばれる教えです。密教は自らの立場を、中観と瑜伽行の教えを更に深めたものと位置付け、一部、佛教より以前からインド伝統文化に含まれていたヒンドゥー教の教えと合う世俗的な行為を是認する面も持ち合わせています。通常の修行がもたらす「安楽（スカハ sukha）」よりも高次元の「大安楽（マハー・スカハ mahā-sukha）」という名前で性的な宗教活動をも認めるところがあるため、密教の登場を、佛教のヒンドゥー化ととらえる学者もいます。

✲ 中観派の始祖ナーガールジュナの活動

ナーガールジュナは、主著『中論』の二十五章「涅槃（ニルヴァーナ、寂滅）の考察」の最後の第二四偈《げ》で次のように述べています。

〔世尊が涅槃を説いておられるから、涅槃は存在すると考えるなら、こう答えよう。帰敬《ききょう》偈《げ》にあるように、佛陀は言語的多元性の寂滅《じゃくめつ》した吉祥《きちじょう》たる涅槃に導く縁起を説かれたが、その〕言語的多元性（戯論《けろん》）の寂滅した吉祥とは、一切の認識が寂滅していることである。〔その意味では〕佛陀は、どこにおいても、誰に対しても、いかなる法も説かれたことはないのである。注4

ここでナーガールジュナは、表面的に一読するだけでは矛盾しているような、奇妙な言い方をしています。かみ砕いて解説するとこうです——普通の佛教徒が理解できる「世俗の立場」から見ると、菩提樹の元で悟りを得てから入滅するまで、ブッダは約四十五年の間、様々な仕方で様々な人々に、多くの言葉を費やして、繰り返し何度も教えを説いたと言われています。しかしナーガールジュナが主張する「真実の立場」から見ると、ブッダはそもそも空（永遠不滅の本性をもたない存在）であり、悟った時から入滅に至るまで四十五年間に、実は一言も発しなかった、というのです。

これはナーガールジュナの論書にしばしば見られる論理と、特有の言い回しです。とにかく否定的な言い回しが多いのです。佛教の教えを肯定的に述べることをせず、「今まで世俗では某某《しかじか》と言われてきたが、それは正しくない。佛教の本当の教えはそうではない」と否定することに心を傾けました。同時に、否定を鮮やかに切れ味よく見せるため、くどくど説明して誰でも分かるよう解説するというサービス精神も示しません。その結果、まるで人を突き放すような、そっけなく、否定だけが目立つ言い回しとなっています。こうしたナーガールジュナの言い方が中観派の中で誤解を招くことはありませんでしたが、中観派から離れた別の人々からは、ナーガールジュナはどんな存在も認めない虚無論者《ニヒリスト》であると非難されました。ナーガールジュナの空思想は、何者も認めないニヒリズム（虚無主義）・否定するためだけの否定論と誤解されたのです。実際、ナーガールジュナを「ナ・アスティカ nāstika（存在否定論者）」と呼んで批判する非佛教徒は多くいました。存在・非存在の両極端を離れた「中」の立場を掲げたのに非存在者と呼ばれたとは皮肉なことです。

ナーガールジュナが駆使した否定論法には、もちろん良い面もありますが、悪い面もあるのです。しかし聴衆が「～でない」という否定形では落ち着かず、「ならば肯定形で結論するとどうなるか」と訊ねても、「肯定形では言えない」と答えたのがナーガールジュナでした。彼は恐らくこう言いたかったのでしょう――「究極の真実を肯定形で言える程人間の言葉に力があると思うのは、買いかぶりもいいところ。言葉はそんなに万能ではないと思い知れ」と。しかしそう言われても、否定形だけではすっきりと分かった気になれないのが凡人の性《さが》というものです。

✽㈡中観派から㈢瑜伽行派へ

ナーガールジュナに対するこうした誤解は、後に、佛教内部にも起こりました。そのことをよく示す言葉が、中観派の後に生まれたもう一つの大乗学派である瑜伽行派の書に書いてあるので、それを紹介しましょう。それは、インドの最勝子《さいしょうし》（サンスクリット語名はジナプトラ

Jinaputra）等のインド人が複数人で編纂した『瑜伽師地論釈《ゆがしじろんしゃく》』巻一（唐の玄奘《げんじょう》が翻訳した『瑜伽師地論』の注釈）に見られます。紹介しておきたい原文の和訳は次の一節です。

〔釈迦牟尼《しゃかむに》〕佛《ぶつ》が涅槃《ねはん》した後、佛説に対する障礙《しょうがい》が紛然と沸き起こり、部派の教えに執《とら》われた見解が競うように噴出し、多くの者たちが〔事物は確かに存在するという〕実在論《リアリズム》に縛られた。〔そこで〕ナーガールジュナ菩薩は歓喜地《かんぎじ》（菩薩の十地中の「初地《しょじ》」の別名）を体得し、〔一切に〕決まった姿などなく、空であるということを説く大乗の教えを集めて『中論《ちゅうろん》』等を著し、真実の要諦《ようたい》を究めて説き弘め、人々の実在論《リアリズム》の弊害を払拭《ふっしょく》した。そしてアーリヤデーヴァ（聖提婆）などの大論師たちも『百論《ひゃくろん》』等を著わし、〔ナーガールジュナの〕本義を弘め明らかにした。このため今度は、衆生たちが〔事物は何も存在しないという〕虚無論《ニヒリズム》（非実在論）にとらわれるようになってしまった。〔そこで〕アサンガ菩薩は、初地の位に登り、法光定《ほうこうじょう》〔という三昧《さんまい》〕を体得し、大神通力を得て、偉大にして尊きマーイトレーヤに師事してこの『（瑜伽師地）論』を〔何も理解していない人々に〕に説いてくださるよう懇願した。……

（最勝子等造『瑜伽師地論釈』巻一）

第三節 「瑜伽行」と「唯識」の違い

大乗の人々の集団を指す「瑜伽行派《ゆがぎょうは》」と「唯識派《ゆいしきは》」を同じ意味と思っている人は多いでしょう。同じように、「瑜伽行思想」と「唯識思想」を同じと思っている人も多いでしょう。本書でも直前の節に「瑜伽行」や「瑜伽行唯識」という語を使ってきました。しかし「瑜伽行」と「唯識」はまったく同じ意味で、佛教の過去の歴史でも区別できないし、区別する必要もない同じ意味と考えるならば、それは正しくありません。瑜伽行と唯識の違いを以下に解説します。

結論を先に書きます。「瑜伽行」は「唯識」より意味が広いのです。時代的にも瑜伽行が先に起こり、その中から、後に唯識が起こりました。「瑜伽行」の一部が「唯識」です。インド大乗佛教の瑜伽行派の最初期は唯識派ではありませんでした。本章で後に解説する「アーラヤ識」の説は、瑜伽行派の最初からあります。

「瑜伽行」の「瑜伽」は「ヨーガ yoga」です。精神を一つにして、ものごとを理屈で分析せず、雑念を交えず、心を集中して坐禅することが「瑜伽」です。こうした心の制御と浄化によって悟りに近づき、自ら悟りを得たいと修行した人々が「瑜伽行派」（ヨーガーチャーラ

yogācāra）です。

瑜伽行派は『瑜伽師地論《ゆがしじろん》』（『ヨーガアーチャーラ・ブフーミ *Yogācāra-bhūmi*』、「ヨーガを実修する段階についての論」の意）から始まりました。漢字に翻訳した題名を解説した中国の唐の時代の窺基《きき》（生卒年は六三二～六八二）に拠ると、「ヨーガアーチャーラ」の意味は二つあり、一つは「ヨーガを行う先生・ヨーガの達人」（瑜伽を行ずる師）という意味であり、もう一つは「ヨーガという行いの先生・達人」（瑜伽行の師）という意味であるそうです。

もう一方の「唯識」とは何でしょうか。「唯識」は訓読すると「唯だ識のみ」です。我々が見たり聞いたりすることはすべて心が作り出したという意味です。つまり心以外に何もなく、我々が普段、我々の心の外にあると思っている物質など（外界《がいかい》）何もないと知ることです。「瑜伽行」は雑念を制御する身心の修練ですが、「唯識」はそれと異なる理論です。

「唯識」の元になったサンスクリット語「ヴィジニャプティ・マートラター vijñapti-mātratā」は、直訳すると「ただ表象するはたらき（ヴィジニャプティ）だけであること」。心のはたらきを離れた客観的な事物は存在しません。「唯識」の思想は「瑜伽行」の僅か一部に過ぎません。ここに「瑜伽行」と「唯識」の違いがあります。歴史的に最初期の「瑜伽行派」の人々は、自らの心の外に物質があるかなど眼中になく、ひたすら身心を修練しました。その後、唯識の思想を採用し、外的世界には目を向けず、専ら心の修練のみを目指す人々が現れました。それが

「瑜伽行唯識派」です。

直前のところで瑜伽行派を意味するサンスクリット原語は「ヨーガアーチャーラ」であると述べましたが、では唯識派を意味する語は何かというと、それにぴたりと合致するサンスクリット語はありません。最もよく使われる用語は「ヴィジニャーナ・ヴァーディン Vijñāna-vādin」です。しかしその意味は「認識〔の理論〕を説く者」という意味であり、「唯」に相当する意味をも含むサンスクリット語表記ではありません。これもまた、学派名は瑜伽行派であることを裏付けています。

「唯識」の思想をはっきり理論的に論述した最初はヴァスバンドゥ Vasubandhu（世親《せしん》）の『唯識二十論《ゆいしきにじゅうろん》』です。しかしヴァスバンドゥが最初にそれを言い始めたわけではなく、ヴァスバンドゥより前から既に経典に説かれていました。その最初の経典は『解深密経《げじんみっきょう》（「複雑に結び付いた事柄を解き明かす経典」の意）』です。第六章「分別瑜伽品《ふんべつゆがぼん》」にこう説かれています。

マーイトレーヤ菩薩はブッダ（釈迦牟尼）に申し上げた、「世に尊き御方よ、諸のヴィパシュヤナーという精神統御から生み出される事物の姿（映像）は、それはこの私の心と異なると言うべきでしょうか、それとも異ならないと言うべきでしょうか」。

ブッダはマーイトレーヤ菩薩に告げた、「良家の息子よ、異ならないと言うべきである。

何故か。その事物の姿はただ認識のはたらきに過ぎないから（唯是識故）。良家の息子よ、認識によって知られる対象はただ認識のはたらきが現れたに過ぎない（唯識所現）と私は説くからである」。

（玄奘訳『解深密経』分別瑜伽品）

この「ただ認識のはたらきが現れたに過ぎない（唯識所現）」という言葉の中に「唯識」が現れます。そしてそれは後に『瑜伽師地論』巻七七の「摂決択分《しょうけっちゃくぶん》」の菩薩地という箇所にほぼそのまま転写されました。『解深密経』が先に世に現れ、『瑜伽師地論』の同じ文は『解深密経』の影響を受けた結果です。[注5] つまり『瑜伽師地論』の原形である前半部には唯識の理論は現れず、その後、『解深密経』の影響を受けて『瑜伽師地論』後半部に唯識説が採用されたのです。

『解深密経』で唯識説が生まれた背景を知るには『十地経 *Daśabhūmika*』というもう一つ別の経典があります。『十地経』は大乗の理想の修行者である「菩薩《ぼさつ》」の生き方を、初地《しょじ》から始め、二地《にじ》、三地《さんじ》と境地を高め、十地《じゅうじ》に至る修行説として打ち立てました。それぞれの「地（修行の段階・境地）」には中心的に行う修行が定められています。既に述べた通り、『十地経』の古い翻訳である鳩摩羅什《くまらじゅう》訳『十住経《じゅうじゅうきょう》』の六地「現前地」に、「唯識」という言葉の源となる次のような言い回しが見られます。

更にまた〔菩薩はこう念ずる――〕「三界《さんがい》（迷いの世界のすべて）は虚妄《こもう》であり、ただ心が作り出したに過ぎない」。

（鳩摩羅什訳『十住経』六地）

更に『十住経』は同じ章でこうも説いています。

三界はただ心から生まれたに過ぎないとはっきり知り、十二支《じゅうにし》縁起《えんぎ》も我が心〔の出来事〕に過ぎないと知る。このように輪廻《りんね》はただ心から起こる。心を止滅できれば、輪廻も消滅する。

これら「ただ心が作り出したに過ぎない（原文「但是心作」）」と「ただ心から生まれたに過ぎない（原文「但従心而有」）」は、「ただ心のはたらきに過ぎない（「唯識」）」と同じ意味です。こうした思想史の流れに沿う形で、ヴァスバンドゥは『唯識二十論』の冒頭をこう説き始めます。

大乗では、三界はただ認識のはたらきに過ぎないと確定している。『経』に「ブッダの息子よ、三界はただ心に過ぎない」と言われる通りである。「心」と「意」と「識」は同義語である。この我が心は〔心作用〕と共に働くと知るべし。「ただ（唯）」という言葉〔を使う理由は、心の存在のみを認め、心以外の〕物質的な対象を否定するためである。

（玄奘訳『唯識二十論』）

ここに引用されている経典は『十地経』（鳩摩羅什訳『十住経』）です。「心」と「意」と「識」は同義語であると言うのは、「心」を「識」と言い換え可能という意味です。ヴァスバンドゥは、『十地経』に「迷いの世界はすべて心の産物に過ぎない」と説くことと、『解深密経』の「唯識」という語を採り入れて『唯識二十論』の冒頭の文を作りました。「唯識」の理論の始まりです。

もう一つの「瑜伽行」は「唯識」とどのように関係するでしょうか。それを知るには瑜伽行派が最も重んずる聖典『瑜伽師地論』の構成と章立てを理解しなければなりません。

唐の玄奘訳『瑜伽師地論』百巻はこの論の全訳で、前半五十巻の「本地分《ほんじぶん》（*Maulī bhūmiḥ*）」と、後半五十巻のその他四分とから構成されています。本節で先に名前を挙げた「摂決択《しょうけっちゃく》分《ぶん》（*Viniścaya-saṃgrahaṇī*）」は後半部の冒頭であり、そこに『解深密経』からの転載を含みます（上述）。『瑜伽師地論』は古い前半部と、『解深密経』の影響を受けた後半部を合わせた聖典です。
古い前半部「本地分」には「唯識」も、同義語である「唯心」も「但識」も「但心」も現れません。原典に忠実な玄奘訳『瑜伽師地論』の中で「唯識」が現れるのは僅か三箇所で、それはすべて後半部の「摂決択分」です。つまり「本地分」だけが存在した古い時代の人々は、確かに瑜伽行派――心を修練する人々――でしたが、唯識の説は立てず、外界の存在をそのまま認める人々でした。

『瑜伽師地論』の前半五十巻の「本地分」は外界を否定せず、そのまま普通に認め、その後、『解深密経』が「唯識」を説き始めたことに影響されて、『瑜伽師地論』の後半部に「唯識」説を採用し、前半部と思想内容が変わりました。そうした大きな流れからヴァスバンドゥは『唯識二十論』を著し、外界の非実在を論証しました。『瑜伽師地論』前半部は瑜伽行派の、後半部は瑜伽行唯識派の教えです。このように最初からあった「瑜伽行」が意味が広く、後に起こった「瑜伽行唯識」は「瑜伽行」より意味が狭く限られ、「瑜伽行」思想の一部に過ぎないという違いがあります。

十四代　今泉今右衛門

Imaizumi Imaemon

今右衛門家では、昭和初期、十一代の頃に象の置物を制作しておりました。当時は石炭産業・造船業の「増産」と掛けて、「象《ぞう》さん増産《ぞうさん》」と喜ばれていたと聞いています。その後時を経て、十三代がフランスのパリにて個展をしました際に、ギメ美術館でこの象の置物を見つけた方から、この象の形状で香炉を造ってみてはとの話がありました。しかし十三代は制作半ばで他界し、その後、私の十四代の襲名披露展の際に、この象を十四代が仕上げてはとその方に推めていただき完成させました。

この度の「唯識　これだけは知りたい」の出版にあたり、ご依頼をいただきました「六本の牙をもつ白象」は、摩耶夫人が釈迦牟尼を懐妊した時に夢に現れたという話によるもので、本来は白象ですが、色鍋島の技法で佛の世界のような明るい雰囲気の文様にしてほしいとのことでした。文様はすべて佛教植物図鑑から取材させていただき、今回、新たな文様・色調に挑戦したことで、私自身、透明感のある明るい新鮮な美意識を見つけることが出来、不思議な感銘を受けました。

日本の伝統工芸は、これまで様々な方々や自然とのご縁の繋がりのなかで大切なものが育まれてきました。人と人とのご縁によって生まれたこの作品が御著の一隅に加えていただけますことに有難さを感じております。

今泉今右衛門——色絵墨色墨はじき草花文象香炉

勝城蒼鳳——柾割拭漆盛盆「蓮の葉」

勝城蒼鳳

Katsushiro Sōhō

佛教で最初に建てられたのは竹林精舎だそうですが、私の専門も竹を材料にしています。これまで創作時に苦心した時は『般若心経』を思い出して切り抜けて来ました。しかしお経から題材を考えるのは難しいので、心の支えにはしておりますが、創作のモチーフには身近な自然から受けた感動を形にしております。

今回は、蓮の葉の雰囲気をどのようにしたら盛籃《もりかご》として編み出せるのかを考えるのに時間を要しました。蓮は我が家で育てたことがあり毎年観賞しておりましたが、家庭用も兼ねた工芸での造形となると、なかなか絵に描いたようにはなりません。

素材は真竹です。柾割《まさわり》という割り方で材料を作り、先染をします。編みは、くもの巣編みの横網代です。予定の本数が組み終わったら網代で縁のところまで編み、縁は編み残りの先を利用して纏《から》めます。同じ素材の竹で纏めることで、自然の美を追求してみました。形ができましたら仕上げの染をします。そのとき縁を変形させて、蓮の葉の雰囲気になるように形を整えます。その後拭漆を数回して、艶を出しました。

盛籃として使用時に、蓮の若い巻葉や笹を敷いて盛るか、蓮の実を盛って観賞するなりと、想像は広がります。小さな蛙の置物を乗せて観るのも映えるのではないかと、そんな思いで創作いたしました。

第四節 ❖ 主な著作[注6]

このような流れから唯識思想は生まれ、弘まりました。本節では、インド佛教における唯識を時間軸に沿った歴史的出来事として解説するため、唯識の抽象的な理論を主題として立てるのでなく、唯識の歴史を示す人物・菩薩とその著作に焦点を当て、唯識の歴史を辿ってみたいと思います。

前節の末に見たように、唯識思想は大乗佛教の中から生まれました。そして大乗佛教には学派というものがあり、歴史的に言うと、まずナーガールジュナ（龍樹）を開祖とする中観派が空《くう》の思想を理論化して説きました。空とは、人にも物にも永遠不変の本性などないという思想です。人も物も存在せず、まったくの無であるという教えではありません。この世のものごとは、必ず、互いに関係し合いながら成り立っている――「縁起《えんぎ》（必ず条件に縁《よ》りて起こる）」――のであって独立自存するものごとなど何一つありません。しかし空の思想が弘まるにつれ、空を何も存在しない無の思想と誤解する人たちが佛教徒の中からも起こりました。これは空の思想の誤解に他なりませんが、そのような空の思想の弊害を克服すべく、大乗佛教が生んだ第二の学派として瑜伽行派が生じ、唯識思想を説き弘めました。そのことを『瑜伽師地論釈《ゆがしじろんしゃく》』巻一（前節）は述べています。

（一）マーイトレーヤ（弥勒）『瑜伽師地論』

『瑜伽師地論釈』は『瑜伽師地論』という聖典に施した注釈です。この『瑜伽師地論』こそが瑜伽行派の根本聖典であり、それはマーイトレーヤ Maitreya（翻訳名は「弥勒《みろく》」）という菩薩が説いた教えでした。マーイトレーヤは『瑜伽師地論』の著者です（異説もあります）。

インドから東方に伝わった中国や日本の伝統では、マーイトレーヤは実際にいた菩薩と信じられています。しかしいつの時代、どの地方でも同じですが、歴史に大きな影響を残した思想を最初に説き始めた開祖と、開祖の著した聖典の伝説は謎に満ちています。例えば、中国の儒教で孔子《こうし》（本名は孔丘《こうきゅう》。「子」は尊称）が説いたとされている『論語《ろんご》』も、孔子の弟子たちが後に整理してまとめた書物であり、孔子自らが筆を手にして書いたわけではありません。同じく中国で道家《どうか》思想（老荘《ろうそう》思想）の聖典とされる『老子《ろうし》』も老子（本名は老聃《ろうたん》。「子」は尊称）が自ら書いた書物ではありません。そもそも老子という一人の人物が歴史上いたかどうかさえ不明であり、老子という人物に仮託《かたく》して——老子という架空の人物にかこつけて——複数の人々が編纂したという説も有力です。まったく同様のことは、イエス・キリストと『新約聖書』についても言えます。瑜伽行唯識派におけるマーイトレーヤの存在もまさに同じです。マーイトレーヤがトゥシタ天《てん》（兜率《とそつ》天・兜率多《とそつた》天・覩史多《とした》天）から人間にも見える姿で地上に降りてきたかどうか、伝承は神秘に満ち満ちており、果たして実在の菩薩だったかどうかさえ定かでありません。

『瑜伽師地論』の全体を残す伝統は中国とチベットに受け継がれました。サンスクリット語原典として残る部分はありますが、残念ながら『瑜伽師地論』の全体ではありません。

『瑜伽師地論』がマーイトレーヤ菩薩一人の著作かどうかについても、現代の研究者たちの考えは伝統から乖離し、単独人の著作でなく、何世代かに渡り複数人の関与によって現在の形が出来上がったという見方が研究者の間では優勢です。

『瑜伽師地論』を全訳した漢語文献としては、唐の玄奘による次の翻訳が知られ、現在も読み継がれています。

弥勒菩薩造・玄奘訳『瑜伽師地論』百巻（大正新脩大蔵経一五七九号）

この玄奘の翻訳した内容をごく大まかに分けると、大きく二つの部分に分かれます。第一は、全百巻中前半第五十巻までであり、「本地《ほんじ》分《ぶん》」（根本の段階 *Maulī bhūmiḥ*）と呼ばれています。第二は後半第五十一〜八十巻の「摂決択分《しょうけっちゃくぶん》」（*Viniścaya-saṃgrahaṇī*）と、第八十一〜八十二巻の「摂釈《しょうしゃく》分」（原名未詳）、第八十三〜八十四巻の「摂異門《しょういもん》分」（*Paryāyasaṃgrahaṇī*）、第八十五〜百巻の「摂事《しょうじ》分」（*Vastusaṃgrahaṇī*）であり、そのすべてに「摂」字（*saṃgrahaṇī*「統括するもの」の意）が付きます。『瑜伽師地論』にはチベット語訳もあります。

ただし玄奘は『瑜伽師地論』を訳した最初ではありませんでした。部分的な翻訳として次のものが現存しています。

［1］北涼《ほくりょう》の曇無讖《どんむしん》訳『菩薩地持経《ぼさつじじきょう》』十巻（大正新脩大蔵経一五八一号）
［2］南朝宋の求那跋摩《ぐなばつま》訳『菩薩善戒《ぜんかい》経』十一巻（大正新脩大蔵経一五八二号・一五八三号）
［3］梁の真諦《しんたい》訳『決定蔵《けつじょうぞう》論』三巻（大正新脩大蔵経一五八四号）

三文献中、［1］と［2］は基本的に前半「本地分」に含まれる「菩薩地《ぼさつじ》」（*Bodhisattvabhūmi*）という同じ箇所の別訳です（内容的に無視できない大きな違いもありますが）。そして真諦が翻訳した［3］は、『瑜伽師地論』後半中の「摂決択分」の部分訳です。[注7]

このほか、真諦は『瑜伽師地論』前半五十巻分の「本地分」（十七種の地から構成されている）を『十七地論《じゅうしちじろん》』または『十七地経』という題名で翻訳しました。残念ながらそれは散佚し現存していませんが、後の書物に引かれる章名から十七地を構成する各章の名前が分かっています。経典目録に拠ると、真諦訳『十七地論』の分量は五巻であり、五五〇年に翻訳されました。この五巻という分量は、玄奘訳「本地分」が五十巻であることと比べると僅か十分の一です。したがって真諦訳『十七地論』は前半部の全訳でなく、一部のみを訳したか、全体の概略を示す訳だったかに違いありません。[注8]

ともかく『十七地論』は当時の中国人佛教徒にとって新鮮で興味深い内容でした。しかしまた一方で、通読して理解するに堪えないような、実に読みにくい訳文なのもまた事実だったようです。というのも、唐の玄奘は若い頃、『十七地論』の存在を知り、熱心に読んだけれども遂に内容を十分理解することができませんでした。そのため、玄奘は、自らインドに赴き、『十七地論』の内容をサンスクリット語原典から修得し、その写本を唐に持ち帰り、真諦訳とまったく異なる読める全訳本を作成しようと一大決心したのでした。実際、帰国後に、膨大な量の写本を新たに翻訳する時、最初に翻訳したものの一つが『瑜伽師地論』百巻でした。

(二) アサンガ（無著　阿僧伽）

不思議な伝説に溢れるマーイトレーヤから直接に教えを受けた菩薩がアサンガ Asaṅga です。翻訳名は「無著《むじゃく》」、漢字音写名は「阿僧伽《あそうぎゃ》」です。

アサンガの伝記は、真諦訳《しんたいやく》『婆藪槃豆伝《ばすばんずでん》』に含まれています（大正新脩大蔵経二〇四九号『婆藪槃豆法師伝』一巻）[注9]。それに拠ると、アサンガは次項のヴァスバンドゥと兄弟であり、ガンダーラ国のプルシャプラ puruṣapura（現在のパキスタン共和国ペシャーワル市）に生まれました。アサンガは、伝統的諸部派のうちで最大勢力を誇った一部派であった説一切有部《せついっさいうぶ》（サルヴァースティ・ヴァーダ）で出家した後、神通力《じんずうりき》で天上のトゥシタ天に登り、そこでマーイトレーヤの教えを受け、大乗に転向しました。それから何度かトゥシタ天を往復し、マーイトレーヤに下界に降りて説法してくれるように懇願すると、マーイトレーヤは地上で『十七地論《じゅうしちじろん》』（すなわち『瑜伽師地論』の本地分《ほんじぶん》）を説き、それをアサンガが解説し、人々に説き弘めたということです。

アサンガの著作はマーイトレーヤの思想との結び付きが強いことが複数の研究で指摘されています。それを端的に示す逸話が『瑜伽師地論』の教えをマーイトレーヤから直伝される逸話なので、その箇所を陳の真諦訳『婆藪槃豆伝』の和訳で見ておきましょう。次の一節がそれです。アサンガは「長男ヴァスバンドゥ」という名で呼ばれています。

長男ヴァスバンドゥ（後のアサンガ）は、菩薩の素質を備えていた。やはりサルヴァアスティ・ヴァーダ部で出家した。その後、精神統御を修得し、欲望から離脱できたが、

〔一切は〕空であるという教えを思念しても、そこに没頭できず、自殺しようとした。ピンドーラ Piṇḍola（賓頭盧《びんずる》）阿羅漢《あらかん》はこれを〔遠方の〕東ヴィデーハ Videha で観察し、そこから〔アサンガの所に〕やって来て、〔長男ヴァスバンドゥに〕小乗の空を観察する方法を説き示したところ、〔長男ヴァスバンドゥは〕教えの通りに観察し、すぐにそれに入ることができた。〔但し〕小乗の空を観察する方法を体得したとはいえ、心の安泰は得られず、道理として単に〔小乗の空観〕だけでは十分ではないのだろうと思った。そこで神通力をたよりに〔上方の〕トゥシタ Tuṣita 天（兜率多天《とそったてん》）に趣き、マーイトレーヤ Maitreya（弥勒《みろく》）菩薩に大乗経の教えを問い訊ねた。マーイトレーヤ菩薩は〔長男ヴァスバンドゥの〕ために大乗の空を観察する法を説き示した。〔長男ヴァスバンドゥは、トゥシタ天から〕ジャンブ・ドゥヴィーパ（我々の住む世界）に戻り、説かれた通りに思いを巡らし、たちまち悟りを得た。〔空を〕思念していた時、大地は六種類に震動した。大乗の空を観察する方法を体得したので、それに因んで「アサンガ Asaṅga」と呼ばれた。

「アサンガ」は「無著《むじゃく》（執着心のない者）」と訳す。

その後、何度もトゥシタ天に上って弥勒《みろく》に大乗経の教えを問い訊ねた。弥勒は広く様々に解説し、〔アサンガはその新たな教えを〕知る度にジャンブ・ドゥヴィーパに戻り、〔マーイトレーヤ菩薩から〕自ら聞いたことを他の人々に説いてやった。それを聞いた人々はたいてい信じなかったので、無著法師《むじゃく》（＝長男ヴァスバンドゥ）は自ら、「私は今や生きものたちに大乗を信じさせ確信を得させたい。願わくは、〔マーイトレーヤ〕大師よ、ジャンブ・ドゥヴィーパに降臨して大乗を解説し、生きものたちすべてがそれを信じ確信できるようにしてください」と誓願を発した。

そこでマーイトレーヤは彼の発願の通り、夜間、ジャンブ・ドゥヴィーパに降臨し、大光明を発し、縁ある人々を幅広く集め、説法堂において『十七地経《じゅうしちじきょう》』（『瑜伽師地論』）を誦出し教えた。誦出するそばからすぐに意味を解説することを繰り返した。丸四ヶ月かかってようやく『十七地経』の解説は終わった。

人々は同じ場所に集まって教えを聴いたが、ただ一人、無著《アサンガ》法師のみがマーイトレーヤ菩薩の傍で直《じか》に聴聞できた。ほかのすべての者たちはただ遥か遠いところでマーイトレーヤの説法の声を聞けたに過ぎなかった。〔アサンガと他の者たちは、毎日〕夜は皆共に弥勒の説法を聴き、〔翌日の〕日中に無著《アサンガ》法師はあらためて他の人々に向けて、〔前夜自ら直に聴いた〕マーイトレーヤの説いた内容を解説してやった。これによって多くの人々が皆マーイトレーヤ菩薩の大乗の教説を信ずるようになった。

無著《アサンガ》法師は「太陽光のサマーディ samādhi（三摩提《さんまだい》、精神統御）」を修得し、〔マーイトレーヤが〕教えた通りに学び、立ち所にこの精神統御を会得した。この精神統御法を会得した後は、以前は理解できなかった事柄もすべて通暁できるようになり、以前に聞いたことを忘れず記憶にとどめた。〔それ以前には〕ブッダ buddha がかつて説き示した『華厳経《けごんぎょう》』等の大乗諸経について、その教義がすべて分かったわけではなかったが、マーイトレーヤがトゥシタ天にて無著《アサンガ》法師に様々な大乗経の教えを解説すると、法師はそのすべてに通暁し、すべてを暗記し、記憶にとどめた。その後、ジャンブ・ドゥヴィーパにて大乗諸経のウパデーシャ upadeśa（注解）を作り、ブッダが説いた偉大な教えのすべてを解き明かした。

（真諦訳『婆藪槃豆伝』[注10]）

大正新脩大蔵経に収めるアサンガの著作は多いですが、特に次のものが重要です。

［1］無著菩薩造《むじゃくぼさつぞう》・玄奘訳《げんじょうやく》『摂大乗論本《しょうだいじょうろんぽん》』三巻（大正新脩大蔵経一五九四号[注11]）

［2］無著菩薩造・玄奘訳『顕揚聖教論《けんようしょうぎょうろん》』二十巻（大正新脩大蔵経一六〇二号）

［3］無著菩薩造・玄奘訳『大乗阿毘達磨集論《だいじょうあびだつましゅうろん》』二十巻（大正新脩大蔵経一六〇五号）

［4］無著菩薩造・波羅頗蜜多羅《はらはみったら》訳[注12]『大乗荘厳経論《だいじょうしょうごんぎょうろん》』十三巻（大正新脩大蔵経一六〇四号）

アサンガの著作はマーイトレーヤから受けた教えを忠実に記していると伝えられています。

その意味でマーイトレーヤ『瑜伽師地論』との繋がりを切り離すことができません。右に掲げた四書はいずれも重要ですが、敢えてアサンガの主著はどれかと問うならば［1］『摂大乗論本』であると言えます。本章第三節に述べたように（28〜33頁）、『瑜伽師地論』は本地分と呼ばれる前半部がより古く、次に『解深密経』に初めて「唯識（唯だ識のみ）」という語が用いられたのを受け、『瑜伽師地論』の後半部が『解深密経』の影響を受けながら編纂されました。この意味でマーイトレーヤに帰せられる『瑜伽師地論』の後半部は『解深密経』と深く関係します。アサンガ『摂大乗論本』はこの『解深密経』の章立てと同じ順序で論述され、内容的にも『解深密経』とその影響を受けた『瑜伽師地論』後半部に含まれる「摂決択分」という章と深い関係にあります。[注13]

（三）ヴァスバンドゥ（世親　天親　婆藪槃豆）

ヴァスバンドゥ Vasubandhu（翻訳名は「天親（てんしん・てんじん）」および「世親《せしん》」）はアサンガの実弟です。直前に（二）アサンガの項で触れた真諦訳『婆藪槃豆伝』がヴァスバンドゥの最も詳しい伝記です。それに拠れば、ヴァスバンドゥもアサンガと同じくプルシャプラに生まれ、説一切有部で出家しましたが、兄と大きく異なる思想に特徴があります。兄アサンガが早い時期に大乗に転向したのに対して、弟ヴァスバンドゥは長い間、小乗の説一切有部の立場で活動し、兄の晩年になって漸く大乗に転向しました。因みに「ヴァスバンドゥ」は生まれながらの実名です。

ヴァスバンドゥの著作は多く、大正新脩大蔵経に収める次のものが特に重要です。大乗の論書が多いですが、真諦訳『婆藪槃豆伝』の内容に従うならば、それらはすべて大乗転向後の著作であり、若い頃の著作ではないということになります。

［1］天親菩薩造・菩提流支《ぼだいるし》等訳『十地経論《じゅうじきょうろん》』十二巻（大正新脩大蔵経一五二二号）

［2］婆藪槃豆菩薩造・菩提流支訳『無量寿経優婆提舎願生偈《むりょうじゅきょううばだいしゃがんしょうげ》』一巻（大正新脩大蔵経一五二四号）

［3］世親菩薩造・玄奘訳『摂大乗論釈《しょうだいじょうろんしゃく》』十巻（大正新脩大蔵経一五九七号）

［4］無著菩薩造・世親菩薩釈・義浄訳『能断金剛般若波羅蜜多経論釈』三巻（大正新脩大蔵経一五一三号）

［5］世親菩薩造・玄奘訳『弁中辺《べんちゅうへん》論』三巻（大正新脩大蔵経一六〇〇号）

［6］尊者世親造・玄奘訳『阿毘達磨倶舎《あびだつまくしゃ》論』三十巻（大正新脩大蔵経一五五八号）

［7］世親菩薩造・玄奘訳『大乗成業《じょうごう》論』一巻（大正新脩大蔵経一六〇九号）

［8］世親菩薩造・玄奘訳『唯識二十論』一巻（大正新脩大蔵経一五九〇号[注14]）

［9］世親菩薩造・玄奘訳『唯識三十論頌《じゅ》』一巻（大正新脩大蔵経一五八六号）注15

このうち［3］『摂大乗論釈』は、兄アサンガの［1］『摂大乗論本』三巻に対する弟ヴァスバンドゥの注釈です。内容的に相当違いを含みますが同系統の翻訳として天親菩薩釈・真諦訳『摂大乗論釈』十二巻があります。『倶舎論』と通称される［6］『阿毘達磨倶舎論』は、大乗でなく部派佛教の論書です。そのため著者世親の名について「菩薩」と大乗であることを示さず、「尊者」（尊き御方）と表しています。偈頌《げじゅ》（韻文の詩節）と自注（偈頌の作者が自ら施した注釈・解説）とから成り、偈頌は説一切有部《せついっさいうぶ》の正統説に立ち、自注では経量部《きょうりょうぶ》の立場から偈頌の説を一部修正する内容を含むという特色があります。

経量部（サーウトラーンティカ Sautrāntika）は部派の名前です。十八とか二十と言われる諸部派のうち最大勢力を誇った部派の一つである説一切有部は、その部派名が示す通り、現在だけでなく、過去と未来の事物も含めて「一切が存在する」と主張しました。一方、経量部は、説一切有部と近い関係にありながら、肝心要のところで異なる説を主張しました。そのような経量部は説一切有部内の一変種であるという説と、両部派は無関係の部派であるとする説があり、今も未確定です。

経量部の有名な説に、「相続転変差別《そうぞくてんぺんしゃべつ》」という説があります。心に現れる事柄はすべて、心の外にある客観的世界からでなく、心の中の出来事として、人格を形作る「心の流れ（相続）」の中に種子《じゅじ》（たね）として貯蓄され、それがある時、「特殊な変化（転変差別）」を起こすと、その時に人は心の外で何か事物が生じたと誤認します。こうした心の変化に関する説を経量部は立てました。

事物を認識する過程も、説一切有部と経量部とでは別の解釈をします。説一切有部は、知覚する主体（わたし）と知覚する対象（もの）は同じ瞬間にあると見なします。一方、経量部は同じ瞬間の二つに因果関係は決してなり立たないと考え、対象が生じ滅した時――つまり対象の一瞬後に――主体が対象を知覚するという風に、原因（対象）と結果（知覚）を異なる二瞬間にわたる認識過程として説明しました。

同様に、［7］『大乗成業論』、［8］『唯識二十論』、［9］『唯識三十頌』（玄奘訳は『唯識三十論頌』）も、経量部説を含むと現在の研究者は指摘しています。[注16] この三書はいずれも大乗の論書です。

［8］『唯識二十論』は、文字通り、この迷いの世界の一切は「唯識――専ら認識作用のはたらきに過ぎ」ず、心の外に客観的に実在する事物――外界《がいかい》――など何もないことを論証した書です。ヴァスバンドゥ後の唯識家たちも、外界の存在を否定する時にこれを模範にしました。『唯識二十論』が偈頌と自注から成るのに対し、［9］『唯識三十頌』はその名の通り「頌《じゅ》」

すなわち偈頌《げじゅ》だけから成り、自注がありません。ヴァスバンドゥは当初、『唯識三十論』にも偈頌と自注の両方を書くつもりでしたが、自注を書く前に逝去したため、偈頌だけの書となりました。[注17] 要するに『唯識三十頌』はヴァスバンドゥの遺作です。ヴァスバンドゥは享年八十、アヨーディヤー（現在のウッタルプラデーシュ州北部ファイザーバードの東）で逝去したと真諦《しんたい》訳『婆藪《ばす》槃豆《ばんず》伝《でん》』は記しています。

先に**（二）マーイトレーヤ（弥勒）『瑜伽師地論』**の項で、マーイトレーヤは人間の住む世界に降りて来た菩薩であるか、トゥシタ天から降りずに天上で説法したか、伝説ははっきりしないと述べました。いずれにせよ、マーイトレーヤはアサンガを教えたのですから、時代はアサンガと重なります。そしてアサンガとヴァスバンドゥは実の兄弟であったと伝承されますから、マーイトレーヤとアサンガだけでなく、ヴァスバンドゥも年代的に重なります。ではそれは西暦いつ頃だったか、実はそれが大問題として研究者を悩ませて来ました。ここ五十年間、三者の年代について諸説が飛び交い、研究者の間に共通見解がありません。主要な説に限っても、次の三つの仮説があります。[注18]

仮説一　ヴァスバンドゥは、伝統通り、ただ一人であり、アサンガの実弟であった。この説の採用者は、多くの日本人のほか、P・ジャイニ、A・ウェイマン、S・アナッカー等である。

仮説二　伝統説は誤りであり、同名異人のヴァスバンドゥが二人いた。第一のヴァスバンドゥはアサンガの弟であり、約三二〇～三八〇年頃に活動した。第二のヴァスバンドゥは約四〇〇～四八〇年頃に活動し、経量部説を採用して『アビダルマ・コーシャ』『成業論』『唯識二十論』『唯識三十頌』を著した。これはエーリヒ・フラウワルナーが一九五一年と一九六一年に出版した研究に示した説である。フラウワルナーは、真諦訳『婆藪槃豆伝』の筋書きの不整合性に着目し、ヴァスバンドゥと同時代とされる王の年代を特定することによって、『婆藪槃豆伝』は同名異人を混同して書かれたと主張した。[注19]

仮説三　同じく伝統説は誤りであり、同名異人のヴァスバンドゥが二人いた。ただし二人のうち第一のヴァスバンドゥの年代は仮にフラウワルナー説に従うとしても、第二のヴァスバンドゥの年代はフラウワルナー説より五、六十年遡らせねばならない。その理由は、南朝宋の求那跋陀羅《ぐなばつだら》訳『楞伽阿跋多羅宝経《りょうがあばつたらほう》』（一説に四四三年訳）に、第二のヴァスバンドゥの遺作『唯識三十頌』に基づく文があるからである。第二のヴァスバンドゥはこの翻訳以前に活動したのであるから、約三四〇～四二〇年頃か約三五〇～四三〇年頃とすべきであり、二人の年代差はごく僅かとなる。しかし第一のヴァスバンドゥには見られない経量部を採る理論が第二のヴァスバンドゥには見られるから、二人の年代は接近しても別人と見なすべきである。これはフラウワルナー説に加えて思想的相違も考慮したランベルト・シュミットハウゼン説である。[注20]

これらのうち、いずれが正しいか、いずれも正しくないかは予断を許しません。中国や日本の佛教史と異なり、時間の観念が独特なインドでは、信頼できる年代を記す歴史史料が極めて少ないため、釈迦牟尼の入滅年代すら南方スリランカの伝承と北方中国の伝承では約百年の差がある程です。そのため人物や文献について絶対年代を確定できず、「百年のずれは誤差のうち」と言う程に大まかな相対年代しか設定できないのです。そのような中、もしヴァスバンドゥの年代や人数が違ってくるなら、当然、ヴァスバンドゥとの先後関係や年代差を元に設定された他の人物や文献の相対年代にも影響を及ぼします。時間を超越したインド文化では悲しいことに「百年のずれは誤差のうち」は現実なのです。

（四）ディグナーガ（陳那　大域龍　約四八〇〜五四〇年頃）

アサンガ・ヴァスバンドゥ兄弟が西北インドのガンダーラ国出身であったのに対し、ディグナーガ Dignāga（ディンナーガ Diṅnāga やディンナ Diṅna とも言う）は南インドのアーンドラ国で活動しました（『大唐西域記』巻一〇・案達羅《あんだつら》国《こく》の条。アーンドラ国は現在のデカン高原東のコロマンデル海岸側の中部）。活動地域から見た時、ディグナーガの特徴は、デカン高原の東西を往復した形跡があることです。唐の玄奘がインドで学んだ経験に基づく地理書『大唐西域記』巻一一に拠れば、南インドのデカン高原西部のマラバル海岸側のマハーラーシュトラ国に現在「アジャンター石窟」という名前で知られる石窟寺があり、その記事の中に、昔、陳那菩薩がしばしばこの寺に滞在したと書かれています。[注21] ディグナーガは、高地で住民の少ないデカン高原を超えてインド亜大陸を東西に横断した、極めて稀な僧の一人でした。

ディグナーガは犢子部《とくしぶ》という部派で出家し、その後、ヴァスバンドゥ『阿毘達磨倶舎論《あびだつまくしゃろん》』を簡潔にまとめたり、『般若経』の要約書などを書いたり、幅広く著作を展開しました。[注22] ディグナーガの主著は、認識論と論理学を統合する『プラマーナ・サムッチャヤ』という書で、ヴァスバンドゥまでは重視されなかった「プラマーナ pramāṇa（正しい認識手段）」の意義を探究したものです。

（四a）ディグナーガ『プラマーナ・サムッチャヤ』および『（同）自注』（漢訳なし）

書名の『プラマーナ・サムッチャヤ *Pramāṇa-samuccaya*』は、直訳すると『正しい認識手段の総集成』、『プラマーナ・サムッチャヤ・ヴリッティ *Pramāṇa-samuccaya-vṛtti*』は『正しい認識手段の総集成に対する〔著者自らの〕注釈』という意味です。共にディグナーガの晩年の著作と推定されています（エーリヒ・フラウワルナー説[注23]）。本書のサンスクリット語原典は散佚して現存せず、チベット語訳のみが残ります。漢訳は残っていませんが、唐の義浄《ぎじょう》が晩年の七一一年に『集量論《じゅりょうろん》』四巻（『プラマーナ・サムッチャヤ』の翻訳名）を翻訳し、それが早くも七三〇年には失われていたことを、唐の智昇《ちしょう》が編纂した経典目録『開元釈教録《かいげんしゃっきょうろく》』は伝えています[注24]。

　そして義浄より前に、玄奘も『集量論』をインドで学んだ記録があり、唐に帰国した後も、『集量論』の重要性を弟子たちに教示したようです。結局、玄奘は『集量論』を学んだものの翻訳しませんでした。しかしその内容の一部を、玄奘の弟子であった文軌《もんぎ》はある注釈中で正確に紹介していますから[注25]、玄奘が未訳の『集量論』の内容を弟子たちに口述していたと推測できます。

　『プラマーナ・サムッチャヤ』は六章構成です。第一章の「直接知覚」章は対象を見た瞬間の何らの判断も交えない直接的な認識を直接知覚（プラティアクシャ pratyakṣa）と呼び、その定義と種類および直接知覚に含まれない認識を論じます[注26]。第二章「自分のための推理（svārthānumāna）」章は自らがものごとを正しく推理し、誤解しないために必要な「自らのための推理論」を論じます。一方、第三章「他者のための推理（parārthānumāna）」章は、見解を異にする他の人々と論争する時に必要な論理学（弁論術）を扱います。第四章「喩例と擬似喩例（dṛṣṭānta-dṛṣṭāntābhāsa）」章は、論証する際に提示する論証式（三段論法の論理を示す論式）に不可欠な「喩え（ドゥリシュターンタ dṛṣṭānta）」（喩えば～のように）と、用いるべきでない間違った喩え（擬似喩例）を論じます。第五章「アポーハ apoha」章は言語と概念的思考の関係について、言葉で正しく表現できるものは結局のところ「コレコレである」という肯定的表現でなく、「これこれではない」という否定的表現による間接的表示に過ぎず、「これは馬である」というのも「これは牛や他の動物でなく、馬でないものではない」ということだけであることを、言葉と概念知への不信感と共に論じます。最終第六章は「ジャーティ jāti」という偽似の論理（「誤難」とも。屁理屈や詭弁の類い）について論じます。このようにディグナーガは主著『プラマーナ・サムッチャヤ』において、認識論（第一章）と論理学の諸領域（第二～四章と第六章）、言語論（第五章）を扱います。これらの基盤が唯識思想であることは間違いありませんが、アサンガやヴァスバンドゥとは大きく異なる主題を論ずることも見て取れるでしょう。

（四b）ディグナーガ『ニヤーヤ・ムカハ』

書名の『ニヤーヤ・ムカハ *Nyāya-mukha*』は、直訳すると『論理への入口（扉）』という意味です。現在は次の二つの漢訳が残っているだけで、原典もチベット語訳もありません。

大域龍《だいいきりゅう》　菩薩造・玄奘訳『因明《いんみょう》　正理門論本《しょうりもんろんぼん》』一巻（大正新脩大蔵経一六二八号[注27]）

大域龍菩薩造・義浄訳『因明正理門論』一巻（大正新脩大蔵経一六二九号[注28]）

漢字の著者「大域龍」は、通常の呼び名である「ディグナーガ」に「偉大な」を意味する「マハー」を補足した「マハーディグナーガ Mahādignāga」の訳語です。唐の玄奘門下の神泰《じんたい》という七世紀の中国僧は、その名を「大方域の龍のように偉大な徳目を供えるからこう名付ける」と説明しています（神泰『理門論述記』）。

正しい認識手段（プラマーナ pramāṇa、翻訳は「量《りょう》」）の種類について、佛教内外の諸学派は様々な説を述べます。佛教でも、ヴァスバンドゥ等、ディグナーガ以前の思想家は、直接知覚（眼等の五感覚器官による対象の直接的認識、翻訳は「現量《げんりょう》」）と推理（正しい論理形式に則った推論、翻訳は「比量《ひりょう》」）と信頼できる人の言葉（佛の言葉すなわち佛教経典）の三種をプラマーナと考えましたが、ディグナーガは直接知覚と推理の二種類とする説（第三の佛説は第二の推理の一部に含めるべしとの説）に刷新しました。本書『ニヤーヤ・ムカ』の主題であるニヤーヤ（論理）とは第二の正しい認識手段である推理のことです。ディグナーガは、本書の内容を一部そのまま転用しながら、晩年に**（四a）『プラマーナ・サムッチャヤ』**および**『（同）自注』**を作成しました。

（四a参考）シャンカラスヴァーミン『ニヤーヤ・プラヴェーシャ』

因みに本書の内容を更に簡潔に要約した書として『ニヤーヤ・プラヴェーシャ *Nyāya-praveśa / Nyāya-praveśaka-śāstra*』がサンスクリット語原典と漢訳・チベット語訳として現存します。[注29] 書名『ニヤーヤ・プラヴェーシャ』は、直訳すると『論理への入門（という論書）』という意味で、『ニヤーヤ・ムカ』の簡略版のような内容です。その翻訳は次のものです。

商羯羅主《しょうかつらしゅ》菩薩造・玄奘訳『因明入正理論《いんみょうにっしょうりろん》』一巻（大正新脩大蔵経一六三〇号）

この論の著者はインドのサンスクリット語と漢語では伝承が異なります。サンスクリット語原典では本論の著者をディグナーガとしています。一方、翻訳の著者名「商羯羅主」は、シャンカラスヴァーミン Śaṅkarasvāmin です（商羯羅はシャンカラの漢字音写、主はスヴァーミンの翻訳）。ディグナーガではありません。玄奘とその弟子たちは漢語では伝えている詳しい情報に基づいて、著者はディグナーガでなく、その弟子シャンカラスヴァーミンであると見なすのが現在は優勢です。

（四ｃ）漢訳として残る諸論書

このほか、ディグナーガの著作として残る中国語翻訳に次のものがあります。

［1］a 陳那《じんな》菩薩造・真諦《しんたい》訳『無相思塵論《むそうしじんろん》』一巻（大正新脩大蔵経一六一九号）
［1］b 陳那菩薩造・玄奘訳『観所縁縁論《かんしょえんねんろん》』一巻（大正新脩大蔵経一六二四号）
［2］a 陳那菩薩造・真諦訳『解《げ》捲《けん》論』一巻（大正新脩大蔵経一六二〇号）
［2］b 陳那菩薩造・義浄《ぎじょう》訳『掌中《しょうちゅう》　論』一巻（大正新脩大蔵経一六二一号）
［3］陳那菩薩造・義浄訳『取因仮《しゅいんけ》設《せつ》論』一巻（大正新脩大蔵経一六二二号）
［4］陳那菩薩造・義浄訳『観総相論頌《かんそうそうろんじゅ》』一巻（大正新脩大蔵経一六二三号）

これらは皆、心とその対象の関係を究明する認識論の書物です。先にヴァスバンドゥの項で、ヴァスバンドゥの『阿毘達磨倶舎論』は経量部《きょうりょうぶ》の説と深く関わる論書であると解説しました。それと同じく、ディグナーガもまた経量部の説を重視し、心の外なる客観的世界（外界）を認める世俗の立場に立つ時には経量部説を採用し、それを否定する究極の立場に立つ時には瑜伽行唯識派の立場を表明しました。外界の存在否定を論証したヴァスバンドゥ『唯識二十論』の内容を色濃く受けながら書かれたディグナーガの書が［1］ａｂであり、サンスクリット語原題を『アーランバナ・パリークシャー *Ālambana-parīkṣā*（認識対象の考察）』と言います。［2］ａｂは原題を『ハスタヴァーラ *Hasta-vāla*（掌《たなごころ》を開く〔ように教えを示す書〕）』と言い、究極の実在と異なる仮の存在について検討しました。同じ様に［3］も仮の存在を三種に分類して批判的に考察する論書です。［4］は存在するものはすべて一瞬限りの個別的事物のみであり、他の諸事物と共通する一般者《いっぱんしゃ》（普遍《ふへん》、複数の事物に共通の性質）など実在しないことを論じようとしたものですが、翻訳が未完結であるため、内容の全貌を知ることはできません。

このようにディグナーガは認識論と論理学に通じ、それらの論題を佛教内部の者たちのみを相手に論ずるのでなく、佛教以外のインド正統宗教諸学派と共通する用語を用いて活発な議論を展開しました。こうした意味でディグナーガは、インド佛教史において最初の、佛教という垣根を超えて、インド諸学派と相互に思想を理解しながら批判を展開した思想家として高く評価されています。

どういうことか説明しておきましょう。勿論、ディグナーガ以前にも、名を知られた論師（論書の作者）は沢山いました。二大学派を例にとると、中観派のナーガールジュナはインド正統学派中のニヤーヤ学派（ナーイヤーイカ Naiyāyika　論理学学派・論理学を追究する学派）の思想をよく知り、それを否定しました。しかし先に述べた通り、ナーガールジュナは、喩えば「一切は空《くう》であるが、空もまた空である」とか「ものは生じることもなく、生じないこともない」等というように、否定形「でない」によって究極の真理を言い表したため、佛教以外の人々はナーガールジュナの否定の真意を取り違えて、彼を単なる否定論者や虚無論者であると誤解しました。そのため中観派と佛教以外の学派の間に共通の言葉遣いはうまく定着しませんでした。

また、もう一つの大乗学派である瑜伽行派では、アサンガとヴァスバンドゥの論書が有名でしたが、彼らは瑜伽行派の思想だけで成り立つ術語を特別な意味で用いながら著作しました。同じことは、部派佛教中の説一切有部の論書についても言えます。説一切有部の整然とした思想体系の中だけで成り立つ術語とその意味に基づいて、術語を独特の意味で用いる論述を展開しました。瑜伽行派や説一切有部が用いる術語は、一見すると普通のサンスクリット語であるのに、彼らはそれを、自らの教理学体系に基づく独特の意味で用いました。そのため、サンスクリット語を知り尽くした人でさえ、瑜伽行派や説一切有部以外の人にはまったく理解できない用語が多かったのです。その結果、瑜伽行派や説一切有部の論書をその著者が意図した通りに理解できる読者は、佛教以外にはいませんでした。つまり同じサンスクリット語を用いながらも意味内容が異なるため、会話や論争がうまく成り立たなかったのです。それはちょうど仲間内だけで通じる、部外者には意味不明な業界用語でした。

こうした状況に対して、ディグナーガは、自らの学派だけで成り立つ術語を使うのを控え、サンスクリット語を知っていれば誰でも理解できるよう、術語を普通の意味で用いることに心懸けました。その結果、ディグナーガと彼の対論者の間の術語を廻る誤解がなくなり、同じ言葉を共有しながら主張と反論を取り交わすことができるようになりました。ディグナーガの論ずる内容はまったく異なる立場の人々にも開かれた内容となり、佛教と佛教以外の真の対話が実現したのです。

このことをよく示しているのは、上に述べたシャンカラスヴァーミンの論理学書『ニヤーヤ・プラヴェーシャ』です。この書は佛教の立場で描かれた論理学の論書ですが、現在残っているサンスクリット語注釈書はすべて佛教徒でなく、ジャイナ教徒の著作です。通常なら佛教の論書に非佛教徒が注釈を施すなど考えられませんが、本書は論理学という学派を超えた主題を扱うものであることも大きな理由となり、ジャイナ教徒が学修する教本となったのです。ディグナーガがインド諸学派と相互に思想を理解しながら批判を展開した思想家だったことは、この事だけでも分かります。

（五）ダルマパーラ（護法　六世紀中後期　生卒年は一説に五三〇～五六一）

本節では瑜伽行派の始祖マーイトレーヤと、その継承者アサンガ・ヴァスバンドゥ・ディグナーガを紹介しました。次に紹介すべき学僧は、ダルマパーラ Dharmapāla です(「佛法の守護者」の意)。漢字音写は「達磨波羅《だつまはら》」と言い、中国日本では、意味を訳した「護法《ごほう》」の名で知られています。

ダルマパーラは、ヴァスバンドゥの主著『唯識二十論』『唯識三十頌』とディグナーガの『アーランバナ・パリークシャー』(玄奘訳『観所縁縁論《かんしょえんねんろん》』)に注釈を施した瑜伽行派の重要人物です。とりわけ東アジア漢字文化圏の瑜伽行唯識思想を学ぶ上で、ダルマパーラは真っ先に名を挙げるべき学僧です。理由は、中国に瑜伽行派思想を伝えた唐の玄奘がインドで学んだ場所はナーランダー寺《じ》 Nālandā(現在のビハール州パトナ近郊)であり、そこで玄奘が師事した僧は、ダルマパーラの直弟子であった戒賢《かいげん》(シーラバドラ Śīlabhadra)という僧だったからです。つまり玄奘は、ダルマパーラの孫弟子に当たる中国人留学生として、その学問を受け継いだ直系でした。玄奘が初めてナーランダーを訪れた時、玄奘は寺内にかつてダルマパーラが住した僧坊があると知らされ、そのすぐ北側にある客室にしばらく滞在しました。[注30] こうした経験を通じて玄奘は、ダルマパーラが弟子を教えたナーランダーで学ぶことを意義深く、重く受け止めたのです。

ダルマパーラは、南インドのドラヴィダ国の都であったカーンチープラに生まれた王族でした（カーストはクシャトリヤ階級。『大唐西域記』巻一一・達羅毘荼国《だつらびだこく》の条）。したがって在家のまま過ごしたならば国の政治と軍事を治めることになっていたはずですが、ダルマパーラはそれを好まず、出家の道を選びました。ダルマパーラの著作について述べる前に、ダルマパーラが活動した時代について解説しましょう。玄奘の影響下で発達した中国日本の法相学《ほっそうがく》（漢語で伝わった瑜伽行唯識学）では、ダルマパーラの年代について特殊な記録を伝えています。その伝承を伝える最も早期の記事は、窺基《きき》（玄奘の直弟子、生卒年は六三二～六八二）が著した『成唯《じょうゆい》識論掌中枢要《しきろんしょうちゅうすうよう》』です。

〔護法菩薩は〕二十九歳の時、教化をやめる時期は近いと悟り、はかなさを厭い坐禅に明け暮れ、〔ブッダガヤーにある金剛座の〕菩提樹から決して離れまいと誓った。晩年の三年は坐禅と礼佛をして、その合間にこの注釈（『成唯識論』）を作った。

（窺基『成唯識論掌中枢要』巻上本）

右の一節で二十九歳とあるのは伝統的な数え年ですから、現代風に言い直せば満二十八歳です。そして足かけ三年の間に、それまで行ってきた弟子の育成などの諸活動を一切やめて『成唯識論』という名の主著を最晩年に執筆したとされています。これに拠れば、ダルマパーラは数え三十二歳でこの世を去りました。この記事を基にして年代を推定した宇井伯壽《ういはくじゅ》は、ダルマパーラの生卒年を西暦五三〇～五六一年頃であろうと推測しました。[注31] この年代は現在も国内外の多くの研究者に採用されています。

しかしこの没年推定は問題も多く残しています。その一つは、中国と異なるチベット佛教に伝わった伝承です。それを代表する『ターラナータ佛教史』に拠ると、「ダルマパーラは〔菩提樹の下にある〕金剛座《こんごうざ》において三十年以上も教えを説き、チャンドラキールティ師の後を受け継いでナーランダー寺の座主《ざす》となった」と記されています。[注32] 三十年以上弟子を教えたのですから、常識的に考えて、ダルマパーラの没年はどんなに若くとも五十歳以上となり、漢字文化圏に伝わる三十二歳入滅説と大きく異なります。もう一つの問題は、宇井氏が自ら認めているように、ダルマパーラを三十二歳没とすると、その直弟子である戒賢《かいげん》（シーラバドラ）よりも更に一歳若かったとせざるを得なくなります。もちろん一般論として、師匠が必ず弟子より年長でなければならないわけではありませんが、宇井氏の唱える「護法　五三〇～五六一年」「戒賢　五二九～六四五年」という説に大いに疑問が残るのは事実です。

次にダルマパーラの著作を四つ挙げます。

（五a）ダルマパーラ『成唯識論』（唐の玄奘訳）

護法菩薩等造・玄奘訳『成唯識論《じょうゆいしきろん》』十巻（大正新脩大蔵経一五八五号）

この書は、ヴァスバンドゥ『唯識三十頌』にダルマパーラが施した注釈です。玄奘門下が最も重視した瑜伽行唯識派の論書です。ただ、一つ注意すべきことがあります。本書は普通の意味でいうダルマパーラの著作ではありません。ダルマパーラの注釈を中心として、他の九人のインド僧の注釈を合わせた形で中国で編纂した翻訳です。このような逐語的な直訳でなく、編纂を含む特殊な翻訳のことを、漢語で「糅訳《にゅうやく》」や「合糅《ごうにゅう》」と呼びます。

玄奘は、翻訳を始める前には、ヴァスバンドゥ『唯識三十頌』に対しては異なる十人の注釈があるので、それらを一つずつ個別に直訳する予定でした。しかし作業を始めた直後に弟子の窺基が異論を唱え、十種の注釈をダルマパーラ説を中心に一つに合わせた合本とする方がよいと主張しました。窺基は『成唯識論述記《じょうゆいしきろんじゅつき》』という注釈中で、十人の注釈者を次のように列挙しています。

［1］ダルマパーラ Dharmapāla（護法）——『成唯識論』の作者

［2］グナマティ Guṇamati（徳慧《とくえ》）——［3］スティラマティ（安慧）の師匠

［3］スティラマティ Sthiramati（安慧《あんね》）――［1］ダルマパーラと同期の年長。南インド羅《ら》羅《ら》国の出身
［4］バンドゥシュリー Bandhuśrī（親勝《しんしょう》）――ヴァスバンドゥと同時代
［5］ナンダ Nanda（歓喜《かんぎ》）
［6］シュッダチャンドラ Śuddhacandra（浄月《じょうげつ》）――［3］スティラマティと同時代
［7］チトラバーヌ（チトラバーナ）Citrabhānu (bhāna)（火弁《かべん》）――ヴァスバンドゥと同時代
［8］ヴィシェーシャミトラ Viśeṣamitra（勝友《しょうゆう》）――［1］ダルマパーラの弟子
［9］ジナプトラ Jinaputra（勝子《しょうし》。最勝子《さいしょうし》と同人）――［1］ダルマパーラの弟子
［10］ジニャーナチャンドラ Jñānacandra（智月《ちげつ》）――［1］ダルマパーラの弟子

これら十種のインド人注釈家の説を護法説が最終結論になるよう適宜排列して一本化した糅訳、それが玄奘訳『成唯識論』です。注釈十種を個別に読解して内容の是非を自ら判断する必要がなくなったので、『成唯識論』は『唯識三十頌』に対する網羅的で体系的な注釈として東アジア漢字文化圏で重視されるようになりました。但し糅訳の欠点が生まれたことも事実です。それは何かというと、通常、異なる注釈の内容を一書に合する場合は、それぞれの注釈家の説がどこからどこまでか明らかにするため、各注釈家の名を逐一記し、混乱が生じないように配

慮します。このような普通の形態を「集解《しっかい》」と言います。玄奘訳『成唯識論』は集解に近い編集書ですが、どこからどこまでが誰の説であるかを一切明記することなく、注釈十種を一本化しました。そのため、護法も護法以外の九人の説もそれぞれを区別して理解することができない形となり、そしてそれと同時に、ダルマパーラ説を正確に抽出することもできない曖昧さを残すことになりました。これは集解とは異なる、糅訳の大きな特色であり、また、大きな欠点でもあります。

（五b）ダルマパーラ『成唯識宝生論』（唐の義浄訳）

護法菩薩造・義浄訳『成唯識宝生論《じょうゆいしきほうしょうろん》』五巻（大正新脩大蔵経一五九一号）

この書は、ヴァスバンドゥ『唯識二十論』にダルマパーラが施した注釈です。別名を『二十《にじゅう》唯識順釈論《ゆいしきじゅんしゃくろん》』と言います。訳者は唐の義浄で、玄奘糅訳『成唯識論』と異なり、ダルマパーラの注釈原文の逐語的翻訳と見られます。内容に一部欠落がありますが、ほぼ『唯識二十論』全体の注釈です。

内容的には難解ですが、恐らくダルマパーラの注釈文をそのまま直訳したものと推定されるため、ダルマパーラの論理や議論の仕方を知る上で極めて貴重です。訳語も特徴的です。ヴァスバンドゥ『唯識二十論』の本文を訳す時は玄奘訳をそのまま転用し、それに対するダルマパーラの注釈については玄奘訳と大きく異なる義浄自身の訳語を用いて翻訳しています。そのため、一書の中に玄奘の訳語と義浄の訳語が混在する体裁となっていることが内容の理解を妨げ、漢字音写語（いわゆる音訳）にも他に見られない特殊な語が少なくありません。

（五c）ダルマパーラ『大乗広百論釈論』（唐の玄奘訳）

聖天《しょうてん》菩薩本・護法菩薩釈・玄奘訳『大乗広百論釈論《だいじょうこうひゃくろんしゃくろん》』十巻（大正新脩大蔵経一五七一号）

この書の元となる『大乗広百論』の作者は、中観派の聖提婆（アーリヤデーヴァ）すなわち提婆（デーヴァ）です。ダルマパーラは、この中観派の論書に対して、瑜伽行派の立場から注釈を施しました。

（五d）ダルマパーラ『観所縁論釈』

護法菩薩造・義浄訳『観所縁論釈《かんしょえんろんしゃく》』一巻（大正新脩大蔵経一六二五号）

最後に本書は、ディグナーガ『アーランバナ・パリークシャー』（玄奘訳『観所縁縁論』）に対してダルマパーラが施した注釈です。既に述べたように、本書はヴァスバンドゥ『唯識二十論』の論理を受け継いで経量部（サーウトラーンティカ）の説を想定しながら外界の存在を否定した論書です。ただし義浄訳の現存本は『アーランバナ・パリークシャー』第六偈までの注釈であり、その後の注釈が欠落しています。また内容的に読みにくく、十分理解できない訳語もあります。

以上、ダルマパーラの四つの著作を紹介しました。ダルマパーラはナーランダー寺で活動し、最後の三年は釈迦牟尼の成道地であるブッダガヤー（現在のボドガヤ）に移り、坐禅と礼拝に明け暮れ、その合間に**（五ａ）『成唯識論』**を著しました。ダルマパーラの孫弟子に当たる玄奘がそれをインド瑜伽行派の正統説として最も重んじたのは、理由のあることです。

ただ、付け加えておきますと、ダルマパーラが活動した六世紀中期～後半頃には他の学僧の活動も盛んでした。中観派ではバハーヴィヴェーカ Bhāviveka（漢字音写は「婆毘吠迦《ばびべいか》」、翻訳は「清弁《しょうべん》」）がナーガールジュナの継承者として活動し、瑜伽行派ではスティラマティ Sthiramati（漢字音写は「悉恥羅末底《しちらまってい》」、翻訳は「安慧《あんね》」「安恵《あんね》」）がダルマパーラの年長同時代人として活動し、『唯識三十頌の注釈』（漢訳なし）や『大乗阿毘達磨雑集論《だいじょうあびだつまぞうじゅうろん》』（玄奘訳十六巻）を著しました。スティラマティとダルマパーラは『唯識三十頌』の同じ文に対して異なる内容の注釈を施したと言われる、六世紀の瑜伽行派内部の二大学僧でした。唐の玄奘がダルマパーラを正統派と見なして受け継いだということは、スティラマティの見解には同意しなかったということを意味します。

『成唯識論』を深く理解するのは至難の業です。というのも、先に解説した通り、この論は玄奘が十人の異なる論師の注釈をダルマパーラ説にまとまるよう適宜排列した「糅訳《にゅうやく》」と呼ばれる特殊な翻訳でした。その実質的な任務は、弟子の窺基に一任されました。しかし、玄奘や窺基は、『成唯識論』に現れる異説が誰の説かを示す具体的な論師名を明記しませんでした。それ故、たとい窺基が注釈書『成唯識論述記』中でこの異説は例えばスティラマティの説であると解説したとしても、それを確かめるすべがないのです。『唯識三十頌』の注釈として現存するサンスクリット語のスティラマティ注は『トリンシカー・ヴィジニャプティ・バハーシュヤ *Triṃśikā-vijñapti-bhāṣya*（三十詩節の唯識に対する注釈）』ですが、そこにはっきりと特定できない説が『成唯識論述記』においてスティラマティ説であると注記され、その真偽を決められないこともあります。[注33]

（六）ダルマキールティ（法称　生卒年は約六〇〇～六六〇頃か）

ダルマパーラの後に現れた瑜伽行派の論師として最も名高く、後に影響を与えた学僧はダルマキールティ Dharmakīrti です（「佛法の名誉」の意）。チベット瑜伽行唯識派の教理学に最大の影響を与えた人としても知られています。その影響力と思想の徹底ぶりは、西洋哲学におけるデカルトやカントに匹敵すると言っても過言ではありません。

チベットに伝わった伝承に拠れば、ダルマキールティは南インドで婆羅門《ばらもん》（正統宗教者階級）に生まれ、後に中インドで活動したとされます。しかし偉人の伝記は時と共にどんどん脚色されるのが常ですから、ダルマキールティの伝記も、神話的伝承を除いた時、どこまでが事実かは不明です。

ダルマキールティが活動した年代については、玄奘がその名に一切言及しないため、ダルマキールティは、玄奘と正に同時代であり、玄奘がインドに留学していた頃にはまだインド全土で知られるまでにはなっていなかった可能性が高いので、したがって玄奘とほぼ同じ約六〇〇～六六〇年頃の学僧だったのであろうと推定されています。

中国の漢語文献でダルマキールティの名を最初に、そして恐らく唯一言及する人物は唐の義《ぎ》浄《じょう》（生卒年は六三五～七一三）です。玄奘の約五十年後に、義浄は玄奘と同じくナーランダーで学びました（六七四～六八五年の間）。義浄は自著『南海寄帰内法伝《なんかいききないほうでん》』と『大唐西域求法高僧《だいとうさいいきぐほうこうそう》伝《でん》』で「法称《ほうしょう》」という名でダルマキールティに言及します。[注34] したがってダルマキールティの名が広く知れ渡るようになったのはおよそ六七〇～八〇年代頃かと思われます。

ダルマキールティの著作は遂に一度も漢訳されず、むしろチベット語訳されてチベット佛教に多大な影響を及ぼしました。ダルマキールティはディグナーガと同じく南インドに生まれました。その後、ある時期にナーランダー寺で活動したとチベットの『プトン佛教史』（十四世紀前半）や『ターラナータ佛教史』（十七世紀初頭）は伝えていますが、実際のところ詳細は不明です。

またダルマキールティは、ディグナーガと同じく、世俗の立場では、心以外の客観的世界（外界）が存在すると想定する経量部《きょうりょうぶ》説に基づいて論述し、究極の立場としては、心以外には何も存在しないという瑜伽行派の唯識説を主張しました。

しかしながら瑜伽行派と言っても、ディグナーガやダルマキールティが論じた瑜伽行派説は専ら外界は存在しないという唯識説であり、ヨーガ行者として精神を統御する修行論や、修行段階については、ほとんど何も論じません。また、瑜伽行派に特有の「アーラヤ識」（後述第四章第三節）を説くこともほとんどありません。つまりアサンガ・ヴァスバンドゥの瑜伽行派思想とディグナーガ・ダルマキールティの瑜伽行派思想は、修行論を論ずるか否かという点で大きく異なります。特にダルマキールティが主に論ずるのは世俗の立場で経量部《きょうりょうぶ》の説に基づいて事物を認識する直接知覚の理論（認識論）と、正しい推理を行うための論法（論理学）であり、世俗を超えて唯識の世界に突入した後にどんな修行をすべきかは、ほとんど何も論ぜず、口を閉ざしたままです。

（六a）ダルマキールティ『プラマーナ・ヴァールティカ』（漢訳なし）

書名の『プラマーナ・ヴァールティカ *Pramāṇa-vārtika*』は、直訳すると『正しい認識手段（pramāṇa）に関する詳細な注釈（vārtika）』です。形式の上からはディグナーガ『プラマーナ・サムッチャヤ』に施した注釈となっていますが、普通の意味で注釈というには余りに詳しく、注釈部分が膨大であるため、実質的には独立作品と見なしてもよい程です。『プラマーナ・ヴァールティカ』は認識論と論理学を扱います。第一章と第四章で論理学（自らのための推理と他者のための推理）を論じ、第二章ではブッダの偉大さを褒め称え、第三章では直接知覚の理論と、それに含まれない誤った認識（分別知やその他の誤知など）等を扱う認識論を論じます。[注35] 全四章がサンスクリット語原典として残ります。[注36]

（六b）ダルマキールティ『プラマーナ・ヴィニシチャヤ』（漢訳なし）

書名の『プラマーナ・ヴィニシチャヤ *Pramāṇa-viniścaya*』は、直訳すると『正しい認識手段（pramāṇa）の確定（viniścaya）』です。これは注釈でなく単著（独立した著作）です。内容は**（六a）『プラマーナ・ヴァールティカ』**の注釈書的要素を取り払い、更に簡潔にまとめた内容となっており、多くの文を『プラマーナ・ヴァールティカ』から転用しています。

『プラマーナ・ヴィニシチャヤ』は直接知覚に関する第一章と、[注37]推理を扱う第二・第三章の三章構成ですが、内容的には『プラマーナ・ヴァールティカ』に存在したディグナーガ『プラマーナ・サムッチャヤ』への注釈部分を削除し、専ら自説のみを論ずる認識論と論理学の単著です。本書はサンスクリット語校訂本がごく最近出版されました。[注38]

（六c）ダルマキールティ『ニヤーヤ・ビンドゥ』（漢訳なし）

書名の『ニヤーヤ・ビンドゥ *Nyāya-bindu*』は、直訳すると『論理の滴《しずく》』です。『プラマーナ・ヴィニシチャヤ』に対応する内容をごく簡潔な短文に凝縮した内容です。『プラマーナ・ヴィニシチャヤ』を著した後にその要約として『ニヤーヤ・ビンドゥ』を著したという順序が仮に想定されていますが、この著作順序は完全に確定したわけではありません。『プラマーナ・ヴィニシチャヤ』と同様に『ニヤーヤ・ビンドゥ』も直接知覚に関する第一章と、推理を扱う第二・第三章の三章構成です。

（六d）ダルマキールティ『ヘートゥ・ビンドゥ』（漢訳なし）

ダルマキールティは瑜伽行唯識派の学僧ですが、修行についての論述をせず、認識論と論理学を主題として執筆しました。最も力を入れたのは論理学でした。特に「一切の作られた存在物は刹那滅である」（翻訳「諸行無常」に当たる表現[注39]）を論証するために論理学の刷新を意図し、革新的な理論をいくつか立てたことにより、後代の瑜伽行派に大きな影響を及ぼしました。革新的論理学を正面から論じた論書が『ヘートゥ・ビンドゥ *Hetu-bindu*』です。直訳すると『論理の滴』です。これについてもごく最近サンスクリット語原典の校訂本が出版されました。[注40]

ダルマキールティの著作はチベットで七論書と呼ばれるように七つありました。右に示した四書の他、物と物の間に成り立つ「関係」は実在するものでなく、人間が心で創出したに過ぎないことを述べる**（六e）『サンバンダ・パリークシャー *Saṃbandha-parīkṣā*』**（直訳すると『関係の考察』。漢訳なし）や最晩年の論理学書**（六f）『ヴァーダ・ニヤーヤ *Vāda-nyāya*』**（直訳すると『論争の論理』。漢訳なし）、**（六g）『サンターナ・アンタラ・シッディ *Saṃtānāntara-siddhi*』**（直訳すると『他相続（他者の心の存在）の論証』。漢訳なし）があります。最後に示した書は、唯識説に立って心の外に客観的に存在する事物の存在を否定したとしても、我が心が存在するのと同じく、他者の心も存在するに違いないという説を掲げました。これはヴァスバンドゥが『唯識二十論』で取り上げながら不明瞭な結論のままに終わった論題に対する、ダルマキールティの自説です。その後数百年を経た十一世紀前半頃、ヴィクラマシーラ寺（現在のインド共和国ビハール州東部バーガルプルのアンティチャク遺跡）で活動した瑜伽行唯識派のラトナキールティ Ratnakīrti は、同じ論題に対して『サンターナ・アンタラ・ドゥーシャナ *Saṃtānāntara-dūṣaṇa*』（直訳すると『他相続（他者の心の存在）の論駁』。漢訳なし）という論書を著し、ダルマキールティと逆の主張をしました。これは、瑜伽行唯識派は我が心の存在を認め、他の物質的存在を否定するのを共通見解としながらも、他者の心が我が心と同じように存在するかどうか——つまり、この世には一つの心だけが存在するのか、多数の心が存在するのか——については、対立する二派が内部に存在したことを告げています。

ダルマキールティおよび以後の瑜伽行唯識派の学説を総集成した書として、モークシャーカラグプタ Mokṣākaragupta（十一世紀〜十二世紀後半の間頃）の『タルカ・バーシャー *Tarka-bhāṣā*（論理の言葉）』がサンスクリット語原典として現残しています。[注41]

（七）唯識家の断層と伝承

本節では瑜伽行派がインド大乗佛教に生まれた状況と、瑜伽行唯識派の主な学僧および主要著作を紹介し、各著作の大まかな内容と特徴を見て来ました。ここまで通読した時、同じく瑜伽行派と言っても、初期と後期とでは論ずる主題に違いがあることに気付きましたか。

瑜伽行派は開祖のマーイトレーヤおよび同時代のアサンガ・ヴァスバンドゥ兄弟までのいわゆる「前期瑜伽行派」と、ディグナーガおよび以後のいわゆる「中後期瑜伽行派」の二期に大別できます。前期は瑜伽行派の創生期であり、関連する主題を広く全般的に扱いました。一方、中後期は「正しい認識手段」という言葉に視点を置いて、唯識説に基づく認識論と、自ら推理し他学派と論争するのに必要な論理学とを構築することに意を注ぎました。その結果、修行について論じなくなりました。

前後の二期を繋ぐのは、ヴァスバンドゥの著作に現れ始めた、世俗に関する経量部《きょうりょうぶ》の説です。それを接合点として前期と中後期は繋がりますが、中後期は唯識説の理論化が中心課題となり、どのように自ら菩薩として生き、果てはブッダを目指したらよいかという修行は論ぜられなくなりました。このように前期と中後期には大きな断絶があります。中心的な論題も変わりました。

インド佛教における瑜伽行唯識派の歴史を通観すると、前期と中後期の断絶によって、中後期にはアサンガやヴァスバンドゥの思想をそのまま継承した学僧がいません。敢えて極端な言い方をすれば、アサンガやヴァスバンドゥの思想は前期で終わり、中後期は途切れ、消え去った印象すら与えます。

別の言い方をすればこうも言えます。ヴァスバンドゥまでの前期瑜伽行派は、唯識説を含まない瑜伽行派説（精神を統制するための実践法）から始まり、後に唯識説が起こり、瑜伽行唯識派として活動しました。それに対してディグナーガから始まる中後期瑜伽行派は、専ら唯識説を認識の理論として精密に仕上げ、自ら推理し他学派と論争するのに必要な論理学も構築しましたが、精神統御の方法や菩薩としての修行段階などの実践――瑜伽行の教理学――を論じなくなりました。つまり中後期瑜伽行派は、瑜伽行派本来の思想でなく、唯識思想を中心に論ずる学派に変わりました。

ただ、これはインド本国の佛教史に限った分断と変遷です。視点を中国・日本やチベットにまで拡げるならば、アサンガ・ヴァスバンドゥの前期唯識派とダルマパーラの思想は、玄奘訳を通じて中国に伝わり、中国の法相学を生んだ後、日本の南都（奈良）に伝えられ、日本の法相宗に引き継がれました。一方、ディグナーガ及びダルマキールティと、それ以後の中後期瑜伽行派の思想は、インドにおいて隆盛を誇りましたが、中国への伝来は不充分でした。そしてそれに替わってチベット佛教に引き継がれ、十三世紀初頭頃にインド佛教が滅亡した後も、チベット人学僧の中に継承者が現れました。

ダルマキールティ説を継承したインド学僧に、右に挙げた他に、ヴィニータデーヴァ（生卒年は六九〇～七五〇頃）、ダルモッタラ（生卒年は七四〇～八〇〇頃）、シャーンタラクシタ（生卒年は七二五～七八八頃）、プラジニャーカラグプタ（九世紀前半頃に活動）、ジニャーナシュリーミトラ（十一世紀前半に活動）等がいます。

中国と日本の瑜伽行派思想は、インドの前期瑜伽行派を色濃く継承する伝統と位置付けられます。まとめると、インドから中国・日本およびチベットに流伝した瑜伽行派の系譜は次の通りです。

◆図1　瑜伽行派の二系統と伝承

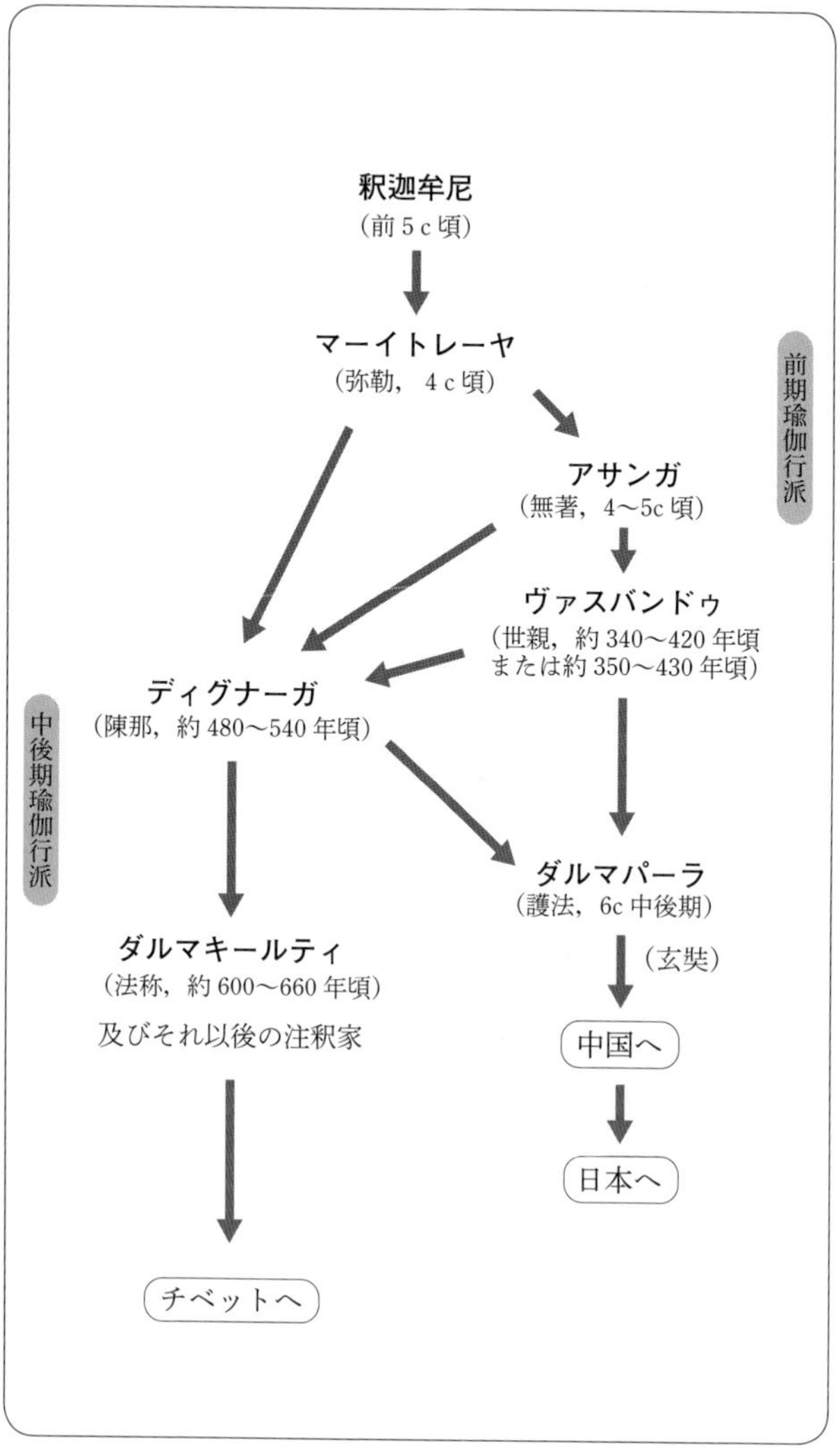

注1 中村（一九七八・一〇頁）。

注2 わが国日本と中国では、大乗佛教が盛んであり、大乗以外の佛教徒が実際ほとんどいなかったので、大乗でない佛教を「小乗佛教」と呼ぶ。しかし「小乗」は大乗から見た場合の蔑称であり、差別的な意味を含み、好ましい呼び方ではない。大乗佛教徒は、それ以前からあった伝統的な部派佛教のことを、サンスクリット原語「ヒーナヤーナ」（劣った佛教）と呼んで見下した。それを漢字で翻訳した言葉が「小乗――小さな乗り物」であるので、使い方には注意を要する。

注3 因みに英語で書き表す場合、「学派」を意味する語としては、排他的な意味も含む「セクト sect（「宗《しゅう》派《は》」の意）」という語を用いずに、思想傾向の幅や自由度を許容する語として「スクール school」を用いる。

注4 桂（二〇一六・一〇四頁）。

注5 勝呂（一九七六／二〇〇九・三二四〜三三八頁）と勝呂（一九八九・二四五〜三二八頁）に従う。

注6 インド瑜伽行派の思想と歴史に関する概説として、服部（一九七〇／九七）を参照。

注7 宇井（一九二八／六五）。

注8 隋の費長房《ひちょうぼう》『歴代三宝紀《れきだいさんぼうき》』巻一一「『十七地論』五巻〈太清四年（西暦五五〇年）、於富春陸元哲宅為沙門宝瓊等二十余名徳訳〉」（大正新脩大蔵経四九・九九上）。船山（二〇二一・七九〜八二頁、注五二）。

注9 『婆藪槃豆伝』の校訂本・和訳・語注については、船山（二〇二一）を参照。

注10 船山（二〇二一・原文一〇〜一二頁、和訳三四〜三六頁）。

注11 『摂大乗論本』翻訳の全和訳と詳細な注解として、長尾（一九八二）（一九八七）を参照。

注12 波羅頗蜜多羅《はらはみったら》（生卒年は五六五～六三三）は、波羅頗迦羅蜜多羅《はらはからみったら》とも表記する。サンスクリット語「プラバーカラミトラ Prabhākaramitra」の漢字音写。

注13 勝呂（一九八九・五五五～五五七頁、五九四～五九五頁）。

注14 『唯識二十論』サンスクリット語原典の全和訳として、梶山（一九七六）を参照。

注15 『唯識三十頌』サンスクリット語原典の和訳として、渡辺（一九六九／八二）を参照。

注16 Schmithausen（1967）を参照。

注17 『唯識三十頌』のサンスクリット語原典は偈頌のみであり、散文の自注（ヴァスバンドゥが自ら施した注釈）を含まない。しかし唐の玄奘訳『唯識三十論頌』には偈頌のみならず、各偈頌の間に散文の注が挟まれている。これは自注でないことに注意せよ。玄奘訳『唯識三十論頌』に含まれる散文の注釈は、ヴァスバンドゥの偈頌を読み易くなるよう、後にダルマパーラ（護法《ごほう》）が著した注釈『成唯識《じょうゆいしき》論《ろん》』から要点を抜粋した補注であり、ヴァスバンドゥの自注ではない。

注18 船山（二〇二一・二一五～二二八頁）。

注19 Frauwallner（1951）（1961）を参照。

注20 Schmithausen（1992）を参照。

注21 水谷（一九九九c・三〇四頁）。ディグナーガについても、同（二五〇～二五三頁）を参照。

注22 ディグナーガの出身部派を犢子部とする史料はインド佛教史を伝えるチベット語の『プトン佛教史』と『ターラナータ佛教史』である。ディグナーガが整理した『阿毘達磨倶舎論』の要約書は『マル

マ・プラディーパ *Marmapradīpa*（〔倶舎論の〕要諦《ようたい》の解明）』と言う（チベット語訳のみ現存）。『般若経』の要約書は『般若波羅蜜〔経〕の要点の総括 *Prajñāpāramitāpiṇḍārthasaṃgraha*』と言う（サンスクリット語原典が現存）。

注23 Frauwallner（1959: 97）を参照。

注24 唐の智昇《ちしょう》『開元釈教録《かいげんしゃっきょうろく》』巻九「『法華論』五巻〈莫知造者。単重未悉〉。景雲二年訳『集量論』四巻〈景雲二年訳。……〉。……。〈法華論下二部九巻失本〉（大正新脩大蔵経五五・五六八中）。『開元教教録』は成書七三〇年。

注25 文軌《もんぎ》『因明入正理論疏《いんみょうにっしょうりろんしょ》』巻一「又『集量論』中陳那云、『論軌論』中、以瓶有法為同喩者、其論非是世親所造、或是世親未学時造。学成以後、造『論式論』、即以所作、無常為同喩体、不異我義」。『集量論』中既有此説、何得云世親以瓶所作、無常向内類声、即有類瓶可焼等過」（沈剣英二〇〇八・三三三頁）。Hattori（1968: 32, 114-115 nn. 2.3, 2.4）も参照。

注26 『プラマーナ・サムッチャヤ』および『同・ヴリッティ』の第一章のまとまった英訳注として、Hattori（1968）を参照。また同じく第一章のサンスクリット語原文復元を試みた研究として、Steinkellner（2005）を参照。

注27 玄奘訳『因明正理門論』の全和訳として、桂（一九七七）（一九七八）（一九七九）（一九八一）（一九八三）（一九八四）（一九八七）を参照。

注28 義浄《ぎじょう》訳には問題がある。義浄訳冒頭の「釈論縁起」と通称される部分（大正新脩大蔵経三二・六上一七行～六中九行）が玄奘訳にないことを除けば、それ以外の義浄訳『因明正理門論《いんみょうしょうりもんろん》』は、玄奘訳

『因明正理門論本』とほぼ同文である。通常、義浄の訳語は玄奘の訳語と異なるから、これは極めて異例であり、更に何故に冒頭部分のみ加筆されたかも不明である。

注29 Dhruva (1930) と Jambuvijaya (2009) を参照。

注30 『大慈恩寺《だいじおんじ》三蔵法師《さんぞうほうし》伝《でん》』巻三「向幼日王院、安置於覚賢房第四重閣。七日供養已、更安置上房、在護法菩薩房北加諸供給」(大正新脩大蔵経五〇・二三七上)。以上の訓読は次の通り。「幼日王院《ようじつおういん》(バーラアーディティヤ王が作った僧院)に向かい、覚賢《かくげん》の房《ぼう》の第四重閣(シーラバドラが住した僧坊のある建物の四階)に安置せらる。七日供養し已《おわ》れば、更に上房《じょうぼう》(「客室」の意)に安置せられ、護法菩《ごほうぼ》薩《さつ》の房(かつてダルマパーラが住した僧坊)の北に在《あ》って諸《もろもろ》の供給を加えらる」。

注31 宇井(一九二八/六五・一二八～一三二頁)。

注32 『ターラナータ佛教史』の英訳として、Chimpa/Chattopadhyaya (1997・213) を参照。

注33 ダルマパーラ(護法)『成唯識論』に見られるスティラマティ(安慧)説の問題について、勝呂信静は言う、「『成唯識論』においては、安慧は護法の最大の論敵とみなされ、両者の学説の対立の様相がまざまざと描かれているのであるが、不思議なことに、『成唯識論』に引用されている安慧の説を、現存するかれの註釈の上に跡付けることはほとんどできないのである。この事情をどう説明すべきか、今もって未解決の問題なのであるが(下略)」(勝呂一九八九・五頁)。

注34 義浄《ぎじょう》が「法称」の名でダルマキールティに言及する箇所は次の二箇所。原文のみ引用する。義浄『南《なん》海寄帰内法伝《かいききないほうでん》』三十四「西域学法《さいいきがくほう》」に「斯乃遠則龍猛・提婆・馬鳴之類、中則世親・無著・僧賢・清哲之徒、近則陳那・護法・法称・戒賢及師子月・安慧・徳慧・慧護・徳光・勝光之輩、斯等大師無不

具前内外衆徳、各並少欲知足、誠無与比」（大正新脩大蔵経五四・二二九中。王邦維二〇〇〇・二一〇四頁）。義浄『大唐西域求法高僧伝《だいとうさいいきぐほうこうそうでん》』巻下、無行禅師の条にも「復往羝羅荼寺、去斯両駅、彼有法匠、善解因明。屢在芳筵、習陳那・法称之作、莫不漸入玄関、頗開幽鍵」という（大正新脩大蔵経五一・九中〜下。王邦維二〇〇九・一八三頁）。

注35 『プラマーナ・ヴァールティカ』第三章の全和訳として、戸崎（一九七八）（一九八五）を参照。

注36 『プラマーナ・ヴァールティカ』第一章については、Gnoli（1960）を参照。それ以外の三章については、Sāṅkṛtyāyana（1937）を参照。

注37 『プラマーナ・ヴィニシチャヤ』第一章の全和訳として、戸崎（一九八六）（一九八七）（一九八九ａｂ）（一九九〇ａｂ）（一九九一）（一九九二）を参照。

注38 『プラマーナ・ヴィニシチャヤ』第一章と第二章のサンスクリット語限定校訂本として、Steinkellner（2007）を参照。同第三章のサンスクリット語限定校訂本として、Hugon and Tomabechi（2011）を参照。

注39 漢語の「諸行《しょぎょう》（諸《もろもろ》の行）」は、「〔何か別のものによって〕作られた存在物」の意。「無常」は永遠不滅の対義語で、佛教では生じた瞬間に滅するものを意味し、「刹那滅」（瞬間的に滅する存在、一瞬限りの存在）を指す。したがって諸行無常は、「すべての作られた存在ははかなく、一瞬限りの存在である」という意味である。一方、ダルマキールティが論理学を駆使して論証しようとした命題は「すべての作られた存在は瞬間的である」ということであり、それは「諸行無常」と実質的にまったく同じである。

注40　『ヘートゥ・ビンドゥ』のサンスクリット語校訂本について、Steinkellner（2016）を参照。英訳はSteinkellner（2022）を参照。

注41　サンスクリット語原典『タルカ・バーシャー』の全和訳については、梶山（一九七八）を参照。

三輪休雪──「雪嶺」

三輪休雪（十三代）

Miwa Kyusetsu

若かりし頃、アメリカ遊学の折に目の当たりにした大自然は、ちっぽけな私を実におおらかに包み込んでくれ、その雄大さ険しさに心奪われ、以降それは私の作陶の基盤となり、今でも大地の力に魅了され続けております。

この度、唯識の教本を刊行されるにあたり、そのお役に立てればと作品制作を承りました。私の作陶人生で、十三代休雪襲名は、大きな節目でした。これを機にあらためて、その時々に尽くした代々を思い浮かべました。仰ぎ見る山の頂を目指すが如く自らの作陶に向けた決意を込めて、十代休雪が作り出した休雪白を作品に纏《まと》わせながら、「雪嶺」と名付けました。

遥か遠い昔におもいを馳せると自然にヒマラヤの山々が思い浮かび、その高みに一ミリでも近づきたいという気持ちに駆られて、進めた制作です。

日々歩むのみでございます。

後日、「雪山童子」の話を聞き知りました。北の聖なる地、「雪山」で過去の釈尊が修行をなさった話を教わり、その自己犠牲と慈愛の深さに、真摯な驚きと畏敬と憧憬を禁じ得ませんでした。

このようなご縁を頂きましたことを深く感謝申し上げます。

第二章

インドから中国へ

第一節 ◈ 唯識以前の中国佛教

佛典をインド語の原典から古典漢語（古い時代の中国語）に翻訳することを「漢訳」と言います。佛典が翻訳されたのは、王朝で言うと後漢の時代、西暦でいうと紀元後二世紀でした。その時に訳された佛典は経でした。経はスートラです。大蔵経《だいぞうきょう》や一切経《いっさいきょう》と呼ばれる佛典を経・律・論の三蔵《さんぞう》に分ける場合の「経」です。それは釈尊（釈迦牟尼、シャーキャムニ）が弟子たちに話した会話であると伝えられています。その後しばらくして律（出家者教団の生活規則）と論（ブッダより後の佛教徒が整理した佛説の内容）も遅れて訳されました。

✽ 鳩摩羅什の三論学

論のうちでも、小乗でなく、大乗の論が訳されたのは、数百年あとのことです。大乗の思想を理論的に説き明かす学派《がくは》として中国にまず最初に現れたのは、「三論学《さんろんがく》」でした。これはインドの中観派《ちゅうがんは》に当たる中国の学派でした。「三論学」を「三論宗《さんろんしゅう》」とも言います。「宗」は宗教という意味ではなしに、「根本・大もと」という意味です。日本佛教でいう宗派は、寺ごとに宗派が固定し、佛教内部で相互に批判し合いましたが、中国の「宗」はそのような他を排除し否定するような意味を含みません。中国には排他的な宗派はありませんでした。その意味で「三論宗」でなく「三論学」と呼ぶ人も多いです。

三論の教えを中国にもたらし、僅か一代で中国全土に普及させたのは、鳩摩羅什《くまらじゅう》（クマーラジーヴァ Kumārajīva　生卒年《せいしゅつねん》は約三五〇～四〇九頃。異説あり）という名の外国僧でした。[注1] 鳩摩羅什は、中央アジアのクチャ（亀茲《きゅうじ》国）にインド人の父クマーラヤーナ Kumārayāna とクチャ国王の娘だった母ジーヴァー Jīvā の間に生まれました。両親の名をとって合わせ、クマーラジーヴァという名になったのですから、この名は出家後に与えられた名でなく、生まれながらの本名です。このように昔は本名で呼ばれる僧が多くいました。

クチャは現在の新疆ウイグル自治区アクス地区の庫車《クーチャ》です。いわゆるシルクロード（絹の道）という通商貿易の主要道の途中にある大きな街で、インドにも中国にも通じます。

鳩摩羅什は、佛教信仰の篤い在家信者だった母親から佛教の手ほどきを受け、インドに留学したこともあります。そしてクチャに帰国してから学僧として名を挙げましたが、同時に、その頃多かった政治的混乱に巻き込まれ、クチャから東のかた中国の姑臧《こぞう》（現在の甘粛省武威市）へ、そして姑臧から更に東のかた長安（現在の陝西省西安《シーアン》市）の都へと強制送還されました。鳩摩羅什が長安に来たのは、後秦《こうしん》国の弘始《こうし》三年（四〇一）十二月二十日——現代の暦に置き換えると四〇二年二月八日――のことでした。長安は後秦国の都でした。

鳩摩羅什は長安に入ると、後秦国王の姚興《ようこう》から国家的支援を受け、申し分のない条件が揃った中で佛典を翻訳する作業に取りかかりました。鳩摩羅什はインド人と中央アジアのクチャ人から生まれた血筋で、漢人ではなかったのに、中国に来てからは漢人弟子の助けを借りずに、自ら漢語に訳したばかりか、驚くべきことに、韻を踏んだ漢詩すら正しく作れる才能がありました。

鳩摩羅什が訳した三論宗の書は、三論という名の通り、三つが主でした。龍樹《りゅうじゅ》（ナーガールジュナ）が著した『中論《ちゅうろん》』と『十二門論《じゅうにもんろん》』、そして弟子の提婆《だいば》（デーヴァ）が著した『百論《ひゃくろん》』です。この三論は「空《くう》の思想」を説いています。「空」とは、何もない空っぽという意味でなく、すべて存在するものは「無自性《むじしょう》」であること、つまり、永遠に変わらない本性（自性《じしょう》）を持たないという意味です。鳩摩羅什は十年足らずの短い時間で大乗経典と論書を漢語に翻訳しました。その翻訳佛典の総数は三十五種、その巻数は延べ三百巻程でした（梁《りょう》の僧祐《そうゆう》『出三蔵記集《しゅつさんぞうきしゅう》』の記録による）。

鳩摩羅什は翻訳者であったのみならず、教育者としても弟子を数多く育成しました。

❇ 鳩摩羅什の後

鳩摩羅什は四〇九年頃に逝去しましたが、中国の佛典翻訳は、他の人々によって継続されました。そして羅什の後に訳された佛教書には、三論学より更に新しい大乗の教えがありました。その代表は「如来蔵《にょらいぞう》」という思想です。如来蔵とは何かというと、生きものはすべて、やがて将来はブッダとなって悟ることのできる力を秘めているという教えです。如来（ブッダ）となる可能性を内に蔵している（秘めている）ことを如来蔵と言います。四〇九年頃に鳩摩羅什が没した後に翻訳された経典は如来蔵思想を含むものでした。例えば、北涼《ほくりょう》という国で曇無讖《どんむしん》[注2]というインド僧が訳した『大般涅槃経《だいはつねはんぎょう》』（四二一年訳了）、インド僧の求那跋陀羅《ぐなばつだら》[注3]が訳した『勝鬘《しょうまん》経《ぎょう》』（四三六年訳了）等は典型的な如来蔵経典です。

そして更に、曇無讖が訳した『菩薩地持経《ぼさつじじきょう》』と、求那跋摩《ぐなばつま》[注4]が訳した『菩薩善戒経《ぼさつぜんかいきょう》』（四三一年翻訳）も鳩摩羅什の生前には知られていなかった新たな大乗思想を含むものでした。この二つは瑜伽行派の根本聖典である『瑜伽師地論』の中核となる経典『ボーディサットヴァ・ブフーミ *Bodhisattva-bhūmi*』の翻訳で、菩薩の修行法を説く経典として広く読まれました。また求那跋陀羅《ぐなばつだら》訳『楞伽阿跋多羅宝経《りょうがあばつたらほうきょう》』（『楞伽経《りょうがきょう》』と呼ぶ諸経のうちで最古の漢訳）も如来蔵思想と瑜伽行思想を色濃く含む経典です。

しかしここで注意して欲しいことがあります。当時の中国人は、南朝でも北朝でも誰一人として、これらが瑜伽行派《ゆがぎょうは》の経典であることを知りませんでした。理由は「瑜伽行派」という言葉も「唯識《ゆいしき》」という言葉も五世紀（四〇〇年代）の中国になかったからです。それが知られるようになるのは、鳩摩羅什の死後百年以上が経過した六世紀（五〇〇年代）の前半でした。例えば六世紀前半の梁の武帝（在位五〇二〜五四九）は『楞伽阿跋多羅宝経』を重視しましたが、武帝が注目したのは、その経典が肉食を完全に禁ずることを説く箇所のみでした。武帝にとってこの経典は肉を食してはならぬと説く経典であり、瑜伽行派の経典ではありませんでした。それを瑜伽行派の経典として初めて評価したのは、六世紀前半の北朝、北魏《ほくぎ》国の僧たちでした。どちらも重なる時期ですが、この時代には南北朝の壁によって情報や文物が南北を往き来しにくかったため、南朝の武帝は、この北魏の新しい動きを遂に知ることなく亡くなりました。

第二節 ❖ 唯識は三度伝わった[注5]

❊第一波 地論学

瑜伽行派の教えは、中国に三回、それぞれ少しずつ遅れて伝わりました。

初回は、南北朝時代の北朝の大国、北魏《ほくぎ》に伝わりました。紀元後六世紀初め頃でした。その頃の北魏の佛教を「地論学《じろんがく》」ないし「地論宗《じろんしゅう》」と呼びます。何故「地論」と呼ぶかと言いますと、北魏の唯識が『十地経論《じゅうじきょうろん》』という書物を最も重んじたからです。この『十地経論』から「地」と「論」を取り出して「地論」という名が生まれました。『十地経論』は、『十地経』という大乗経典に対してインドのヴァスバンドゥが著した注釈です。

ヴァスバンドゥは、漢字で音写して婆藪槃豆《ばすばんず》とも言われましたが、中国・日本では別の名でよく知られました。天親（てんしん・てんじん）と呼んだり、世親《せしん》と呼んだりします。北魏の人たちは天親と呼びました。

北魏の瑜伽行唯識派は、菩提流支《ぼだいるし》訳『十地経論』十二巻を主とします。この書は大正新脩大蔵経第二六巻に収められています。北魏の都、洛陽で五〇八〜五一一年に翻訳されました。翻訳者はインド僧のボーディルチ Bodhiruci です。その名を「菩提流支」や「菩提留支」と漢字で音写します。

一つ注意すべきことは、多くの辞書や概説書は菩提流支を五二七年卒と書いていますが、それは誤りです。菩提流支の生卒年は今なお不明ですが、五三五年頃まで活動していたことが菩提流支の訳した経典の記録からはっきりしています。

菩提流支は『十地経論』十二巻のほかにも、『深密解脱経《じんみつげだつきょう》』五巻、『入楞伽経《にゅうりょうがきょう》』十巻その他の、瑜伽行派に属する経典と論書を翻訳しました。『深密解脱経』は、『瑜伽師地論』の後半部と直接的に関係する『解深密経《げじんみっきょう》』の古い漢訳です。『入楞伽経』は、『楞伽阿跋多羅宝経』の次に古い『楞伽経』の漢訳です。この菩提流支訳を通して、北魏の人々は、それが瑜伽行思想と如来蔵思想の経典であることを初めて知るようになりました。

菩提流支の後にも、瑜伽行思想の経典・論書を翻訳する人々が現れました。北魏では、インド僧の毘目智仙《びもくちせん》（原名不明）がヴァスバンドゥの『業成就《ごうじょうじゅ》論』を翻訳しました。北魏滅亡後、北魏を受け継いだ東魏《とうぎ》では、インド僧の佛陀扇多《ぶっだせんた》（ブッダシャーンタ Buddhaśānta）がアサンガ『摂大乗《しょうだいじょう》論』二巻を訳しました。また、曇林《どんりん》も、北魏から東魏の間に、右に挙げたインド僧たちの翻訳事業を補佐したほか、ヴァスバンドゥ『妙法蓮華経憂波提舎《みょうほうれんげきょううばだいしゃ》』二巻を菩提流支と共訳しました。

訳語（翻訳で使われた語）についても説明しましょう。北魏と東魏では、瑜伽行思想に基づく新しい訳語が作られ、普及しました。主な新しい訳語を紹介しますと、まず人名としてアサンガを「阿僧伽《あそうぎゃ》」や「阿僧佉《あそうきゃ》」と漢字音写（＝音訳《おんやく》）し、「無著《むじゃく》」と翻訳するようになりました。アサンガの弟のヴァスバンドゥの名は「婆藪槃豆《ばすばんず》」と漢字音写し、「天親《てんしん》」と翻訳しました。「唯識《ゆいしき》」を意味する翻訳としては、そのままの「唯識」のほか、「三界虚妄《さんがいこもう》、唯一心作《ゆいいっしんさく》」（三界ハ虚妄ナリ、唯ダ一心ノ作《な》スノミ）という訳語も確立しました。

また、翻訳した経典に直接現れる言葉ではありませんが、地論学の人々は自らの著作中で

「一即一切《いちそくいっさい》、一切即一《いっさいそくいち》」という術語を使い始め、その思想を重んじました。これは、我々の目の前にある一つの物がこの世界のすべてと関係し、この世界のすべては一つの物に影響を与えていることを表す、徹底した「縁起《えんぎ》」（プラティーティヤ・サムトパーダ pratītya-samutpāda「〔ものごとは〕必ず他の条件に基づいて生じる」）の思想を表します。インド佛教に「一即一切、一切即一」に当たる原語はありませんが、中国で地論学の中から現れ、後に唐の華厳学《けごんがく》で繰り返し重んじられるようになり、そして更に日本の奈良佛教――特に東大寺の華厳学――に甚大な影響を与えた、まさに佛教の要の思想です。

❉ 第二波　摂論学

北魏の地論学の後、およそ五十年後に、今度は南朝に唯識が伝わりました。北朝に伝わった唯識はインドから中央アジアのシルクロードを通って陸路で伝わりましたが、南朝に伝わった唯識はインドから南回りの海路で東南アジアを経由して中国の南の玄関口である広州《こうしゅう》（現在の広東省広州市）に、そしてそこから内陸路か海路で都の建康《けんこう》（現在の江蘇省南京市《なんきんし》）にまで伝わりました。

南朝に唯識を伝えたのはインド僧の真諦（しんたい・しんだい。パラマールタ＝パラマアルタ＝Paramārtha　生卒年は四九九～五六九）です。[注6] 時代は南北朝時代の後半の梁《りょう》末期から陳《ちん》前半でした。

真諦の伝記は、隋の費長房『歴代三宝紀』巻九の陳録と巻一〇の梁録および唐の道宣《どうせん》『続高僧伝』巻一「拘那羅陀伝《くならだでん》」として残されています。[注7] それらに拠ると、西暦四九九年、真諦はインドのウッジャイニー Ujjayinī に生まれました。ウッジャイニーというのは、現在のインドのマディヤ・プラデーシュ州ウッジャイン Ujjain です。州都ボーパール Bhopal はサーンチー Sanchi の壮大なストゥーパで有名です。その西方およそ二百キロメートルの所にウッジャインはあります。佛教だけでなく、それ以外のバラモン正統派の宗教・思想・科学でも栄えた豊かな街でした。

ある時、真諦は布教（弘法《ぐほう》）のためインドを離れ、東南アジアのカンボジア（扶南国《ふなんこく》）に住むことになり、そこに逗留していました。その時、佛教を深く信仰していた梁の武帝の目にとまり、五四六年、武帝に招聘されて梁の広州に到着し、その後五四八年の閏八月に都の建康に到着しました。しかしその頃は、五十年も続いた武帝の治世末期の混迷の時代でした。五四八年、運悪く「侯景《こうけい》（生卒年は五〇三～五五二）の乱《らん》」と呼ばれる政治動乱が勃発し、真諦が都に到着して翻訳活動を始める前に都は戦火に見舞われ、翻訳どころではない状態に急変しました。その結果、真諦は建康に来てすぐに避難し、地方をどさ回りするように各地の支援者からその都度援助してもらいながら南朝各地で、中国人の弟子たちと共に経や論を少しずつ訳し続けました。真諦が中国にいたのは五四六年から没年五六九年までの二十年余りでした。真諦が最も力を注いだのは瑜伽行唯識派の論書でした。特に兄アサンガ（阿僧伽《あそうぎゃ》、無著《むじゃく》）が『摂大乗《しょうだいじょう》論《ろん》』の本文を書き、弟ヴァスバンドゥ（婆藪槃豆《ばすばんず》、天親《てんしん》）が『摂大乗論釈《しょうだいじょうろんしゃく》』という注釈を著した中に説かれる瑜伽行唯識思想を重視したので、真諦の唯識学を「摂論学《しょうろんがく》」――『摂大乗論』の学――と呼びます。また、「摂論宗《しょうろんしゅう》」とも言います。

真諦は南朝各地で翻訳に励みましたが、しかし国の大混乱の中、言葉にも不慣れなインド僧が生き延びることは余りにも過酷でした。そのため真諦は一度ならずインドに帰国しようとしましたが、その度に、乗った船は季節風とうまく合わず、中国にまた戻ってしまいました。結局、真諦は中国を離れることができませんでした。

真諦の生涯を詳しく記した伝記は、唐の時代に道宣《どうせん》の編纂《へんさん》した『続高僧伝』に「拘羅那陀《くらなだ》伝」（クラナータ伝＝パラマアルタ伝＝真諦伝）として残ります。その中から、真諦の心中と、唯識について一般人が抱いていた誤解について、記事を一つずつ紹介します。

まず、真諦が悩みを抱えて自殺未遂を図ったことを伝記の和訳で示します。因みに佛教では、キリスト教等と違って、自殺することを否定しません。インドの初期佛教の頃から最高位の阿《あ》羅《ら》漢果《かんか》（阿羅漢になるという修行成果）を得たので生きている必要はもうないと考え自殺した阿羅漢がいたことが記録されています。真諦の場合は次のような状況でした。真諦没年の一年前のことです。

光大《こうだい》二年（五六八）年六月、真諦は、世俗の混乱を厭い、肉体を持っているがために心までぼろぼろになるよりは、理屈に逆らわずに心をうまく導いて、なるべく早く優れた土地に転生する（生まれ変わる）方がましであると思った。こうして南海（広州）の北山《ほくざん》に入り、命を捨てようとした。ちょうどその頃、〔一番弟子の〕智愷《ちがい》はまさに〔真諦の訳した〕『倶舎論《くしゃろん》』を講義していた最中《さなか》で、師の知らせを聞いて、師の元に馳せ参じた。出家も俗人も皆が駆けつけ、北山は人で一杯となった。広州刺史《こうしゅうしし》（広州の知事）をしていた〔欧陽紇《おうようこつ》〕は使者を遣わして様子を見守り、〔真諦が自殺しないように〕防ぎ止め、自らも額を地にこすり付けて礼拝し、丸三日間引き留めたところ、〔真諦は〕漸く本意を曲げ、街に戻って迎えられ、王園寺《おうおんじ》に滞在した。

（『続高僧伝』拘羅那陀伝）

こうして自殺を図った真諦は、心身衰弱状態であったのか、それとも冷静に判断して自殺を望んだのかは残念ながら伝記の文から分かりませんが、ともかく僧伝には珍しい記録です。

真諦伝からもう一つ紹介します。それは、真諦自身のことでなく、真諦が弘めた唯識思想に対する一般人の常識を示すエピソードです。これは今でも案外同じことが言えるのではないでしょうか。都から離れた地方で「唯識――この世はすべて我が心の現れに過ぎない」という観念論を弘めた真諦でしたが、政治家たちは真諦が考えたようには受け取らず、真諦は皇帝すら我が心の幻影であるとする、国家にとっては危険極まりない独我論者であると誤解しました。真諦伝（拘羅那陀伝）はこう記します。

ちょうどその頃、宗《そう》（僧宗）や愷《がい》（智愷）らの弟子僧たちは、〔真諦が都の〕建康《けんこう》に〔敬意をもって〕招待されるようになり、弟子たちも共に都に戻りたいと願った。しかしこの時、揚都《ようと》（建康）で皇帝に仕える著名人たちは、当時〔彼らが一身に受けていた〕栄誉を〔真諦に〕さらわれるのを恐れ、こう奏上《そうじょう》した、

「嶺南《れいなん》（山向こうの広東地方）で〔真諦が〕翻訳したものの多くは「唯識無境《ゆいしきむきょう》」（心のはたらきだけが存在し、物も人も何もない）という教えを明かすのであって〔自分以外を認めない。したがって皇帝陛下の存在すら否定しかねません。真諦の〕言うことは治世術と食い違い、わが国の風俗を隠し惑わす〔邪悪な思想〕です。中央に招いたりせずに、辺地に捨て置くのが賢明です」。

〔これを聴いて〕帝は同意した。こうして南海（南方の広州）の新しい〔佛教〕文献は、陳《ちん》王朝で普及しなかったのである。

太建元年（五六九）、〔真諦は〕病になった。少ししてから遺言をしたためた。それは厳粛に因果の理法を説き示したものだった。書き記しは何紙にも及び、それを弟子の智休に預けた。正月の十一日正午に遷化した。享年七十一。

翌日、潮亭《ちょうてい》（未詳）にて火葬し、塔を建てた。十三日に、僧宗や法准《ほうじゅん》らはそれぞれ経論を携えて廬山《ろざん》（匡山《きょう》。江西省鄱陽《はよう》湖の西にある名山）に戻った。

真諦は、中国に来てから、実に多くの経典を翻訳したが、専ら根本とした教えは『摂大《しょうだい》乗論《じょうろん》』だった。だから教えの趣旨を研究する者が、訳したものを通覧すれば、〔真諦の訳した〕様々な〔文章〕は〔『摂大乗論』を中心として〕相互につながり合い、あやぎぬの文様のように敷き詰められ〔全体として深い一つの〕意味を明らかにしているのが分かる。こうして〔真諦は、旅先の〕それぞれの土地で翻訳して〔弟子たちに〕自ら解説してやった。……

都にいて安楽に暮らしていた官僚たちは、「唯識」は自らの心のみを認め、外界を認めないもの、それ故に皇帝陛下の存在すら認めない危険思想である、ならば、そんな教えは都に入れさせず、遠く地方に捨て去っておくのが一番であると考えました。

真諦は皇帝の存在を認めないとは一度も言っていませんが、皇帝に就く側近たちは、唯識というのは自分以外は認めない、身勝手な独我論に違いないと決めつけました。これは、現代に至るまで、唯識のことを知らない人々が陥り易い「唯識の落とし穴」です。

❇第三波　法相学

最後に中国に届いた唯識の第三波は、唐の玄奘三蔵《げんじょうさんぞう》によって伝えられた法相学《ほっそうがく》です。これが第三の、最大で決定的な影響を中国佛教に与えました。

インドに留学し、ナーランダー寺 Nālandā（現在ビハール州に現存）で最新の佛教教理学、とくに瑜伽行唯識派の教理学を修得した玄奘は、六四五年の正月、唐の都である長安（現在の陝西省西安市）に帰国し、「新訳」と呼ばれる新しい語彙を使って次々と大乗経典と論書を翻訳しました。玄奘は六四五から没年六六四年まで二十年足らずの間に、実に驚くべき量の翻訳を残しました。玄奘は、亡くなる六六四年、弟子の普光に命じてそれまでに翻訳した総数を調べさせ、『玄奘所訳全経論目録』を作らせたところ、玄奘訳の佛典総数は七十五種、延べ一千三百三十五巻に上りました。上述したように、鳩摩羅什が約十年間に訳した佛典の総数は三十五種、その巻数は延べ三百巻程でしたから、それを倍にして二十年間の分量として仮に計算しても、巻数は延べ六百巻程です。それと比べれば、玄奘訳がいかに膨大な分量だったか分かるでしょう。

因みに玄奘は、都合十七年間、ナーランダー寺を拠点にインド各地で学び、六四五年（貞観十九年）正月に長安に戻りました。最も詳しい玄奘の伝記である『大慈恩寺三蔵法師伝』巻六に拠れば、長安に帰還した時に玄奘が持ち帰ったものは、ブッダの舎利（遺骨の断片）や佛像数軀も含まれていましたが、群を抜いて多かったのは経・律・論の三蔵に関するサンスクリット語写本でした。その分量は合わせて六百五十七部あり、運搬するには馬二十頭余りを要する程膨大な分量だったと言います。直前の段落で玄奘が生涯に翻訳した部数は七十五種と書きましたが、インドから持ち帰ってきたのは七百部に近い多さであったわけですから、玄奘がどれ程熱心に可能な時間のすべてを費やして翻訳しても、翻訳できたのは持ち帰った分量の一割余りに過ぎなかったことが分かります。残りの九割近くの写本全五百八十二部は遂に翻訳されず、玄奘の死後、様々な状況の中で、すべて消えてなくなる運命を辿りました。消えた写本の中に一体どのようなものが含まれていたかさえ、何も情報がなく、分かっておりません。まことに残念なことです。

第三波を作ったのは玄奘訳だけではありません。玄奘の弟子たちは、玄奘訳を基に新しい唯識学である法相学を中国で打ち立てました。それは玄奘の愛弟子、窺基《きき》（大乗基《だいじょうき》）の活動から始まります。

さて、この第三波について詳しく知るために、以下に三節に分けて説明しましょう。

中村信喬（三代）

Nakamura Shinkyō

お釈迦様の御姿の制作依頼を受け、人生の最後を記した経典を参考資料にイメージを膨らませました。これまで螺髪《らほつ》があり、髭が描かれ、美しい糞雑衣《ふんぞうえ》で表現される像や絵が多く制作されてきました。しかし資料を読むにつれて、今までとは違うお姿がリアリティーに私の目に浮かんで来ました。佛師ではない私がお作りする動かない人形（ひとがた）だからこそ、今まさにそこにお釈迦様がお立ちになって、人々に語られ導かれるご様子が少しでも表現できたらと考え、止まっているのではなく微妙に動いているような前傾姿勢で制作する事に致しました。

お釈迦様は長い旅をしながら人々に会い、ご自分の生き方を示されました。しかもご病気や批判や心無い人の言葉も介さず、一つの鉢を持ち、何物にも執着せずに八十歳まで。あの時代に生きられた姿を本当にお作りすることが出来るのだろうかと、何度も何度も心に問うてみました。人形（ひとがた）は、お顔が一番大切であることは言うまでもありませんが、北インドの人の特徴を踏まえ、その瞳に意志の強さと、何か遠くを見据えるような眼が描けるようにと願い、墨を擦り、筆を走らせました。生き生きとした様子が表現できていることを願います。

釈迦牟尼を制作する経験を頂戴できましたことは、これから人形を作る上での指針になったと感じています。有り難うございました。

中村信喬――「釈迦像」
（撮影　中村弘峰）

鈴木　藏——「竹林」

鈴木 藏

Suzuki Osamu

第三節 ❖ 玄奘の翻訳――中国唯識の基盤

まず、第三波の発端となった三蔵法師玄奘《げんじょう》（生卒年は六〇〇／〇二～六六四）について学びましょう。玄奘の一生を記す伝記は何種類か残っています。一般によく読まれるのは、唐の道宣《どうせん》（生卒年は五九六～六六七）『続高僧伝《ぞくこうそうでん》』巻四の玄奘伝です。最も詳しい伝記は『大慈恩寺三蔵《だいじおんじさんぞう》法師伝《ほうしでん》』十巻です。初め慧立《えりゅう》が著し、後に彦悰《げんそう》が補訂したと言われますが、詳しい成り立ちは不明です。

玄奘の生涯は大きく三期に分けることができます。第一期は生誕からインド巡礼までの若い時代、第二期はインド巡礼を行い、当時最新のインド佛教を自ら身をもって学んだ十七年間、第三期はインドから帰国して唐の都長安で佛典の翻訳にすべてを捧げた二十年間です。第三期は、中国佛教史上第一の訳経僧としての玄奘の功績をよく伝えています。

玄奘の若年時代は、既に中国瑜伽行唯識思想の第一波（北魏時代）と第二波（梁陳時代）の影響によって、瑜伽行派の思想が重要であることを、中国佛教徒はかなりの程度で認識していました。そのような環境の中、玄奘も、第二派の摂論学を確立した真諦三蔵の翻訳した書物を熱心に学びました。

玄奘は、数え二十歳になると具足戒《ぐそくかい》（教団の正式成員「比丘《びく》」となるための戒律）を受け、正式の比丘となり、真諦訳の佛典を読み、理解が深まるにつれて、瑜伽行派の思想の要は真諦訳『十七地論』五巻にあると確信するようになりました。ところが玄奘が読んだ限り、真諦訳『十七地論』は省略が多く、通読して理解できるものではありませんでした。そこで「真諦の訳に問題があって読めないなら、『十七地論』の原典の写本を手に入れて、私が自ら新たに翻訳しよう」という思いに至りました。これが、生涯の第二期インド留学時代を作る切っ掛けになりました。つまり玄奘は、『十七地論』の原典を手に入れ、その内容を自ら正しく訳せるようになるため、その思想をインドで学ぼうと思ったこと、これが

玄奘三蔵坐像（鎌倉時代、薬師寺蔵）

インド行きを決意した最大の理由でした。

瑜伽行思想の根幹である『十七地論』と言われても、そんな書名を聞いたことがないと不審に思う方は多いでしょう。それは当然のことです。何故ならば真諦訳『十七地論』は玄奘の若年期には流布していましたが、その後、失われ、現存していないからです。実は、この『十七地論』こそが、玄奘が帰国後に真っ先に翻訳した瑜伽行派の根本聖典であり、玄奘訳で『瑜伽師地論』という書名となったものです。原典名は『ヨーガアーチャーラ・ブフーミ *Yogācārabhūmi*（「精神統御を行う師たちの修行段階」の意）』であり、それが十七の「ブフーミ bhūmi（修行段階）」から構成されていたので、『十七地論』という別名で呼ばれていました。真諦訳の書名はこの別名に由来します。

この原典を入手し自ら翻訳するために玄奘はインド留学を決心しました。しかし当時、唐の国は無許可で国外に出ることを法令で禁止していたため、玄奘は自らの決意を実現すべく、敢えて国禁を犯してまで国を飛び出したというわけです。

長安を出発した玄奘は西に向かい、敦煌を超え、中央アジア諸国を経て、陸路でインドに行きました。帰りも同じく、中央アジア経由の陸路で中国に帰還しました。玄奘は北方のカシュミーラ Kaśmīra（現在のカシミール）やガンダーラ Gandhāra（現在のパキスタン共和国ペシャーワル市一帯の谷間・盆地）など各所に滞在し、その地の学僧が得意とする佛教書と教理を学びました。その中でも最も長く滞在し、基礎から学び直した地は、現在のビハール州都パトナPatna（当時の地名はパータリプトラ Pāṭaliputra）の近郊にあったナーランダー大寺院 Nālandā-mahāvihāra でした。玄奘はその寺で戒賢《かいげん》法師（シーラバドラ Śīlabhadra　漢字音写は「尸羅跋陀」）に就いて瑜伽行唯識派の学を徹底的に学びました。戒賢法師の師匠は『成唯識論』の著者として高名な護法《ごほう》（ダルマパーラ Dharmapāla　六世紀中後半頃）です。すなわち玄奘は、護法の孫弟子として学び、護法の教理学を最も権威ある正統の教えとして修得したのです。当時の伝承に拠れば、護法はナーランダー寺の大僧正を務めた偉大な学僧として、護法の住んだ僧坊も特定されていて、玄奘は到着したばかりの時、護法の僧坊の北にあった客室を与えられたと『大慈恩寺三蔵法師伝』は記しています。

次に、護法について補足しておきたいことを記します。

一つは、護法の生きた年代です。きわめて多くの概説や研究書に、護法は五三〇年に生まれ、数え三十二歳で五六一年に夭折したと書いてあります。これは一つの可能性として否定することはできませんが、確定した年代ではありません。護法が五〇〇年代の中期以降に活躍したことは確かですが、五三〇～五六一を生卒年の絶対年代（一年もズレのない、揺るぎなき確定年代）と見なすことはできません。この年代はかつて宇井伯壽氏が一九二八年に出版した論文中で推定した説ですが、当時は宇井氏自らがこれは誤差を含む推定であると明言しているにもかかわらず、それが無視されて数字が一人歩きし始め、現在は確定的絶対年代と誤解されています。しかしチベット佛教に残る伝承では護法は短命でなく、三十年以上弟子を教えたとあります（『ターラナータ佛教史』等）。

もう一つは、護法の著作です。

西暦六四五年に当たる年の正月、玄奘はインドから内陸アジアを経て陸路で長安の都（現在の陝西省西安市）に戻りました。その時、玄奘が持ち帰った文物は佛典や佛像そのほか全部を運ぶのに馬二十頭余りが必要だったという膨大な分量でした。そのことは上述した通りです。

その後、玄奘は没するまで二十年間を佛典の翻訳と弟子の教育に捧げました。玄奘が翻訳した佛典の中には経典も論書もありましたが、特に重要なものは瑜伽行派の思想を伝える佛典でした。その主な関連書を示すと次表の通りです。

◆表1　玄奘の翻訳した瑜伽行派の主な関連書（翻訳年代順）

凡例

一、インド人の著作は「造《ぞう》」と、中国人の著作は「撰《せん》」と表す。
二、著者が複数の場合、著者名に「等《とう》」を付す。
三、「玄奘訳《げんじょうやく》」は玄奘の訳場《やくじょう》で玄奘が訳主《やくしゅ》（訳場《やくじょう》を統括する実際の翻訳者）であることを表す。
四、「筆受《ひつじゅ》」（筆で書く係）は玄奘の訳場で玄奘が口で述べた訳語を紙に書き記した書記官を表す。

	書名	訳年	内容・特徴
	（玄奘、インド留学を終え長安に帰還）	六四五（正月）	長安に膨大な量の経典・佛像等をもたらす
1	**弥勒造《みろくぞう》『瑜伽師地論《ゆがしじろん》』百巻**	六四六〜六四八	数点を準備的に訳した後に翻訳。玄奘《げんじょう》がインド巡礼した時、直接の目的となった聖典。
2	弁機撰《べんきせん》『大唐西域記《だいとうさいいきき》』十二巻	六四六	玄奘が口述し弁機が筆録した。伝統的に「玄奘訳・弁機撰」と表す。太宗の勅命で編纂し上呈された地理書。瑜伽行派《ゆがぎょうは》の書名・人名を多く含む。
3	『解深密経《げじんみっきょう》』五巻	六四七	玄奘訳《やく》・大乗光筆受《だいじょうこうひつじゅ》
4	商羯羅《しょうかつら》主《しゅ》造『因明 入正理論《いんみょうにっしょうりろん》』一巻	六四七	玄奘訳・明濬《みょうしゅん》筆受
5	**世《せ》親《しん》造『唯識三十論頌《ゆいしきさんじゅうろんじゅ》』一巻**	六四八	玄奘訳・大乗光筆受
6	世親造『摂大乗 論釈《しょうだいじょうろんしゃく》』十巻	六四八〜六四九	玄奘訳・大乗巍《だいじょうぎ》等筆受
7	無著《むじゃく》造『摂大乗論本《ほん》』三巻	六四八	玄奘訳・大乗巍筆受

A	『般若波羅蜜多心経《はんにゃはらみったしんぎょう》』一巻	六四九	
8	親光《しんこう》等造『佛地経論《ぶつじきょうろん》』七巻	六四九	玄奘訳・大乗光筆受
9	陳那《じんな》造『因明《いんみょう》 正理門論《しょうりもんろん》』一巻	六四九	玄奘訳・知仁《ちにん》筆受
10	最勝子《さいしょうし》等造『瑜伽師地論釈《しゃく》』一巻	六五〇	玄奘訳・大乗暉《だいじょうき》筆受
11	世親造『阿毘達磨倶舎論《あびだつまくしゃろん》』三十巻	六五一～六五四	玄奘訳・元瑜《がんゆ》等筆受
12	無著造『大乗阿毘達磨集論《だいじょうあびだつまじゅうろん》』七巻	六五二	玄奘訳・大乗光筆受
13	陳那造『観所縁縁論《かんしょえんねんろん》』一巻	六五七	玄奘訳・大乗光筆受
14	**護法《ごほう》造『成唯識論《じょうゆいしきろん》』十巻（玄奘糅《にゅう》訳《やく》）**	六五九	玄奘訳・**大乗基《だいじょうき》**筆受 「糅訳」の意味は66頁を参照
B	『大般若経《だいはんにゃきょう》』六百巻	六六〇～六六三	
15	**弥勒造『弁中《べんちゅう》 辺論頌《へんろんじゅ》』一巻**	六六一	玄奘訳・**大乗基**筆受

16	**世親造『弁中辺論』**三巻	六六一	玄奘訳・**大乗基**筆受
17	**世親造『唯識二十論《ゆいしきにじゅう》』**一巻	六六一	玄奘訳・**大乗基**筆受
	（玄奘入滅）	六六四	慧立本《えりゅうほん》・彦悰箋《げんそうせん》『大慈恩寺三蔵法師伝《だいじおんじさんぞうほうしでん》』十巻 道宣《どうせん》撰『続高僧伝《ぞくこうそうでん》』巻四玄奘伝 冥詳《みょうしょう》『大唐故《だいとうこ》三蔵玄奘《さんぞうげんじょう》法師行状《ほうしぎょうじょう》』一巻

以上、十七点の瑜伽行派典籍とＡＢ二種の般若経を挙げました。重要なものばかりですが、中でも**太字**で示した六種の書物は瑜伽行派思想の根源と直接関係します。その最初が**弥勒『瑜伽師地論』百巻**であることは、玄奘の思いをはっきり示しています。インドから戻った玄奘が真諦訳『十七地論』の改訳を切望して真っ先に訳したものこそ、『瑜伽師地論』でした。

第四節 ❖ 慈恩大師窺基——法相学の始まり

北宋《ほくそう》の賛寧《さんねい》『宋高僧伝《そうこうそうでん》』巻四に窺基《きき》の伝を収めるので、それと他の資料から、窺基の一生の要となる事柄を記します。窺基は幾つかの別名で呼ばれます。『宋高僧伝』や、智昇《ちしょう》が唐の開元十八年（七三〇）に編纂した佛教経典目録『開元釈教録《かいげんしゃっきょうろく》』には「窺基」という名が使われています。また、師匠の玄奘がインド留学時代に「マハーヤーナデーヴァ Mahāyānadeva（大乗天）」と呼ばれたため、玄奘は自らの弟子にも「大乗」を付す名を与え、例えば弟子の「普《ふ》光《こう》」を「大乗光《だいじょうこう》」と、「神昉《じんぼう》」を「大乗昉《だいじょうぼう》」と名付けました。そのため窺基も「大乗基」と呼ばれました。このほか「基」一字のみが正しい名であるという説もありますが、中国佛教史上で漢人僧に一文字の正式名を与えた事例はありませんから、「基が正しい名であり、窺基は誤り」と主張することには疑念が残ります。住んでいた寺名「大慈恩寺《だいじおんじ》」に因む敬称として窺基を「慈恩大師《じおんだいし》」と呼ぶことも多いです。その場合、師の玄奘のことは「慈恩三蔵《じおんさんぞう》」または「唐三蔵《とうさんぞう》」と呼んで区別します。

窺基は尉遅《うっち》氏の出身です。尉遅は姓ですが、もともとは尉遅族の出身であることを意味します。尉遅族は中国北方の遊牧騎馬民族である鮮卑《せんぴ》族の一部族です。西暦六三二年、長安で生まれました。母は裴《はい》氏と言いますから漢民族と鮮卑族の血を引いているかと思われます。月輪を摑んで飲み込む夢を見た時に身ごもったと言われています。窺基が佛門に入ったのは十七歳の時（六四八年）、玄奘の弟子となり広福寺《こうふくじ》に住しました。その後、若き精鋭として抜擢されて玄奘の住まう大慈恩寺に移り、玄奘からインドの言語を直々に習いました。窺基が玄奘の訳《やく》場《じょう》（多くの人が集う翻訳現場）に参列し始めたのは二十五歳、六五六年でした（『宋高僧伝』窺基伝）。その頃は訳経の手順を習う学生のような身分だったのでしょう。その後、玄奘の訳場で重要な任務をつとめる僧として窺基の名が記録され始めたのは六五九年からです。

※『成唯識論』の糅訳

六五九年の閏十月、玄奘は法相学の代表書、護法《ごほう》『成唯識論』を訳しました。智昇『開元釈教録』（七三〇年）に初めて、玄奘の『成唯識論《じょうゆいしきろん》』の翻訳を補佐した僧として、窺基（大乗基）の名が現れます。これ程重要な翻訳に、当時二十八歳の窺基が大抜擢されたのは異例中の異例です。六五六年から二年間は見習いとして翻訳手順を学んだ後、いきなり弟子の筆頭に躍り出たのです。

護法『成唯識論』十巻を翻訳した経緯については、賛寧《さんねい》『宋高僧伝《そうこうそうでん》』巻四「窺基伝」にも記録がありますが、窺基『成唯識論掌中枢要《じょうゆいしきろんしょうちゅうすうよう》』巻上本において、窺基が自ら翻訳の様子を説明しているので、それを紹介しましょう。第一章に述べた通り、『成唯識論』はヴァスバンドゥVasubandhu（世親）『唯識三十頌《ゆいしきさんじゅうじゅ》』をダルマパーラ Dharmapāla（護法）が注釈した書物です。玄奘がインドから持ち帰った『唯識三十頌』の注釈は、第一章第四節「五a」（66～67頁）に列挙したように、全部で十種あり、それぞれ別の注釈者の著作でした。窺基はこう説明します。

〔玄奘三蔵が『唯識三十頌』の注釈の翻訳を〕行い始めた時は、十種の注釈をそれぞれ別々に訳していた。〔三蔵法師の弟子である〕昉《ぼう》（＝大乗 昉《だいじょうぼう》＝神昉《じんぼう》）、尚《しょう》（＝嘉尚《かしょう》）、光《こう》（＝大乗 光《だいじょうこう》＝普光《ふこう》）、基《わたくし》（＝大乗基《だいじょうき》＝窺基《きき》）の四人が共に訳文を最後に滑らかにする係（潤飾《じゅんしょく》）・玄奘が口述した訳を紙に書き留める係（執筆《しっぴつ》）・文章表現を点検する係（検文《けんぶん》）・意味内容を点検する係（纂義《さんぎ》）を受けもった。各人が模範的であったので、これらを四人が皆で担当した。

数日後、基《わたくし》は退席を願い出た。〔玄奘〕大師が理由を訊ねたので、基《わたくし》は丁重にこう願い出た――、「〔後漢の明帝が〕夜、金色のお姿を夢見て、翌朝に白馬を走らせ〔最初の翻訳経典『四十二章経』が洛陽の白馬寺《はくばじ》に伝来してより〕以来、〔大唐国の今まで、〕俊才が輩出し、賢者が肩を並べて来ました。『五分〔律〕』を聴聞してはそのように行動したいと心に願い、〔アビダルマの〕『八犍度論（八蘊）』を繙いては〔煩悩を離れた〕悟りの彼方に思いを馳せて来ました。〔わたくしは〕ほんの僅かな佛法を得たとはいっても、しかし肝心の根本をまだ得ておりません。今や東方（の唐の国では）栄誉にあずかり、皆が奥深い根本を目の当たりにしています。幸いなことに〔大師は〕あらゆる方面に抜きん出て通じ、千年の太古を超えた御方でありますが、〔十種の注釈を一つに〕編集することをしなかったら、時機を逸したと言われるでしょう。ましてや多くの聖人たちが『三十頌』に対する注釈を〕作り、それぞれ五天竺（全インド）で名を馳せ、〔彼らの〕書籍は貝葉の写本として伝来しましたけれども、しかし〔注釈書が個々バラバラのままでは、原文の〕意味〔の解釈〕は一つにまとまりません。説は十人十色ですから、それを授かっても〔注釈が別個のままでは〕何に頼ればよいかが分かりません。ましてや時間が流れると人材は乏しくなり、寿命が短くなって考えが食い違って来るのですから、ばらばらの諸説を討論しても均正に究明できないし、〔『唯識三十頌』の〕原文だけを見ても〔世親の真意を〕述べるのは困難です。〔十種の注釈書の〕言葉を互いに検討し統合して、ただ一つの本として、解釈の正邪を定め、正しい法則を確定することを（わたくしは）希望します」と。やがて許諾が下されたので、この『〔成唯識〕論』を完成し弘めることがかなった。大師（玄奘）は他の三人を去らせ、〔十種の注釈を統合して護法『成唯識論』を編集する〕任をわたくし一人に委ねたのであった。

（窺基『成唯識論掌中枢要』巻上本）

以上、原文を二段落に分けて現代語訳してみました。インド僧の注釈十種を最初は、玄奘訳の通例に従って、それぞれ独立した別々の注釈として訳すことを試みました。注釈というのは、根本となる『唯識三十頌』の内容の難しいところを説き明かすために必要です。ところが高名な十人のインド僧の注釈をそのまま別個に読んでも、相互にどこが違い、どの説を正論とすべきか、『唯識三十頌』をこれから学ぼうとする者には見当も付かず、混乱するばかりです。窺基の師である玄奘法師は、ナーランダー Nālandā でシーラバドラ Śīlabhadra（戒賢《かいげん》）法師から瑜伽行唯識思想を学び、そのシーラバドラは、ダルマパーラ（護法）から学びました。このため、玄奘は、ダルマパーラの孫弟子として、その解釈こそがシーラバドラから教えられた正統的な解釈でした。窺基はその玄奘から学び、玄奘の教えを引き継ごうしている若き学僧です。そこで窺基が考えたのは次のようなまったく斬新な提案でした――、〝玄奘三蔵と弟子の我々が現在信じ、今後も伝えようとしている『唯識三十頌』の解釈は、ダルマパーラの注釈に沿っている。それ故、ダルマパーラの注釈を正統説として前面に押し出すべきである。今、玄奘法師はかたじけなくも高名なインド僧十人の注釈を持ち帰り、それを訳そうとされている。ならば、十種を脈絡なく別々に翻訳して学ぶ者たちを混乱させるより、ダルマパーラ説こそが正統であると分かり、かつ他の九人の説も対比的に理解できるよう、ダルマパーラ説が中心であるとはっきり分かる形で、十人の説をすべて統合して一本化し、それを翻訳として示すのが最も筋が通り、効果的ではないか〟。このようなことを窺基は自らの言葉で切々と説明し、通常の玄奘訳とは異なる、ダルマパーラ釈を中核・正統解釈とするインド僧十釈の統合版を編纂することを師に提案したのでした。そして、その説を聞いた玄奘はそれを受け入れ、諸注釈の統合版を編纂する窺基に任を委ねました。右に紹介した『成唯識論掌中枢要』はそのことを説明しているのです。因みに同内容の記事は、『宋高僧伝』巻四「窺基伝」でも取り上げています。日本では奈良朝の善珠《ぜんじゅ》（生卒年は七二三〜七九七）が『唯識義《ゆいしきぎ》燈増明記《とうぞうみょうき》』巻一において、この箇所を解説しています。

『成唯識論』十巻の内容はすべてインドのサンスクリット語の注釈に基づくので、「翻訳」です。そして編集の主眼はダルマパーラすなわち護法の注釈を前面に押し出すことですから、護法の名を出すことも適切です。しかし通常の翻訳ではありません。中国で編纂の手を加えているため、護法釈とは言っても、護法釈を原文通りに逐語訳したわけではありません。このような意味で、中国および日本ではこの書物を「護法菩薩等造『成唯識論』」と呼びながら、それを通常の「翻訳」と区別するため、「糅訳《にゅうやく》」または「合糅《ごうにゅう》」と呼びました。また時には「参糅《さんにゅう》」や「翻糅《ほんにゅう》」とも呼びました。「糅《にゅう》」という漢字は「もみあわせる・より合わせて一本化する」の意を表します。また、「護法菩薩等」の「等」は、他の十人のインド僧の説も組み込まれていることを示しています。

既に述べたように、窺基の名が佛教史の表舞台に初めて登場するのは、この『成唯識論』の翻訳編纂です。その後、六六一年になると、窺基は弥勒《みろく》『弁中辺論頌《べんちゅうへんろんじゅ》』一巻と世親『弁中辺論』三巻の翻訳でも重責を果たしました。これは「玄奘訳」「大乗基筆受《ひつじゅ》」と記録されています。「筆受」は、文字通りには「筆で受けて書きとめる」の意ですが、翻訳共同作業の場（訳《やく》場《じょう》）において訳主《やくしゅ》の玄奘が口頭で述べた訳語を紙に書き写す係を指します。その際には翻訳に誤りがないことにも注意を払う必要があります。つまり「筆受」は玄奘を支える書記長のような重い役職です。同じ六六一年に世親『唯識二十論』一巻を翻訳した際も「玄奘訳」「大乗基筆受」と記録されています。更に翌六六二年に世友『異部宗輪論』一巻を翻訳した際も「玄奘訳、大乗基筆受」でありました。

このように窺基は、『成唯識論』の翻訳（六五九年）を契機に表舞台に突然現れ、玄奘晩年に弥勒『弁中辺論頌』、世親《せしん》『弁中辺論』、世親『唯識二十論』（六六一年）及び世友《せゆう》『異部宗輪論』一巻（六六二年）で筆受を担いました。玄奘晩年に突如現れた継承者としての颯爽たるデビューを果たしたのです。

窺基は多くの注釈を残したので「百本《ひゃっぽん》の疏主《しょす》」（百種に及ぶ経典・論書の注釈者）と呼ばれています。特によく知られているのは次の書物です。

『妙法蓮華経玄賛《みょうほうれんげきょうげんさん》』二十巻（鳩摩羅什《くまらじゅう》訳『妙法蓮華経』七巻に対する注釈）
『金剛般若経賛述《こんごうはんにゃきょうさんじゅつ》』二巻（鳩摩羅什訳『金剛般若波羅蜜経』一巻に対する注釈）

郵便はがき

料金受取人払郵便

京都中央局
承認

4757

差出有効期間
2024 年 3 月
31 日まで

(切手をはらずに
お出し下さい)

6008790

110

京都市下京区
正面通烏丸東入

法藏館 営業部 行

愛読者カード

本書をお買い上げいただきまして、まことにありがとうございました。
このハガキを、小社へのご意見またはご注文にご利用下さい。

お買上 **書名**

＊本書に関するご感想、ご意見をお聞かせ下さい。

＊出版してほしいテーマ・執筆者名をお聞かせ下さい。

お買上 **書店名**	区市町	**書店**

◆新刊情報はホームページで http://www.hozokan.co.jp
◆ご注文、ご意見については info@hozokan.co.jp

21. 11. 50000

ふりがな ご氏名		年齢　　歳　男・女
〒□□□-□□□□ ご住所	電話	
ご職業 (ご宗派)	所属学会等	
ご購読の新聞・雑誌名 (ＰＲ誌を含む)		

ご希望の方に「法藏館・図書目録」をお送りいたします。
送付をご希望の方は右の□の中に✓をご記入下さい。　□

注文書

月　日

書　名	定　価	部　数
	円	部
	円	部
	円	部
	円	部
	円	部

配本は、○印を付けた方法にして下さい。

イ. **下記書店へ配本して下さい。**
(直接書店にお渡し下さい)

(書店・取次帖合印)

書店様へ＝書店帖合印を捺印の上ご投函下さい。

ロ. **直接送本して下さい。**
代金(書籍代+送料・手数料)は、お届けの際に現金と引換えにお支払下さい。送料・手数料は、書籍代計16,500円未満780円、16,500円以上無料です(いずれも税込)。

＊お急ぎのご注文には電話、ＦＡＸもご利用ください。
電話 075-343-0458
FAX 075-371-0458

(個人情報は『個人情報保護法』に基づいてお取扱い致します。)

『説《せつ》無《む》垢《く》称《しょう》経《きょう》疏《しょ》』十二巻（玄奘訳『説無垢称経』六巻に対する注釈）
『般若《はんにゃ》波《は》羅《ら》蜜多《みった》心経《しんぎょう》幽賛《ゆうさん》』二巻（玄奘訳『般若波羅蜜多心経』一巻に対する注釈）
『瑜《ゆ》伽《が》師《し》地《じ》論略纂《ろんりゃくさん》』十六巻（弥勒造・玄奘訳『瑜伽師地論』百巻に対する注釈）
『成唯識論掌中枢要《じょうゆいしきろんしょうちゅうすうよう》』四巻（護法造・玄奘訳『成唯識論』十巻に対する注釈）
『成唯識論述記《じゅつき》』二十巻（同）
『唯識二十論《ゆいしきにじゅうろん》述記』二巻（世親造・玄奘訳『唯識二十論』一巻に対する注釈）
『弁中辺論《べんちゅうへんろん》述記』三巻（世親造・玄奘訳『弁中辺論』三巻に対する注釈）
『雑集論《ぞうじゅうろん》述記』十巻（安慧《あんね》造・玄奘訳『大乗阿毘達磨雑集論』十六巻に対する注釈）
『異《い》部宗輪論《ぶしゅうりんろん》述記』二巻（世友造・玄奘訳『異部宗輪論』一巻に対する注釈）
『因明入正理論疏《いんみょうにっしょうりろんしょ》』三巻（商羯羅《しょうかつら》主《しゅ》造・玄奘訳『因明入正理論』一巻に対する注釈）
『大乗法苑義《ほうおんぎ》林章《りんしょう》』七巻（大乗教理学の要点を解説）

更にまた、窺基と同じ時代に玄奘より学び、対抗勢力を作った僧に、円測《えんじき》（生卒年は六一三～六九三）がいました。円測は長安の西明《さいみょう》寺に住んでいたことから、西明円測《さいみょうえんじき》とも言います。『宋高僧伝』巻四の円測伝に拠ると、円測は朝鮮半島の新羅《しらぎ》出身です。『解深密経疏』、『仁王経疏』等を著しました。窺基が『成唯識論』の編纂のため玄奘より教えを受けてこの論を作成していた時、円測はそれを外で盗み聞きし、自らの著作としたともされています。

✽『成唯識論』を扱う際の問題

『成唯識論』が護法注の逐語訳でも翻訳十種の集解でもなく、糅訳と喚ばれる極めて特殊な編纂を経ていることは、それを扱う際の問題点を我々に投げかけます。大別して二つの問題があります。

第一は、『成唯識論』にインド佛教文献には見られない特殊な説が含まれることです。端的には、我々が知覚対象を認識する構造を四段階に分ける説であり、四分《しぶん》説と通称されています。通常、知覚対象の認識は主体（認識する心）と客体（認識される対象）の二種に分けて、それを順に「能取」（grāhaka グラーハカ、把捉する主体）と「所取」（grāhya グラーヒャ、把捉される対象）と喚びます。これは佛教に限らず世界の諸々の認識論に見られる二種分類です。

インドの瑜伽行派も、ある段階まではこの二分説に立っていましたが、六世紀前半に活動したディグナーガ（陳那）は二種分類を不充分な理論として斥け、「能取」「所取」に加えて「自証」（svasaṃvedana スヴァサンヴェーダナ、自己〔能取としての心〕が自己〔所取としての心〕を認識する自己認識）の三種に分類する説を創設しました。その後、『成唯識論』は、認識三分類説を認めるならば第三の「自証」を対象とする認識として「証自証」が必要であり、「自証」と

「証自証」は相互に主体と対象となるので第五の認識は不要であるという認識四分類説を掲げたと、『成唯識論』は記しています。

そしてこれを東アジアでは「安《あん》・難《なん》・陳《じん》・護《ご》、一《いち》・二《に》・三《さん》・四《し》」と呼び、『成唯識論』の認識四分類説を最も発達した認識論として受け継ぎました。「「安・難・陳・護、一・二・三・四」とは、安慧は認識を一種とする説、難陀は二種とする説、陳那は三種とする説、護法は四種とする説を立てた」という意味です。しかしこの説を記録する漢訳文献は『成唯識論』とその影響を受けた親光《しんこう》等『佛地経論《ぶつじきょうろん》』の二書のみであり、インドのサンスクリット語原典とチベット語訳にはダルマパーラの四分説に触れる文献が一つもないのです。それ故に四分説は、糅訳と称する編纂の過程で中国で新たに独自に付加した理論ではないかと疑われています。[注8]

『成唯識論』の第二の問題は、糅訳によって、ダルマパーラ注の本来の書式や論理が失われたことです。具体的に言うと、『唯識二十論』にダルマパーラが注釈した義浄訳『成唯識宝生論』と、『唯識三十頌』にダルマパーラが注釈した内容を中心に糅訳した玄奘訳『成唯識論』とを比べると、前者がダルマパーラ自身の術語や論の進め方を逐語的に翻訳しているのに対して、後者の玄奘訳『成唯識論』は文体や論の進め方が著しく異なります。このことから『成唯識論』の一体どこまでがダルマパーラ本来の著作を反映するのか、大いに疑問が残ります。

第五節 ❖ その後――慧沼と智周

窺基の後に玄奘系の法相学がどのように引き継がれたかを簡単に述べておくと、何といっても慧沼《えしょう》（生卒年は六五〇～七一四）の活動を無視できません。慧沼は恵沼とも言います。慧沼は淄州《ししゅう》（現在の山東省淄博《しはく》市の辺り）の大雲寺に住んだことから、「淄州大師」とも呼ばれます。『宋高僧伝』巻四の「慧沼伝」に拠ると、慧沼は初め玄奘より学び、後に窺基より学びました。その結果、窺基の後を受け継いだ法相学の第二祖となりました。慧沼の著作には次のものが含まれています。

『金光明《こんこうみょう》最勝《さいしょう》王経《おうきょう》疏《しょ》』十巻（義浄《ぎじょう》訳『金光明最勝王経』十巻に対する注釈）
『法華《ほっけ》玄賛義《げんさんぎ》決《けつ》』一巻（鳩摩羅什訳『妙法蓮華経』七巻に対する注釈）
『成唯識論了義燈《じょうゆいしきろんりょうぎとう》』十三巻（護《ご》法《ほう》造・玄奘訳『成唯識論』十巻に対する注釈）
『因明《いんみょう》入正理論義《にっしょうりろんぎ》纂要《さんよう》』一巻（商羯羅《しょうかつら》主《しゅ》造・玄奘訳『因明入正理論』一巻の解説書）
『因明義《いんみょうぎ》断《だん》』一巻（同）

『勧発菩提心集《かんぽつぼだいしんしゅう》』三巻（大乗修行の解説書）
『能顕中 辺慧《のうけんちゅうへんえ》日《にち》論』四巻（同）

初祖の窺基と同時代に、新羅《しらぎ》出身の円測がいました。また、慧沼と同時代には、新羅出身の勝荘《しょうそう》がいました。このように中国の早期法相学では新羅出身僧が多く、活発に活動していました。玄奘がインドから帰還し長安で佛典翻訳を始めると、その噂は朝鮮半島にも伝わりました。新羅の元暁《がんぎょう》（生卒年は六一七～六八六）は義湘《ぎしょう》（生卒年は六二五～七〇二）と共に玄奘に学ぶべく、六五〇年に長安遊学を試みましたが、悪天候に沮《はば》まれ、遂に実現できませんでした。そのような中、玄奘が帰国する二十年程前に、当時十五歳だった円測は長安を訪れ（六二七年）、それ以来ずっと長安で活動しました。その後、慧沼の時代に勝荘が現れ、円測の生前（六九六年以前）の弟子となりました。

慧沼と勝荘は、インド僧の菩提流志《ぼだいるし》（ボーディルチ Bodhiruci 七二七年卒）が佛典を翻訳した時、共に菩提流志の訳場《やくじょう》（複数人が役割分担する翻訳作業場）に参列し、翻訳を補佐しました。また、それより前に義浄が佛典を翻訳した時にも、慧沼と勝荘はやはりそれぞれ訳場に参列しました。

義浄三蔵（生卒年は六三五～七一三）は、根本説一切有部《こんぽんせついっさいうぶ》という部派が伝えた「律《りつ》」（ヴィナヤ vinaya 出家者が教団で共同生活するために守るべき生活規則を説く佛典）すなわち「根本説一《こんぽんせついっ》切有《さいう》部《ぶ》律《りつ》」を数点新たに翻訳した人としてよく知られています。義浄は法相学に属しませんが、義浄が晩年に訳した論書の中には、ダルマパーラ（護法）が著した『成唯識宝生論《じょうゆいしきほうしょうろん》』五巻及び『観所縁論釈《かんしょえんろんしゃく》』一巻があります。同じく三蔵法師と呼ばれた玄奘と義浄ですが、翻訳した佛典の種類は随分異なります。

　玄奘は大乗経典と大乗論書を積極的に翻訳し、律を翻訳しなかったのに対し、義浄は、逆に、律を中心に翻訳しました。その二人に共通するインド僧が護法です。これには理由があります。先に玄奘について説明した際、玄奘はインドのナーランダー寺に学び、護法の孫弟子に当たる世代だったと述べましたが、義浄も同じナーランダー寺を訪れ、律を修学して唐に帰国しました。義浄は玄奘の翻訳から完全に漏れていた「律」を中心に翻訳活動を行ったため、玄奘を補完する形でナーランダーの系統を受け継いでいます。玄奘の伝記である『大慈《だいじ》恩寺《おんじ》三蔵法師《さんぞうほうし》伝《でん》』に拠れば、玄奘がナーランダーを訪れた時、かつて護法がそこに住んでいたことと、護法の使っていた僧坊がまだ残っていることを知りました。想像を逞しくすれば、義浄がナーランダーを訪れた時、玄奘が見たのと正に同じ護法の僧坊を目の当たりにしたかも知れません。義浄は六七四年に初めてナーランダーを訪れ、九年間住して学んだ後、六八四年にそこを離れ、帰途に着きました。帰国後、七〇〇～七一一年の足かけ十二年間、洛陽と長安で翻訳し、七一三年に卒しました。

このように法相学初祖の窺基（生卒年は六三二～六八二）が最も盛んに活動した六五九年及び以後の頃、義浄はまだナーランダー寺に住んでいたので、窺基は義浄のことをまったく知りませんでした。一方、第二祖慧沼の時代になると、慧沼は初め義浄の訳場《やくじょう》に参列し、次に菩提流志の訳場を補佐した後、法相学を代表する僧になりました。このように義浄訳との繋がりの有無が初祖と二祖の違いでもあります。

慧沼が七一四年に没した後、法相学は弟子の智周《ちしゅう》（生卒年は六六八～七二三）に引き継がれ、第三祖となりました。智周は知周とも書きます。智周は、濮陽《ぼくよう》（現在の河南省濮陽市）の報城《ほうじょう》寺《じ》に住んだことから、「濮陽大師《ぼくようだいし》」とも呼ばれます。智周の著作には次のものが含まれます。

『般若心経《はんにゃしんぎょう》疏』一巻
『成唯識論演秘《えんぴ》』十四巻（護法造・玄奘訳『成唯識論』十巻に対する注釈）
『梵網経《ぼんもうきょう》疏』五巻（大乗戒経『梵網経』に対する注釈）
『大乗入道次《だいじょうにゅうどうし》第《だい》』一巻（大乗修行の解説書）

初祖窺基、二祖慧沼、三祖智周を比べると、著作の内容は勿論同じでありませんが、一つはっきりとした共通点があります。それは、窺基『成唯識論掌中枢要《じょうゆいしきろんしょうちゅうすうよう》』『成唯識論述記《じょうゆいしきろんじゅつき》』、慧沼『成唯識論了義燈《じょうゆいしきろんりょうぎとう》』、智周『成唯識論演秘《じょうゆいしきろんえんぴ》』と、三代が皆、護法『成唯識論』に注釈を施していることです。護法の孫弟子となった玄奘を発端として、その教えを継承した中国法相学は、代々、護法の『成唯識論』を学び、護法の考えに従ってインド瑜伽行唯識思想を理解し、中国に伝え続けたのでした。

上述した円測《えんじき》や勝荘《しょうそう》は新羅《しらぎ》出身ですが、ほかにも多くの外国人が長安にいました。窺基は中国で生まれ育ちましたが、尉遅氏《うっちし》の血を引いています。義浄《ぎじょう》と同じ頃に華厳学《けごんがく》で名を馳せた法《ほう》蔵《ぞう》（生卒年は六四三～七一二）もやはり長安で生まれ育ちましたが、康居国《こうきょこく》（サマルカンド）の家系でした。このほか、玄奘後に長安で活躍した翻訳僧のうち、実叉難陀《じっしゃなんだ》（シクシャーナンダ Śikṣānanda　生卒年は六五二～七一〇）は中央アジア于闐国《うてんこく》（ホータン）からやって来ました。地《じ》婆訶羅《ばから》（ディヴァーカラ Divākara　生卒年は六一三～六八七、翻訳名は日照《にっしょう》）は中《ちゅう》インドの出身、佛陀波利《ぶつだはり》（翻訳名は覚護《かくご》）は北インドの罽賓国《けいひんこく》の出身、宝思惟《ほうしゆい》（阿儞真那《あじしんな》、七二一年卒）は北インドのカシュミールの出身、菩提流志《ぼだいるし》（ボーディルチ Bodhiruci　七二七年卒）は南インドの出身、善無畏《ぜんむい》（シュバーカラシンハ Śubhākarasiṃha　生卒年は六三七～七三五）は中インドの出身です——こうしたインド人たちも長安に集い、盛んに活動しました。

このように七～八世紀の長安は、単に漢人のみの社会でなく、外国人の多く住む、まことに活発な多民族国際都市（インターナショナル・シティー）でした。

注1　鳩摩羅什《くまらじゅう》の伝記は、梁《りょう》の慧皎《えこう》『高僧伝《こうそうでん》』巻二にある。その全和訳として、吉川・船山（二〇〇九・一四一～一七八頁）を参照。

注2　曇無讖《どんむしん》の伝記は、梁の慧皎『高僧伝』巻二にある。その全和訳として、吉川・船山（二〇〇九・二一一～二三五頁）を参照。

注3　求那跋陀羅《ぐなばっだら》の伝記は、梁の慧皎『高僧伝』巻三にある。その全和訳として、吉川・船山（二〇〇九・三三一～三四七頁）を参照。

注4　求那跋摩《ぐなばつま》の伝記は、梁の慧皎『高僧伝』巻三にある。その全和訳として、吉川・船山（二〇〇九・二七五～三〇五頁）を参照。

注5　中国・日本・朝鮮半島における瑜伽行派の歴史に関する概説として、結城（一九四〇・一一～三〇頁）を参照。

注6　真諦の伝記・漢語に翻訳した諸佛典と、真諦が弟子たちに伝えた自らの経典論書の注釈には、他の誰とも異なる著しい特徴が複数見られる。詳しくは船山（二〇一九・一二九～二一二頁）第五章「真諦三蔵の活動と著作」を参照。

注7　道宣『続高僧伝』巻一「拘羅那陀伝」の全和訳として、諏訪（一九九一）を参照。

注8　『成唯識論』の「証自証分」説をインド佛教の文脈で解釈した場合の問題を取り上げた最新研究として、Funayama（2021）を参照。

四代 田辺竹雲斎

Tanabe Chiku'unsai

束編《たばねあ》みという竹の編組技法を用い、作品中央に輪になって連なる形は、佛教の心の一つである「蓮」を表現している。「蓮は泥より出でて泥に染まらず」。この作品は不浄の泥の中から茎を伸ばし、清浄な花を咲かせる〝蓮〟が連綴《れんてい》する。

竹は福岡県杷木《はき》で育つ、節の間が長く伸びる真竹《まだけ》を使用した。真っ直ぐ伸びながらも繊細で柔軟性のある杷木の真竹は、蓮を表現するのに最も適した竹だと考えた。竹の表皮を薄皮一枚磨き取り、均等に竹を割り、薄く仕上げた竹ひごを九枚重ね、蓮の形に編み込んだ。蓮模様に編まれた竹の輪は、隣の竹の輪に編み込まれ、そしてまた隣の輪へと編みつながれていく。こうして竹で全てが編まれ、つながった状態を作り上げた。

世界の一切は縁で繫がれている。過去・現在・未来。今ここに存在する人々。良いことも悪いこともすべて、直接的にも間接的にも何らかのかたちで関わり合っている。蓮の形によって編みつながれた竹の編組は、佛教の根本的な教説である「縁起の法」を意味するようにと。最後は、その縁を舟というひとつの大きな乗り物に包括した。ともに存在している、私たちすべての生き物一切が、共存しつながり合う世界を表したいと制作した。

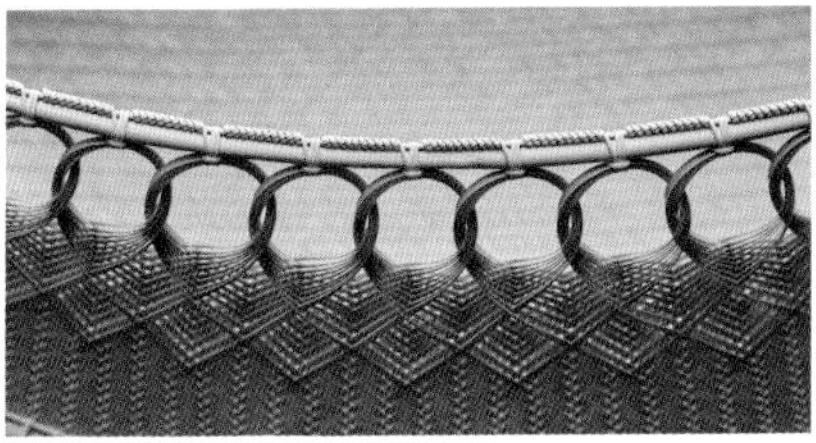

部分拡大

田辺竹雲斎――束編み舟形花籃「連綴」

樂　直入——黒樂茶碗

樂 直入（十五代　樂吉左衞門）

Raku Jikinyū

「直入《じきにゅう》」と名を改め早三年、世間では「隠居」と称するらしい。世事の縁の薄らぎを幸いに、住み慣れた家を出て山村鄙に移り住む。若狭に向かう国道を西のかた、深い谷沿いの細路を二十分ばかり、ぽっかりと小さな集落にでる。ここに土地を求めたのは三十二歳の時、ふと陶淵明「帰去来辞」を思い浮かべた。いつか世の中から身を引くだろうと、将来の今を予感した。

晩秋の今、芒穂が風に揺れ銀色の波を寄せる。テレビ無く、ラジオ無く、携帯は元より持たぬ、訪れる人もなし。連れは愛犬一匹。

寂しくはないですか、と人は問う。自然一斉流転を果たし、一刻とて同じことは無い。孤絶哀感、如何でか知らん。挫折し、迷い、己を懐疑し、時に嬉嬉として喜ぶ。「嬉嬉」は愛犬の名、生きる事はそういう事であると心得る。

生は一句と伴にあり。『金剛般若波羅蜜経』の中から「応無處住而生其心」。

なんと心に滲み入る教えであろうか。人生の山隈に彩りを変え、心に生起し、生きる力を与え、創造の行方を示し、事物存在の「根」となる。なんと美しい真理なのであろうか、無辺にして森羅万象、眼前の自然、私自身、全ては住する處無く流転する。主語を有さぬ自然故に我執なく、己が命を与え一斉無窮循環の宇宙に唯帰一する。「空」を説くこの大乗経典は、法相宗の唯識学とも深い縁を持つと云う。多くの佛縁に心より感謝したい。

令和四年晩秋　久多叢芒直入拝

唐三蔵塔（西安・興教寺）

中央にあるのが玄奘三蔵の遺骨を納めた舎利塔

向かって右は窺基、左は円測の舎利塔

第三章

中国から日本へ

第一節 ❖ 日本への伝来――法相唯識の四伝

玄奘は唯識経典を多数翻訳し、弟子の慈恩大師窺基はその思想を体系化しました。そのことから玄奘を鼻祖《びそ》、慈恩大師窺基を開祖と言い習わします。日本人はインドで学んだ玄奘から直接瑜伽行唯識派の思想を授かりましたが、その思想をまとめた慈恩大師窺基からは学ぶことができませんでした。後世、細部にこだわった論議を公の場で行うようになった要因の一つです。

第一節では、唯識教理が日本に伝来した経緯を時間軸に従って見ていきましょう。時代は七世紀から八世紀で、中国は唐（六一八～九〇七年）の時代。日本の舞台は、佛教教学の中心となる大寺院があった奈良です。[注1]

「法相唯識の四伝[注2]」という言葉があります。これは唯識の教義が斉明七年（六六一）から天平七年（七三五）までの約七十四年間に、四度にわたり中国から日本に請来されたことを言います。ただし、正確にはこの四伝に登場する七名の僧侶だけが唯識を日本に伝えたのではありません。例えば興福寺《こうふくじ》で、大寺院の僧官の首位であり寺務を統轄する別当《べっとう》を勤めた行賀《ぎょうが》（七二九〜八〇三）は、三十一年もの間、唐で唯識と法華を学び、帰国時には五百余巻の経典類を持ち帰りました。更に、唯識教義が拠り所とする『成唯識論《じょうゆいしきろん》』を基にして、『成唯識論僉記《じょうゆいしきろんせんき》』なども書き残しています。けれどもその功績は四伝には含まれていません。また、唯識は朝鮮半島を経由して伝わることがありましたが、その流れについては記録が乏しく、不明な点が多々残されている状況です。

他にも、日本の唯識を語る時に忘れてはならないのは、国外からもたらされた経典や思想を研鑽して国内に弘め、次世代へと繋げる役割を果たした存在です。義淵《ぎえん》（生年不詳〜七二八）は、法相唯識の第三伝となる元興寺《がんごうじ》の知鳳《ちほう》（生卒年不詳）から唯識教理を学び、七上足《しちじょうそく》と呼ばれる優秀な門下生を育てました。唐に留学して、歴史上最も多くの経典と論書を持ち帰った第四伝の玄昉《げんぼう》（生年不詳〜七四六）。国民に寄り添って社会事業に尽くし、東大寺の大佛造立を成し遂げた行基《ぎょうき》（六六八〜七四九）。東大寺初代別当の良弁《ろうべん》（六八九〜七七三）など、多くの弟子が奈良の寺院を支え、日本全土に佛教思想を広宣する役割を果たしました。義淵はこの功績から日本における僧侶の最高位である僧正《そうじょう》に任命され、日本法相宗の開祖と位置づけられることもあります。

中国から伝播した「法相唯識の四伝」の中で、第一伝と第二伝の教理は元興寺を中心に研究されたので南寺伝《なんじでん》（飛鳥《あすか》の伝）と呼ばれ、第三伝と第四伝は興福寺を中心にしたので北寺伝《ほくじでん》

（御蓋《みかさ》の伝）と言います。第三伝や第四伝が最新の唯識教理を持ち帰るようになると、それに伴って南寺伝は次第に活気を失い、やがて同じ興福寺内で、一乗院と大乗院に分かれて研究するようになりました。今日では積極的に唯識学を研究する寺の制度は失われ、薬師寺と興福寺だけが法相宗として唯識を受け継いでいます。

唐に留学して唯識教義を学んだ僧侶は寺院の管理を行う堂衆《どうしゅ》ではなく、佛法を学び法会や祈禱を行う学僧《がくそう》（学問僧[注3]）でした。学僧は若くして試験に合格し、国から税金を免除され、法制が敷かれると民衆とは異なる法律で護られました。このような特権を持つ優秀な人材が国を代表して佛法を学ぶために遣唐使船に乗り、命を賭けて海を越えたのです。佛教には、それほど国家や国民を護持する力があると信じられていました。

第一伝の留学僧が唯識を学ぶために唐で師事したのは玄奘でした。第二伝の僧は玄奘と智周《ちしゅう》（六六八〜七二三）の二人から学び、玄奘逝去後に唐へ渡った第三伝と第四伝の僧侶は智周だけから教えを受けました。直接インドで唯識を学ぶ機会を得られなかった日本人は、「法相唯識の四伝」と言われる七十五年に及ぶ期間を、玄奘と智周の二人の師匠からのみ教えを受けたのです。玄奘はインドで護法系の唯識思想を学び、智周はその門下生でインドで学んだ経験はありませんでした。そのため日本人は多様な唯識思想がインドで展開されていたことを知ることができなかったのです。このことは日本唯識の持つ大きな特性となりました。

❇第一伝

四伝をもう少し詳しく追いましょう。日本で最初に唯識思想を唐から持ち帰ったのは道昭《どうしょう》（六二九〜七〇〇）でした。道昭は白雉《はくち》四年（六五三）に第二次遣唐使船に乗り、中国に向けて出航しました。船には十三名の留学僧を含む総勢二百四十一人が二艘に分かれて乗船していましたが、一艘は薩摩沖で遭難してしまいます。唐の地を踏むことを入唐《にっとう》と言いますが、結局これを果たすことができた者は半数にも満たない人数でした。このような悪状況の中、ひと月以上もかけて荒波を越えた道昭は、苦労の甲斐があってまだ生存していた玄奘から直接教理を教わることができました。

玄奘は、道昭と同房で生活しながら、熱心に思想を伝授したようです[注4]。第一章第四節（63頁）と第二章第二節（105頁）を思い出してみましょう。道昭が八年の学びを終えた六六一年、第四次遣唐使船の復路で帰国した際、玄奘はインドから持ち帰った釈迦牟尼の舎利（遺骨）や多数の経典、そして西域で手に入れた霊験あらたかな鍋まで与えました。それは玄奘が逝去する三年前のことです。インドのナーランダー寺で玄奘は亡くなる直前の戒賢《かいげん》から唯識の教理を学び、祖国に多くの経典や舎利を持ち帰ることを許されました。まさにこの時の戒賢師匠の姿勢を玄奘は受け継いだのです。唯識思想は中国に伝播した時と大きな時間的隔たりを経ずに日本に伝わりました。それは、この思想を国や民族を超えて多くの人生に役立てて欲しいという、戒賢や玄奘の尊い思いから叶えられたことだったのです。

道昭は帰国後、飛鳥寺《あすかでら》（元興寺が藤原京にあった時の寺名）で法相禅院と呼ばれる唯識思想の修行道場を造立しました。また東大寺建立の責任者を勤めた行基《ぎょうき》（六六八～七四九）に先駆け、諸国で井戸を掘り、道を造り、橋を架けるといった利他行《りたぎょう》（他者に利益をもたらす善行）にも力を入れています。逝去は数々の功績から天皇に大僧都《だいそうず》の命を受けた二年後のことでした。常日頃坐禅していた禅床《ぜんしょう》で、姿勢を正したままの状態であったことが記録に残されています。このような終焉を迎えるには、一体どれほどの肉体と精神の鍛錬が必要なのでしょうか。周囲が釈迦牟尼と同じように火葬に付すことを決断したことからも、道昭が多くの人々に敬慕されていた様子が窺われます。この葬送儀礼は、日本人僧侶の火葬の幕開けとなりました。

道昭が唐から持ち帰った経典類は、今も残る正倉院文書《しょうそういんもんじょ》からある程度知ることができます。玄奘が翻訳した経論のほとんどを持ち帰っており、それらは元興寺の禅院に保存されていました。しかし残念なことに、今日では写本のほとんどが散佚し、詳しく内容を知ることができません。けれども残された題名の中に、慈恩大師窺基が著した『唯識論疏』や、神泰《じんたい》の『倶舎論疏』が含まれていたことから、研究者はそれを根拠にして、道昭が窺基撰『成唯識論述記』もこの時に持ち帰っていたのではないかと推測しています。[注5] 第一章第四節（66～71頁）と第二章

第四節（119～125頁）を振り返ってみましょう。窺基一人の翻訳（糅訳）であると伝承されてきた『成唯識論』は、玄奘門下が最も重視した瑜伽行唯識派の論書でした。それを編纂者自身が更に詳しく注釈したと伝えられているのが『成唯識論述記』です。玄奘系の唯識学派がこの論書を高い位置に置いたのは当然のことでした。もしもこれを道昭が持ち帰っていたとするならば、八万四千と喩えられるほど多くの教説がある中で、日本人は護法系唯識思想の要となる典籍を、第一伝の段階で既に持ち帰ることに成功していたことになります。

❈ 第二伝

二度目の伝播を担ったのは智通《ちつう》と智達《ちたつ》でした（両僧とも生卒年不詳）。時は斉明《さいめい》天皇四年（六五八）、勅命を受けて朝鮮半島にあった新羅《しらぎ》という国の船に同乗しての入唐です。このように当時は留学先から、その国の船で唐に留学する場合がありました。このため智通と智達は遣唐使船の乗員として日本には記録が残されておらず、正確な帰国年も不明です。

二人の僧侶が唐に足を踏み入れたのは、道昭が留学して五年目の時でした。玄奘と智周《ちしゅう》の二人から教えを受けましたが、道昭と共に学んだという記録は確認できません。二人は玄奘から「無姓有情《むしょううじょう》」（＝無性有情＝無性衆生《しゅじょう》＝無性姓《むしょうじょう》＝一闡提《いっせんだい》＝大悲《だいひ》闡提《せんだい》[注6]）の教えを受けました。これは人の先天的な性質を五種類に分けた場合、その中の「無姓有情」は幾度生まれ変わっても永遠に悟りを得ることができない、という唯識特有の厳しい思想を言います。悟ることを最終目的とする佛教徒にとって、「無姓有情」の存在は非常に好ましからざるものでした。我が身に置き換えてみましょう。永久に自分は真の安楽を経験できない、と輪廻を繰り返す先の先まで未来を決定されてしまうのです。この考え方は佛教史的にも後世に多大な影響を及ぼしました。日本においても永遠に悟れない存在などない、と反論する者が現れます。唯識思想を語る時、多くの方が強く興味を惹かれる思想の代表だと思われますので、第四章第四節（250～253頁）で説明を重ねています。

帰国後、智通は今の奈良県に観音寺《かんのんじ》や金剛山寺《こんごうせんじ》を建立して、天武天皇二年（六七四）には僧正《そうじょう》に任命されました。一方、智達は道昭の居た飛鳥寺に住んだようですが、活躍の状況はよく分かっていません。

❇ 第三伝

第三伝の請来は智鳳《ちほう》、智鸞《ちらん》、智雄《ちゆう》（いずれも生卒年不詳）の三人で、全員が新羅《しらぎ》の出身でした。唐では智周《ちしゅう》から唯識思想を学び、その後に来日しました。資料によって内容がかなり相違するために、入唐と来日の正確な年代を特定することができません。古の日本では、外国の僧侶から佛法を学ぶことは決して珍しいことではありませんでした。公的に佛教を初めて日本に伝えたのは朝鮮半島の百済《くだら》という国ですし、四天王寺《してんのうじ》や法隆寺を建立した聖徳太子（五七四～六二二）の師匠も、同じ朝鮮半島にあった高句麗《こうくり》という国から渡来した慧慈《えじ》（生年不詳。六二三年卒）と百済の慧聡《えそう》（生卒年不詳）です。

慧慈は聖徳太子に佛教思想を教導してから帰国し、高句麗の地で聖徳太子の訃報を知りました。翌年の同日に浄土で再会しようという誓願を立てて、その通りに逝去したことが伝えられています。佛教で結ばれた師弟の縁は、国や民族を垣根とはしなかったのですね。

新羅は唐に僧侶を留学させて最新情報の獲得に力を入れ、第三伝の頃に唯識思想の研究は史上最高レベルに達していました。智鳳が来日した四年後にも、複数の学問僧が新羅留学から帰国していきます。このように日本は中国と朝鮮半島の両方と密接な関係を持ちながら、常に最新で高水準の唯識学取得に努めていました。

智鳳は慶雲三年（七〇六）に、興福寺で執行された維摩会《ゆいまえ》で講師を勤めました。このような史実からも、当時は外国僧が日本の佛教社会で重要な地位に就いて活躍していたことが見て取れます。

❇ 第四伝

第四伝の担い手は玄昉《げんぼう》（生年不詳。七四六年卒）です。これまでの僧と違い記録が多数残されているので、名前を耳にされたことがあるかも知れません。留学前に第三伝の智鳳と義淵から教えを受けた後、養老《ようろう》元年（七一七）に第九次遣唐使船で入唐し、天平《てんぴょう》七年（七三五）に帰国しました。唐での師匠は第二伝・第三伝と同じ智周です。

玄昉の動静について、まず政治の側面から見ていきましょう。玄昉が留学した時代は、唐王朝最盛期を築いた玄宗皇帝《げんそうこうてい》（六八五～七六二、在位は七一二～七五六）の治世でした。人生の後半になり、息子の妻であった楊貴妃《ようきひ》（七一九～七五六）との縁から失政を招いた皇帝として広く知られています。玄昉はその皇帝から階位第三位に準じる紫色の袈裟（紫衣《しえ》）を賜りました。異国の地にありながら、皇帝に目を掛けられる程の存在感を放つことができたのは特筆すべきことです。けれども、そんな玄昉の順風満帆の人生に転換期が訪れます。それは帰国後に東大《とうだい》寺《じ》を建立した聖武《しょうむ》天皇（七〇一～七五六）の母、藤原宮子《ふじわらのみやこ》（生年不詳。七五四年卒）の病気を祈禱で回復させた時でした。この功績により、玄昉は天平九年（七三七）に僧正《そうじょう》に任ぜられますが、同時に政治への関わりを益々深めていくことになりました。やがて遣唐使船で同乗した吉備《きび》真備《のまきび》（六九五～七七五）と共に権勢を欲しいままに振る舞い、帰国後僅か五年で藤原広《ふじわらのひろ》嗣《つぐ》（生年不詳。七四〇年卒）によって反乱を起こされたのです。その結果、玄昉は広嗣敗死後に官位を下げられ、七四五年には都から遠く離れた筑紫《つくし》の観世音寺《かんぜおんじ》（現在の福岡県太宰府市）[注7]に、寺の完成を名目にして左遷されました。奇しくも反乱年に海の向こうでは玄宗皇帝が楊貴妃を召し抱え、あちらでも人生の転換期を迎えています。玄昉は筑紫に移った翌年に帰京することなく逝去しましたが、その十六年後には玄宗皇帝も軟禁を解かれることなく崩御しました。紫色の袈裟を介した二人は、中国と日本でそれぞれ社会的な絶頂期を迎えた後に没落し、共に望まぬ地で今生を終えることになったのです。

太宰府の観世音寺には今も玄昉の墓碑が残されており、どなたでもお参りすることができます。日本佛教史に絶大な功績を刻んだ僧侶のお墓にしてはとても寂しい印象を受けますが、帰寂してから千二百年以上の間も墓地が保たれていることに、今なお功績が称えられているようにも感じます。

このように政治面では問題のある玄昉でしたが、佛教の側面では五千巻以上の経典類を持ち帰る大きな事績を残しました。中国では、サンスクリット語の経典を漢語に翻訳した後は原本を保存しませんでしたが、目録を作るようになります。最初は簡明なものでしたが、佛教の教義から逸脱した典籍（偽経《ぎきょう》）が多数作られるに伴い、正しい教義が記された経典（真経《しんきょう》）とそうではない典籍を区別できるようにと、委細な情報まで記録するようになりました。国の事業として編纂されたものは官撰《かんせん》目録、民間で編纂した目録を私撰《しせん》目録と言います。歴史上幾度も制作されましたが、中国史上最も詳細な内容を持つ目録は、七三〇年に智昇《ちしょう》（生卒年不詳）という僧侶が編纂した私撰の『開元釈教録《かいげんしゃっきょうろく》』と言われています。玄昉はこの目録に則った、五千巻以上もの経典類を請来することに成功しました。紙が簡単に手に入らない時代にこれほどの典籍を集めることができたのは、玄宗皇帝の信頼と保護がなければ困難であったことは容易に推測されます。

現存する奈良時代の代表的な一切経《いっさいきょう》（経蔵・律蔵・論蔵など佛教に関わるすべての経典の総称。大蔵経とも言う）に、五月一日経《ごがつついたちきょう》注8と呼ばれるお経があります。聖武天皇の妻である光明《こうみょう》皇后（七〇一～七六〇）が両親の供養のために発願し、国家事業として二十年もの歳月を費やして書写したお経です。巻尾に光明皇后の五月一日付けの願文があることから、その名が付きました。この写本の底本《ていほん》（書写の元になる本）となったのが玄昉の持ち帰った経典群です。

玄昉の生涯は帰国後十年余りの短いものでしたが、持ち帰った膨大な経典類は住んでいた興福寺に永く護持されました。後世で定本となり、全国の寺院へと伝えられた経典類は、とても数え切れるものではなかったことでしょう。日本人は玄昉が請来した経典で佛教思想の新たな知見を広げ、その上に研究を発展させることができたのです。また唯識学に関しても、秋篠寺《あきしのでら》を開いた善珠《ぜんじゅ》（七二三～七九七）などに伝授することで、北寺伝といわれる興福寺系法相教学の礎を築くことに貢献しました。

森　陶岳

Mori Tohgaku

インドの釈迦牟尼の鉢を、日本の私の技法で制作してほしいという依頼を受けた。私自身そのような鉢についての知識は勿論なく、認識すら全く無い。制作を進めるに当たり様々な資料をご提供いただいたが、東京国立博物館所蔵の八世紀頃の鉢が参考に値することを知り、それを基にした。

焼物を制作する際に色々と制約がある中、轆轤《ろくろ》挽成型《ひきせいけい》は避け、土紐での成型も避けた。残る手法、型に入れ込む成型方法に決定して、四分割の木型が出来上がった。土板を準備して、型に張り付ける作業に進む。ここまでは比較的順調に進んだが、その後四段組の木型を外す時が大変な苦労の連続だった。試作三点を四日かけて素焼きし、その内の一点を登り窯に入れた。内部は赤く、外部が白く焼き上がる様に、匣《さや》に入れて窯詰する。願わくば、空気と炎の力で日輪、月輪を。結果、内部は赤のクランデーション、外部は淡いピンク色となった。

もう一点。焼き上がった鉢を、世界の共通語となった「漆」を四段階に分けて、二ヶ月半程も漬け込んだ深い黒色の鉢を制作した。漆を用いた鉢の趣も、世界に誇れる日本の技だろうと思う。

〈見えない器〉釈迦牟尼が生涯肌身離さず持ち歩いた器。それを想う時、釈迦牟尼の世界観（哲理）が盛り込まれ、悠久に光耀しつづける器の様が想起される。目に見えない世界の中で、今以って尚、釈迦牟尼と共に閼伽《あか》（水などを入れて佛前に供える容器）の器で有り続けている事に想いを致す。

森　陶岳――「模鉄鉢」 備前焼（上）、陶胎漆器（下）

川瀬　忍――「蓮の祈り」
（撮影　大塚敏幸）

川瀬　忍

Kawase Shinobu

白鳳の土。南都　薬師寺国宝東塔基壇土と出会い、やきもの屋としての制作姿勢を改めて教わった。

この土は、私が求めてきた青磁には、まったく向かないこともあり、

「この土に、ふさわしいものを作らせて頂いた」

その後インドを旅し、二年間で三度も佛教の聖地に詣でさせて頂く。

旅中で、使い捨てのチャイの器と出会った。

地元の土を使い、轆轤《ろくろ》は轢《ひ》きっぱなし、焼成は野焼き、そして、使い捨て。大地に返すのである。

今まで、己の下らない造形を作るために、粘土を探し、出来上がったものを、私の作品と、称していた。

なんと、思い上がった姿勢であるか。

過去の世界中の何処のやきものを見ても、ほとんどが、その地にある原料、水、燃料を使って作られている。

気が付かないでいた。

今、我が家の一番身近にある、粘土質の土を使って、その土にふさわしいやきものを作ろう、
いや、

「土に委ねよう」

と、思いはじめている。

第二節 ❖ 修学体制——南都六宗

唯識の思想は、中国の唐から日本へと大きな反発なく受け入れられました。佛教教義の中で早くに日本にもたらされた教理は「空」を説いた三論や成実《じょうじつ》ですが、それに続いたのが唯識です。日本の教理研鑽の勢力は、唯識思想の流入後に三論から唯識へと傾倒し、最も盛んな活動を見せたのは唯識宗となりました。けれどもその繁栄は長く続きませんでした。奈良時代では僧侶に不可欠な学問とまでいわれた唯識学は、現代では思想継承を憂える状況にまで陥っています。[注9]

この節では「法相唯識の四伝」以後に視野を広げて、隆盛を誇った時代の修学体制と、衰微していく歴史にも注目してみましょう。

❇ 南都六宗

佛教教理の最初期の学びは、寺院で師匠が弟子に教えるという単純な形式でした。しかし次々と新たな経典や思想が請来されたことで教えは徐々に専門化し、やがて学頭職《がくとうしき》と呼ばれる指導者を置いた「学衆《がくしゅ》」という集団を作って学ぶようになります。「学衆」は一つの寺内で、時には兼学《けんがく》（複数の教理を学ぶこと）しながら、情報や意見を交換して研究を深めました。住居と学舎《まなびや》を同じくして研鑽を積む方法は、玄奘が第一伝の道昭と同房で生活しながら教導した時と同じです。これはとても効率的な学習方法であり、佛法を日常に反映させた生活を間近で見ることも可能にします。佛道というのは、理論を知るだけで実生活に活用されなければ意味をなさないのですから。

南都《なんと》六宗《りくしゅう》[注10]という言葉があります。これは奈良時代に都のあった平城京を中心に建立された大寺院（薬師寺のように藤原京から移設した寺院もある）の中で、佛教教義を六種類**【表2】**に分けて研究した学団を意味します。先に成立していた「学衆」を、政府が「宗」として認定し、制度の下で保護しながら研究を推進させたのです。

「宗」を持つ大寺院は遣唐使が持ち帰った佛教書をいち早く研究し、経典と思想を全国の寺院へと広める役割を担いました。特に活動的であったのは、七大寺と呼ばれた元興寺《がんごうじ》・法隆寺・大安寺・薬師寺・興福寺・東大寺・西大寺《さいだいじ》でしたが、各寺内が有した「宗」の正確な成立時期は不明です。ただし養老二年（七一八）に出された太政《だいじょう》官符《かんぷ》（当時の最高行政機関が出した命令書）に、「五宗之学、三蔵之教、論討有異、弁談不同、自能該達宗義、最称宗師」という文章を確認することができますから、まだ建立されていなかった東大寺の華厳宗を除く他の五宗は、養老二年以前には成立していたことが分かります。

◆表2　南都六宗

	①宗名	②教義	③主な寺院	④日本に思想を伝えた僧名と年代
一	三論宗《さんろんしゅう》	三論	元興寺《がんごうじ》・大安寺《だいあんじ》	慧灌《えかん》（高句麗）——六二五年に来日
二	成実宗《じょうじつしゅう》（平安時代、三論宗の付宗となる）	成実	元興寺・大安寺	高句麗や百済《くだら》の渡来僧 ——推古《すいこ》天皇（在位五九二〜六二八）時代
三	法相宗《ほっそうしゅう》	唯識	薬師《やくし》寺・興福《こうふく》寺	道昭《どうしょう》ほか——六六一年〜
四	倶舎宗《くしゃしゅう》（平安以前、法相宗の付宗となる）	倶舎	東大《とうだい》寺・興福寺	道昭——六六一年
五	華厳宗《けごんしゅう》	華厳	東大寺	審祥《しんじょう》——七四〇年
六	律宗《りっしゅう》	律《りつ》	唐招提《とうしょうだい》寺	鑑真《がんじん》（唐）——七五三年に来日

※六宗成立後に著された『東大寺六宗未決義』（七七六年）では、「法相宗」ではなく「法相大乗」の名称が使われている。

※倶舎宗が研究した『阿毘達磨倶舎論』は、唯識思想を大成した世親が著し玄奘も翻訳した論書である。法相宗では基本的な教学書として唯識と共に学んでいたため、倶舎宗は後代で法相宗の付宗となった。

制度化を表明した太政官符の発令は、第四伝の玄昉が唐に出発した翌年のことでした。『元興寺縁起』に記録される宣化《せんか》天皇三年（五三八）を日本へ初めて佛教が伝わった年とした場合、我が国は実に二百年以上もの時間をかけて学びの体制を整えたことになります。

南都六宗が組成された後に興起した天台や真言も、兼学を取り入れました。これまで空海が著したとされ、絶対的な権威を誇ってきた『弘法大師《こうぼうだいし》二十五箇条遺告《にじゅうごかじょうゆいごう》』には、「真言宗を学ぶ者は法相と三論も学ぶべきである」と書かれています。[注11] 遺言として文献に残されて伝えられる程、唯識学は僧侶に必要な学びであると認識されており、盛んに行われていたのです。

このように佛教研究の中心となった南都寺院でしたが、現代の寺院とは大きな違いがありました。寺と僧侶が国の管理下にある、国家佛教といわれた時代背景を知るために、その特徴を「経典の増産と頒布」、「僧侶の所属」、「布教活動」の三点に絞り、簡単に紹介しましょう。

（一）経典の増産と頒布

今の私達が平素手に取る経典は、大量生産が可能な印刷の折本《おりほん》か、西洋風の装丁本である洋《よう》装本《そうぼん》です。制作年代が確定できる印刷物の中で現存最古とも言われる百万塔陀羅尼《ひゃくまんとうだらに》は、天平宝字八年から宝亀元年（七六四〜七七〇）に制作されました。しかし日本ではそれ以降数百年もの間、佛教経典に印刷技術を用いることはありませんでした。僧侶の人数が政府によって管理され、現代のように経典を大量に必要としなかったとも言われていますが、印刷より写経で得る功徳や、書写で学んでいくことに意義を見出していた点もあったと考えられます。

南都寺院が活躍した時代も、遣唐使が持ち帰った巻物状の巻子本《かんすぼん》を書写して増やし、全国の寺院に配布することで普及させました。政府が設立した写経所には書写生という専門職がおり、誤字に対しては給金を減らす制度まで確立されています。更に時が進むと、私立の写経所も設立されるようになりました。

天平勝宝三年（七五一）には、東大寺を中心に国家規模の一切経書写が実施されました。初めに南都寺院が収蔵している六宗の蔵書を調査して、東大寺に欠本が見つかった場合は他寺から借用しながら書写が進められました。三年を過ぎた頃には、東大寺内の六宗で経典や論書が整え終わり、四年後には、逆に他寺院から借用願いが出されるようになっています。このように南都寺院は、それぞれ任意に蔵書の充実を図ったのではなく、全国の寺院のために一致協力の体制を敷いて、僧侶の教科書となる経典を作成、頒布したのです。[注12]

（二）僧侶の所属

今ではお寺を何ヶ寺も転々とする僧侶の話を聞くことはありませんが、南都寺院の僧侶は所属寺院を度々移すことがありました。

日本で最初に僧侶の最高位である大僧正に任命された行基《ぎょうき》は[注13]、唯識学を学んだ僧侶です。十五歳の時に大官大寺《だいかんだいじ》（今の大安寺）で出家し、元興寺で第一伝の道昭から『瑜伽師地論』や『成唯識論』を学びました。薬師寺にも在籍していたと伝えられており、天平十五年（七四三）には東大寺で大佛造立の勧進僧に任命されています。逝去した場所は菅原寺《すがわらでら》（奈良県。今の喜《き》光寺《こうじ》。現在は薬師寺の末寺）でした。

第四伝の玄昉の弟子に善珠という学僧がいます。興福寺や菅原寺に住み、逝去したのは自身が創建した秋篠寺でした。

このように南都寺院の僧侶は何度も所属を変えることがありました。この頃はどの寺院も国の統制下にあり、移動が容易であったことや、それぞれの寺が複数の「宗」を有して兼学する環境にあったことから、思想的な違いが移籍の摩擦にはならなかったことを理由に挙げることができます。けれどもかくの如き自由な気風は、所属している宗派の教理だけを学び、婚姻した僧侶が我が子へと寺院を相続させるようになるにつれ、失われていきました。

(三) 布教活動

意外に思われるでしょうが、南都大寺に限らず、僧侶は庶民への布教を禁止されていました。日本で最初に作られた律と令の法典を「大宝律令《たいほうりつりょう》」（七〇一年完成）と言いますが、そこには僧

侶だけを対象にした「僧尼令《そうにりょう》」があります。注14

第五条　非寺院条。凡そ僧尼は、寺院を留守にして、別に道場を立て、民衆を集めて教化（布教活動）し、妄りに罪福を説き、長宿（上座の僧侶）に暴力行為を行ったならば、皆還俗しなければならない（下略）。

皇族が大寺院を建立した主な目的は、国家国民の保護や安寧を願ってのことでした。そのために南都寺院が現代まで継続している法会の中に、東大寺のお水取りや薬師寺の花会式《はなえしき》があります。どちらも正式には修二会《しゅにえ》と言い、過去の罪障を懺悔《さんげ》して未来へと向かう悔過《けか》の法会です。これらは僧侶の自利行（自らの利益を求める行い）でもありますが、清浄になった身心で佛に天下太平や国民の健康を祈願する利他行《りたぎょう》（他者に利益をもたらす善行）の側面もありました。例えば花会式の場合、奉じられる千六百九十六本の造花は薬草の汁で染められており、水の中に浸すとその成分が滲み出て薬になります。満行《まんぎょう》後には薬が貴重な時代の国民に配布されていました。このように花会式は天皇が国家国民のために行う法会でしたが、当時の民衆は参列を許されませんでした。行基が民衆への布教活動を行い朝廷から弾圧を受けたのは、まさに僧侶の布教を禁じたこの時代の出来事です。後に国家も民衆への布教活動を認めるようになりましたが、国民が佛教に直接関与することが可能になるまでには数百年の時間を必要としました。

❇ 南北両寺の教系と違い

日本の唯識学派は教理の大成者である慈恩大師窺基、第二祖の淄州大師《ししゅうだいし》慧沼《えしょう》、第三祖濮陽大《ぼくようだい》師《し》智周《ちしゅう》の教えを「三祖の定判《じょうはん》」として重要視しました。著作の中で特に研究対象としたのは、慈恩大師窺基の『成唯識論述記』と『成唯識論掌中枢要《しょうちゅうすうよう》』、淄州大師慧沼の『成唯識論了義《りょうぎ》燈《とう》』、濮陽大師智周の『成唯識論演秘《えんぴ》』であり、これらは「三箇の疏」と称されています。

唯識を研鑽した系統は、元興寺を中心とした南寺伝《なんじでん》と、興福寺を中心にした北寺伝《ほくじでん》に大別されましたが、実際に南寺伝・北寺伝の呼び名が確認されるのは、鎌倉時代（一一八五～一三三三）に良算《りょうざん》（生卒不詳）などが集成した『成唯識論同学鈔』[注15]からですから、正確には南都佛教の最盛期にはこの名での区別は成立していなかったようです。

唯識は自分と外界、心と体、それらの性質や働きを分析する理論です。これらの道理を証明するために、インド発祥の因明《いんみょう》[注16]という論理学が用いられました。「内明にあっては北寺を以て勝義とすべく、因明にあっては南寺を以て的確とすべし」と言われるように、元興寺の南寺伝は慈恩・慧沼・智周が著した注釈書（第二章第四節・第五節、117～132頁参照）を、因明を用いて研究を進め、興福寺の北寺伝は唯識学派の用いた文言を精密に解釈することを目指したという

違いです。師である玄奘や智周の教えに根源的な違いがあり、二派に別れたわけではありません。[注17]

教系は二派に大別されましたが、南都七大寺以外に京都の清水寺でも唯識は研究されていました。僧侶が所属寺院を移動することがありましたから、教系も複雑な様相を呈します。例えば元興寺や薬師寺に住したと伝えられる行基は短期間に所属寺院を変えていますが、教系としては南寺伝に名を連ね、その後何世代もかけて薬師寺の系統が成立していく過程を見て取れます。また東大寺と薬師寺では僧侶の往来が多く、唯識関連経典の貸し出しや教理の解釈にも深い関係を持ちました。

時代が下ると南寺伝は北寺伝に接近し、やがて同じ興福寺内で一乗院と大乗院の二派に分かれて研究が行われるようになります。更に時を経ると、両院は一つにまとまって研鑽するようになり、やがて唯識を専門とする組織は日本佛教から失われていきました。

薬師寺は享禄《きょうろく》元年（一五二八）の戦火で資料の大半を焼失しましたが、今では他の寺院もほとんど唯識学派を知る資料を残していません。そこで現在判明していることから、本章の終わりに**【表4　唯識学派の僧侶】【表5　唯識宗を有した寺院】**を付録しました。法相唯識の四伝が「南寺伝」「北寺伝」に分かれて継承されていく様子や、南都六宗が現在の宗派に分岐する様を、簡略な教系図と共に活躍内容を補足して紹介しています。

第三節 ❖ 法相宗の歴史——復興と衰微

権勢を誇った唯識学の法相でしたが、その勢力は平安時代に入って最澄と空海が活躍するに従い、徐々に衰微していきました。空海は佛教教理を宗派ごとに解釈する教相よりも加持・祈禱などの事相に意義を見出して、理論の優劣を競い合うことは重視しませんでした。南都佛教とも融和的な姿勢を取り、弘仁《こうにん》元年（八一〇）からの四年間は、東大寺の第十四世別当に就任しています。片や最澄率いる天台は教相を重んじ、「誰でも悟ることができる」と主張して、唯識宗とは異なる理論を掲げました。南都の大寺院は唐から持ち帰った経典の充実を図り、教理を研究して全国へと佛教思想を弘めてきましたが、同じように唐に留学した僧侶の中から、これまでの佛教思想に同調しない者が現れたのです。唯識は日本に請来された当初から異論なく受け入れられてきましたが、ここに至り、歴史的な転換期を迎えました。

最澄と南都佛教の間に生まれた思想解釈の不協和音は、優劣に留まることなく授戒《じゅかい》の制度にまで及びました。両者の軋轢を示す大きな出来事に、「三一権実論争《さんいちごんじつろんそう》」・「大乗戒壇の設立」・「応和《おうわ》の宗論」などがあります。ここでは最澄の生存時代に起きた「三一権実論争」と「大乗戒壇の設立」について簡単に説明しましょう。

✽「三一権実論争」

「三一権実論争」[注18]は、会津（福島県）にいた法相宗の徳一《とくいつ》（生卒不詳）と比叡山天台宗の最澄が、弘仁八年（八一七）から最澄が亡くなるまで五年間続けた論争です。発端は徳一《とくいつ》が最澄の考え方を『佛性抄《ぶっしょうしょう》』で批判したことでした。これに対して最澄が『照権実鏡《しょうけんじっきょう》』で反論し、徳一が再度応酬するといった形式で論争は続けられました。徳一が論じ返した反駁書《はんばくしょ》には『中辺義鏡《ちゅうへんぎきょう》』・『遮異見章《しゃいけんしょう》』・『慧日羽足《えにちうそく》』などがあり、最澄には『守護国界章《しゅごこっかいしょう》』・『決権実論《けつごんじつろん》』・『法華去惑《ほっけこわく》』・『通六九証破比量文《つうろくきゅうしょうはひりょうもん》』・『法華秀句《ほっけしゅうく》』などがあります。しかし現存する徳一の著作が『真言宗未決文《しんごんしゅうみけつもん》』（大正新脩大蔵経第七七巻）だけであることから、応酬の過程には未解明な点が残されています。

この論争の元になった経典は、最澄が最も重きを置いた『法華経』でした。『法華経』は聖徳太子の時代にはすでに日本にもたらされており、『金光明経《こんこうみょうきょう》』『仁王般若経《にんのうはんにゃきょう》』と共に護国三部経の一つに置かれ、国家にとって非常に重要な経典でした。

論争の主要な問題点は二つあります。一つ目は、すべての人は悟ることができるのか否か。二つ目は、『法華経』の内容を方便である「権《ごん》」と捉えるか、「実《じつ》」（真実）と解釈するかです。

インドでは、悟りに対して人の気質を三種類に分ける考え方がありました。三種は「声聞」・「縁覚」・「菩薩」と呼ばれ、この中の「声聞」と「縁覚」だけが阿羅漢果と呼ばれる悟りの境地に到達することができます。最澄は、『法華経』にある三種類の気質を持つ人の話は悟りへ導くための方便であり、すべての人は悟ることができるというのが真実である、と一乗思想を主張しました。一方、法相宗の徳一は、『法華経』の内容は真実であると解釈し、人の資質を五種に分類した五姓各別《ごしょうかくべつ》を主張します。その中の無姓有情《むしょううじょう》（無性有情＝無性衆生＝無性姓＝一闡《いっせん》提《だい》＝大悲《だいひ》闡提《せんだい》）は、幾度輪廻を繰り返しても永遠に悟ることはできない存在でしたね。五姓各別の考え方はインドの戒賢から玄奘が学んだ唯識特有の思想で、これこそ日本の法相宗が数百年にわたって継承してきた理念でした。悟れない存在については、インドにおいても空を説いた中観派と瑜伽行派の間で論争が起きています。

結論として、天台側は最澄が亡くなる前年に著した『法華《ほっけ》秀句《しゅうく》』で論争の決着を見たと言いましたが、法相側が納得したことを明確に示す文献は見つかっていません。法相宗と天台宗はその後何百年もの間、天皇の御前で論議（経典や論書の解釈を問答すること）を交わしましたが、そこでも無姓有情を議題にした年を多数確認することができます。ここでは詳しく述べませんが、応和三年（九六三）に宮中の清涼殿で行われた「応和《おうわ》の宗論」も、『法華経』を用いた無姓有情についての討論でした。現代に至っても薬師寺や興福寺の正式な僧侶となるための竪義《りゅうぎ》試験には、無姓有情の問いが出題されています。このような解釈の異なりがあるからこそ、学問僧は研鑽を積み、論議を繰り返しました。そして時間と共に、依り所とする思想の違いから日本佛教の宗派は分かれていったのです。

✽「大乗戒壇の設立」

この問題に触れるためには、奈良時代から平安時代初期の僧侶のことを知る必要があります。背景を交えて説明を進めていきましょう。

我が国では天武天皇十二年（六八三）に僧の地位や役割を僧綱《そうごう》制度[注19]で定めて、佛教徒を区分しました。世俗の生活を営む信者は在家《ざいけ》。出家者のうち十戒《じっかい》（十種の戒律[注20]）を守る男性信者は沙弥《しゃみ》・女性信者は沙弥尼《しゃみに》。最も厳しい具足戒《ぐそくかい》（『四分律《しぶんりつ》』の戒律。男性は約二五〇種、女性は約三五〇種）を守る男性信者は比丘《びく》・女性信者は比丘尼《びくに》です。国が認めた正式な僧侶は官僧とも呼ばれ、国の許可を得ないで僧になった者は私度僧《しどそう》と呼びました。

官僧となるためには、戒律を保つことを誓う登壇授戒《とうだんじゅかい》の儀式を受けなければなりません。[注21]戒壇とはそれを授ける（授戒）場所のことです。授戒に至る道のりはとても厳しいものでした。まず沙弥・沙弥尼の段階で難関試験に合格し、度牒《どちょう》という得度証明書を得ます。次に、授戒のための資格試験にも合格して、ここでようやく授戒の審査を受けることが叶うのです。しかも登壇授戒が許される人数は、一年で東大寺が十人、薬師寺と観世音寺が五人ずつという大変狭き門でした。

失明しながらも六度目の渡航で来日を果たした鑑真《がんじん》(六八八～七六三)は、聖武天皇(七〇一～七五六)が授戒のために唐から招いた僧侶です。最初の戒壇は、鑑真が平城京に到着した翌年の天平勝宝七年(七五五)に東大寺で設置された三段の戒壇堂でした。続いて天平宝字五年(七六一)に、下野国《しもつけのくに》(栃木県)の薬師寺と筑紫国(福岡県)の観世音寺に一段の戒壇が造営され、これらは「天下の三戒壇」と総称されるようになります。戒律を授ける僧侶は、東大寺が補任《ぶにん》(職を任ずること)し、この三箇所以外では授戒することができませんでした。

ちなみに観世音寺は九州の寺院を統括する府大寺《ふだいじ》でしたが、戒壇が設けられたのは唯識の第四伝を伝えた玄昉がここで逝去した後のことです。現在の戒壇院跡は南都大寺の管理下にはなく、福岡にある臨済宗妙心寺派の聖福寺により保持されています。

最澄は生涯に一度だけ、しかも「天下の三戒壇」以外では授戒することができないという厳しい制度が敷かれた中、インドではなく、中国で作られた『梵網経』[注22]に依る大乗戒(＝菩薩戒)のみの受戒を提唱しました。天台ではこのような受戒を円頓戒《えんどんかい》の受戒と言います。実際、最澄自身も留学中に、中国の天台宗第七祖の道邃《どうすい》(生卒年不詳)から大乗戒を受けており、天平勝宝六年(七五四)には、在家の立場で聖武天皇も鑑真から授かりました。当然のことながら、最澄の意見に南都寺院は賛同しませんでした。守るべき戒律の項目が少なく、幾度も受戒できる大乗戒は、正式な僧侶ではなく俗人が受ける戒である、という認識が障壁となったのです。

弘仁十年（八一九）になると、最澄は『天台法華宗年分度者回小向大式《てんだいほっけしゅうねんぶんどしゃえしょうこうだいしき》』を上表《じょうひょう》（書面で君主に意見を奉ること）し、比叡山の大乗戒壇設置へと積極的に動き出しました。それに抗議する陣頭に立ったのは法相宗の護命《ごみょう》（七五〇～八三四）と善珠です。護命は南寺系元興寺の僧侶で、桓武天皇に戒を授けた僧侶でした。また善珠は北寺系興福寺の僧侶で、光仁《こうにん》（七〇九～七八一）・桓武《かんむ》（七三七～八〇六）・嵯峨《さが》（七八六～八四二）の三天皇から帰依を受けた高僧です。つまり反対姿勢をとる南都寺院は、六宗の中から唯識宗の南北両系の僧侶を代表に選んだのです。それほど唯識学派は南都の中でも信望を集め、天皇にも意見することができる立場にありました。このような南都の抵抗に対して、最澄は翌年の八二〇年に『顕戒論《けんかいろん》』を著し、具体的に新たな教団の設立や大乗戒の思想を表明しました。最澄の逝去はこの二年後のことです。

　さてこれまで私達は約千二百年もの間、大乗戒への勅許《ちょっきょ》（天皇の許可）が下されたのは、最澄が亡くなった七日後であるという悲劇を伝えてきました。しかし近年新たな研究成果から、これまで踏襲されてきた定説が事実とは異なることが明らかになってきました。実際は亡くなる前日の六月三日に大乗戒独立の勅許が下りていたようです。[注23]最澄がその報告を受けることができたのかどうかは知り得ません。けれども知らせを受けて、安心して今生を終えたという方が、今となっては心穏やかでいられる気がします。

こうして翌年から比叡山の大乗戒壇で授戒が行われるようになり、天台宗が実質的に成立しました。しかし大乗戒は最澄によって日本では認められましたが、中国では正式な僧侶の授戒として認められませんでした。天台で大乗戒を受けた道元《どうげん》は、貞応二年（一二二三）に唐が滅んだ後の宋（九六〇～一二七九）に留学しましたが、最後まで僧侶として認めてもらえないまま帰国しています。実は大乗戒の登壇授戒が比叡山で行われるようになっても、天台宗の僧侶は天下の三戒壇で授戒することがありました。後世になり太宰府の権勢が衰えた時も、観世音寺は東大寺に庇護を願い出て、保安元年（一一二〇）にはその末寺になっています。このように大乗戒壇の成立で三戒壇の権威が大きく損なわれることも、南都大寺の力が一気に衰えたわけでもありません。しかし唯識学派が衰微へと向かう大きなきっかけとなる出来事でした。

平安時代の初期に最澄の天台宗や空海の真言宗が成立して、僧侶が修学した六宗の教理を更に発展させた思想が支持されるようになりました。鎌倉時代に華厳宗の凝然《ぎょうねん》（一二四〇～一三二一）が著した佛教概説書の題名も、六宗ではなく、『八宗綱要《はっしゅうこうよう》』になっています。

比叡山で行われるようになった大乗の授戒は、最澄が主張した一乗思想を引き継ぐ僧侶の数を引き上げ、鎌倉新佛教と括られる佛教集団の誕生を助けました。興福寺は大和国の国主と並ぶ権勢を誇りましたが、天台宗の延暦寺も着々と勢威を高め、平安後期になる頃には両寺を指す「南都北嶺《なんとほくれい》」という言葉まで作られました。両者の思想的対立は、奈良や京都で天皇の勅命によって行われる法会（勅会《ちょくえ》）で論議を行う慣習へと繋がりました。法会と論議については次の第四節で詳しく紹介しています。

国が主導した佛教を「国家佛教」、庶民が参加するようになった佛教を「民衆佛教」と表現することがあります。[注24] 学問面を重視した南都六宗は国家佛教の頃に隆盛を誇りましたが、理論より現実的な利益が求められるようになった民衆佛教の時代になると支持を失い、鎌倉時代を待つことなく、学団としての「宗」は消滅しました。南都六宗が活躍していた頃のように、僧侶が所属する宗派を超えて、様々な思想を学ぶ機会が持てるようになるのもよいですね。

鎌倉時代に入り、最澄の一乗思想を受け継いで新たな佛教教団を率いたのは、全員天台で学んだ経験を持つ僧侶でした。浄土宗の法然《ほうねん》（一一三三〜一二一二）、浄土真宗の親鸞《しんらん》（一一七三〜一二六二）、法華宗の日蓮《にちれん》（一二二二〜一二八二）、臨済宗の栄西《えいさい》（一一四一〜一二一五）、曹洞宗の道元《どうげん》（一二〇〇〜一二五三）です。官僧が布教を許されていなかった時代と違い、僧侶が民衆への布教に力を入れたことで、日本佛教は特権階級だけの心の支えではなくなりました。けれども人々は悟ることが厳しいという考え方よりも、誰でも悟り佛になれるという一乗思想に魅力を感じ、唯識離れは一層進むことになります。

このような状況で、法相宗は一乗思想の優位に立つ理論を構築する必要に迫られました。そこで他宗の思想と唯識思想の和合を図る方向に舵を切ろうとする者が現れたのです。[注25]それが北寺伝系興福寺の貞慶《じょうけい》（一一五五〜一二一三）でした。貞慶は覚憲《かくけん》（一一三一〜一二一二）と唯識学の碩学《せきがく》（大学者）と言われた蔵俊《ぞうしゅん》（一一〇四〜一一八〇）の二人から律や唯識の教えを受けました。法脈としては興福寺の正統に位置します。貞慶は玄奘が翻訳した『解深密経《げじんみっきょう》』の「無自性相品《むじしょうそうぼん》」（大正新脩大蔵経一六・六九三下〜六九七下）に説かれた内容を用いて、唯識特有である五姓各別の考えを一乗思想と反目しない解釈を生み出しました。このように異なる教えの矛盾をなくし、双方に共通する解釈を導き出すことを会通《えずう》と言います。貞慶が配慮したのは天台宗だけではありません。真言宗・浄土宗・禅宗の諸宗が説いた各々の観心《かんじん》（心の有様を観察すること）や念佛など、各宗派の特徴的な実践面に対しても唯識思想との会通を図りました。戒律を重んじた僧侶に相応しい貞慶の生き方や細部にまで行き届いた論述で、唯識学は再び脚光を浴びるようになり、法相宗は佛教社会で意見する立場を取り戻しました。元久二年（一二〇五）に法然が「南無阿弥陀佛」と唱える専修念佛《せんじゅねんぶつ》以外の修行を否定した際、興福寺が禁止を求めて朝廷に上奏した『興福寺奏状《こうふくじそうじょう》』の原文は、貞慶が起草したものです。

貞慶亡き後、一乗思想と唯識思想の距離を狭めようとした僧侶に良遍《りょうへん》（一一九四〜一二五二）

がいます。良遍は天台宗の寺で出家し、修行のために諸国を行脚《あんぎゃ》する遊行《ゆぎょう》を行いました。善光寺（長野県長野市）や高野山（和歌山）、四天王寺（大阪）などを巡り、浄土教や真言も学んでいます。また熊野《くまの》本宮《ほんぐう》（三重県）や石清水《いわしみず》八幡宮《はちまんぐう》（京都府八幡市）、鹿児島神社（鹿児島県鹿児島市）など多くの神社にも参詣して夢告《ゆめつげ》を受けるなど、神道からも強い影響を受けました。この頃の僧侶は神佛習合《しんぶつしゅうごう》という言葉があるように、神と佛を同じように崇拝し、神道と佛教に垣根を作りませんでした。お救いくださる存在は多くいる程心強い、という考え方はとても平和的ですね。

　良遍が説いた思想は、その著作から伺い知ることができます。『法相二巻鈔』（一二四二年以前）では、唯識教理が悟りを得るまでに永遠に等しい三大阿僧祇劫《あそうぎこう》もの時間を必要とする点について、「法華ト唯識トハ又是レ一体ナリ」と明言しました。更に『観心覚夢鈔』（一二四四年）になると、悟れない存在を認める唯識学特有の五姓格別と、すべての人間は悟れるという天台宗の一乗思想は矛盾せず、どちらも法相宗の（教理の）真実だと言い切ります。貞慶はお互いの思想に程良い距離を保ちながら和合させる考えを掲げましたが、良遍のような解釈になると、様々な佛教思想が時代を違えて別々に成立した理由や、それが個別に継承されてきた意味を見出せなくなります。思想は立ち位置で解釈を変えることが可能です。二千五百年もの時の流れの中では、絶対的な真理であるはずの釈迦牟尼の思想でさえ、予想外の考え方に揺れ動くことがあったのです。良遍も、唯識の教理から見れば極端な見解を導き出したと言えるのですが、自身は戒律を重んじ、東大寺の知足院復興を成し遂げています。

良遍以後に唯識思想を提唱して、世間の興味を強く引いた僧侶は現れませんでした。南都寺院の僧侶が必ず学んだ唯識学は、その後に各々発達した宗派独自の思想を前に、最も必要な学びの位置から追いやられてしまったのです。

これまで見てきた歴史の流れは、悟れない人間の存在を認め、悟りを得るのに永遠に近い時間を必要とする唯識思想より、悟りに至る時間が早くて確実な思想が、僧侶を含めた多くの人々に選択されてきた結果です。この傾向は日本だけでなく、中国や朝鮮半島においても同じでした。しかし、日本の法相宗や唯識思想はまだ途絶えたわけではありません。我々の身近には薬師寺や興福寺、そして法相宗の僧侶も存在しているのです。静かな朝もやの中、勤行で『唯識三十頌』を読誦する僧侶の声を聞き、佛様に向かうその姿を目にしながら、自身の人生と、真実の幸福について、ゆったりと考える時間を持つことができるのです。

小森邦衞

Komori Kunie

塗師の四季

【秋】紅葉の美しい中、緑鮮やかな竹林から四・五本の真竹を切り出し油抜きの後、乾燥の為に井桁に組み上げ、来期の用意をする。又昨年仕入れた生漆を黒漆、透漆にと精製する。

【冬】鰤起こしの響く中、一年間の作品の製図を起こし、素地作りに入る。昨秋に用意した竹を割り、籤《ひご》に仕上げ、網代に編み曲輪を組む。作品の骨格が出来上がる楽しみな時。

【春】春爛漫の中、毎日一個一個の作品の下地付け、地研ぎと、地味な地味な仕事だが、作品の肉付けにあたり一番大事な時期。気の緩みに気を付けないといけない。秋の生漆の注文を出す。

【夏】万緑の暑さの中、黒塗・朱塗に溜塗と緊張しながら最後の仕上げ。塗風呂から出す時の緊張感が堪らなく好きで、上手に塗れていると一人で頬が緩む。秋風の便りが聞こえて来る頃、心身共に弛緩して、一番安らぎ、そして充電の刻です。

漆は乾くと非常に強靭で、防虫や腐敗効果を持ちます。そんな漆と竹林精舎に因んだ竹の組み合わせでお経の箱を作製しました。佛教が説いたご縁に感謝しながら、慈悲の心を日々の生活の中に活かせたらと思います。

生きかはりても　漆塗りたし　除夜の鐘

小森邦衞——網代軸箱
『瑜伽師地論』巻第七十三（奈良時代、薬師寺蔵）

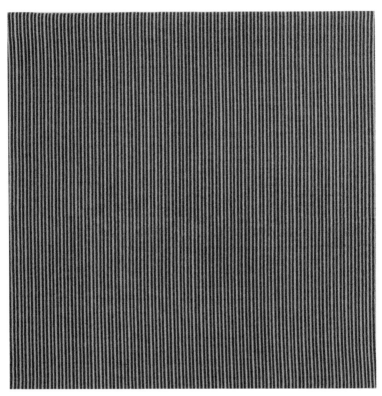

小宮康正——江戸小紋染色「薩摩縞」

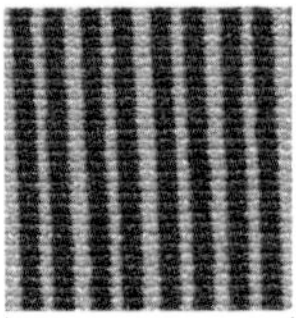

10mm

小宮康正（三代）

Komiya Yasumasa

佛教は二千五百年ほど前に釈迦牟尼の考え方と生き方から始まり、今日に引き継がれる迄に幾多の変遷を経たという。日本の工芸もまた、用途がなくなる、技術が絶える、素材がなくなるなどの理由から、継承と改良を織り交ぜながら存続してきた。

私の専門である江戸小紋染色も例外ではない。江戸時代と現代では原理や技法が違っている。古い時代の染めは洗うと色が落ちていくが、今の染めは色落ちしにくい。おそらく色が落ちるままに任せていたならば、小紋は用いどころがなくなって現代まで残っていなかったであろう。しかし和紙を柿渋で張り合わせていた型紙を用いることや、光が当たって型付けがしやすいように作業場の板場を南向きにして、窓から奥へと台が高くなるのはずっと変わらない。昔のものに対する追随墨守の努力がない処に伝統などありえないのである。

佛教においても同様ではないだろうか。失われつつある唯識の歴史と教理を再検討して記録に残すことで、新たな伝統を生み出しながらそれは継承可能になるのではないだろうか。

小紋の型がどれほどあるのか数えたことはないが、その中からたて縞を選んだ。お経の原語はスートラで、糸を意味するという。伝統工芸のように、佛教思想が紡がれ継承される様を連想してみた。重層する和紙に穴を空けてそこに糊を置く。型紙と生地の僅かなズレも力加減に強弱があることも許されない。受け継がれてきた繊細で精緻な手仕事の妙味を楽しんで頂けたらと思う。

第四節 ❖ 今も残る伝統——法会と論議

唯識の思想は日本に伝えられた当初から、僧侶ならば学ぶべきだと評価された教義でした。これまで数え切れないほど多くの僧侶が修学してきましたが、今ではその法脈が大変心許ない状況にあります。既にインドや中国では途絶えたと言っても過言ではありません。日本においても薬師寺と興福寺を本山として残すのみとなりました。けれども世親が著した僅か三十の偈《げ》頌《じゅ》を、法相宗は毎日の勤行で一年間一日も欠かすことなくお唱えしてきたのです。薬師寺では毎年「慈恩会《じおんね》」、毎月五日に玄奘三蔵縁日、第三日曜には弥勒縁日が執行され続けていますが、この時も必ず『唯識三十頌』を読誦《どくじゅ》します。唯識の教理は永遠に悟ることができない人間を認める厳しい思想です。だからこそ自分を省みて、我執の心を誡めながら日々唱え続けてきたし、これからも唱え続けていくのです。

唯識を修学する法相宗が、この思想をどのように代々伝承してきたのか、その実際を見てみましょう。

❇法　会

【資料Ⅰ】【資料Ⅱ】のように法会は大別すると六種類に分けることができます。様々な寺院で種々行われてきた法会の中でも、代表的な法会が奈良で執行された南京三会《なんきょうさんね》と京都で執行された北京《ほっきょう》三会です。いずれも天皇の政務場所である大極殿《だいごくでん》や権勢を誇る大寺院で、宮家や勅使を招いて行われ、あらかじめ決められた経典の内容を詳らかにする「講読」を行いました。この際、数多ある経典の中から選出されたのは、国家国民の平和に繋がる内容を説いた経典です。

天長七年（八三〇）、第一回の最勝会《さいしょうえ》で『金光明最勝王経《こんこうみょうさいしょうおうきょう》』を講じたのは唯識学派の仲継でした。以降、毎年七日間にわたり盛大に勤修《ごんしゅ》され、経典の講説や論議問答を行うようになりました。最勝会が勅願であることを示す「香配《こうくば》りの儀《ぎ》」（勅使が僧侶にお香を配る）や「行香《ぎょうこう》の儀《ぎ》」（僧侶が頂いたお香を薫ずる）といった作法も行われました。法会終了時まで華やかな法楽《ほうがく》（音楽や芸能）が奏じられたことなどから、最勝会は南京三会の随一と高い評価を得ました。ところが薬師寺は七百年近く行われた最勝会を途絶えさせる事態に陥ります。享禄元年（一五二八）、寺内の東塔以外がすべて灰燼に帰すという兵火に見舞われたからです。再興の悲願を抱きつつ、それから五百年が過ぎた平成十五年（二〇〇三）、ようやく大講堂と共に最勝会の復興を叶えることができました。日本佛教史上、三会の中で、再び執行できたのは最勝会だけ

◇資料Ⅰ　法会の種類

(1)経典読誦——大般若経会	『大般若経』転読、法要など
(2)経典や論書の講演——心経会《しんぎょうえ》・常楽会《じょうらくえ》・三蔵会《さんぞうえ》	興福寺の涅槃会《ねはんえ》（＝常楽会《じょうらくえ》）など
(3)経典や論書の内容を問答する論議——三会《さんね》・三講・唯識会・法華会	法相宗の慈恩会《じおんね》、薬師寺の最勝会《さいしょうえ》など
(4)悔過《けか》——修正会《しゅしょうえ》・修二会《しゅにえ》	東大寺の十一面観世音悔過法要（お水取り）、薬師寺の薬師悔過法要（花会式《はなえしき》）など
(5)密教作法——祈禱《きとう》	
(6)戒律——布薩《ふさつ》	半月ごとに戒律の条文を読み上げて、互いに懺悔《さんげ》する

◇資料Ⅱ　代表的な法会と使用する経典

奈良 南京三会《なんきょうさんね》	興福寺の維摩会《ゆいまえ》——『維摩詰所説経』 薬師寺の最勝会《さいしょうえ》——『金光明最勝王経』 宮中大極殿《だいごくでん》の御斎会《みさいえ》—『金光明最勝王経』
京都 北京三会《ほっきょうさんね》	法勝寺《ほっしょうじ》の大乗会《だいじょうえ》——大乗経典 円宗寺の法華会《ほっけえ》——『妙法蓮華経』 円宗寺の最勝会——『金光明最勝王経』

です。今日では一日だけの法会となってしまいましたが、毎年四月には必ず行われています。法会の中で僧侶が『金光明最勝王経』の「夢見金鼓懺悔品《むけんこんくさんげぼん》」を読経し、それに合わせて高低二種の金鼓（動物の皮を使用していない金属製の小さな太鼓）を奏でます。その妙音は、千年という時を超えて心に響いて来るように感じられます。

❊論　議

唯識思想の継承と研鑽という役割を最も強く担うのは論議です。論議とは佛教経典や論書の内容について討論することで、次の三種類に区分することができます。

◇資料Ⅲ　論議の三種類

(1)講経論議・講問論議	法要の講師《こうじ》に後輩の僧侶が質問して行う
(2)番論議《ばんろんぎ》	修学中の僧侶同士で行う。講師と問者《もんじゃ》が決まっている場合を番論議、問者と答者《たっしゃ》が相互に入れ替わる場合を向論議《こうろんぎ》と言う
(3)竪義《りゅうぎ》論議	資格昇進試験

論議は、白雉《はくち》三年（六五二）、恵隠《えおん》（生卒不詳）が康僧鎧《こうそうがい》訳『無量寿経』を講説《こうぜつ》した時に、論議者（問う者）として恵資《えし》（生卒不詳）を招いたことから始まりました。その後、延暦年間（七八二～八〇六）に興福寺維摩会の中で「竪義《りゅうぎ》」が同時に行われ、その形式が恒例となりました。現在でも法相宗の慈恩会[注26]では、「竪義」を併せて執行しています。これは僧侶の資格昇進試験[注27]でもありますので、薬師寺と興福寺の二ヶ寺で会場《えじょう》を交互に移して、両寺僧の出仕で厳修します。

「竪義」は法相宗で最も過酷な修行です。[注28]試験は口頭試問形式で行われ、問題の作成者を探《たん》題《だい》、試験官である精義《せいぎ》、それに竪義を受ける竪者《りっしゃ》と世話役の侍者《じしゃ》で成り立ちます。竪者は慈恩会の試験当日まで三七日《さんしちにち》（＝二十一）間、行部屋に一人で籠り、ひたすら経典を暗記します。現在では『成唯識論同学鈔』の約千四百もある科文《かもん》から選出した文章を、正確に記憶することが求められます。これは順調に答えても二時間は答えっぱなしという程の大変な分量で、竪者によっては上手く答えられずに東の空が白んできたことがあると伝えられています。

過酷な竪義の入行時《にゅうぎょうじ》には竪者と侍者、それに僅かな関係者で春日大社に正式参拝し、神前で身心を潔斎して法相宗の擁護神《おうごしん》である春日明神から御神火《ごじんか》を頂きます。この火を自分の行部屋まで持ち帰り、その下で修学し、時には暖を取ります。三七日間はこの灯明の明かりと線香の香りを絶やさないことも行ですし、午後からは何も口にしない不過中食《ふかちゅうじき》、横になって眠らないという不臥《ふが》も行の一つです。しなければならないというよりも、食事を取ることも、無駄口を叩く暇も、横になって眠る時間もないのが実情です。さらに「毎日講《まいにちこう》」という試験本番までの前加行《ぜんけぎょう》があります。これは日々二題ずつ行われる論議試験のことですが、不合格であれば御神火を消してしまったり、香りを絶やした時と同様に、その時点で竪義は中止されます。

大きな戸板に寄り掛かり、僅かな時間に坐睡《ざすい》しながら、灯明や線香が途絶えないように経典を暗記する過酷な竪義は、本人の希望だけでは行うことができません。竪者となるには、竪義満行者でその学位を持っている已達《いたつ》全員の推挙を得ることでようやく競望《けもう》（希望が叶うこと）が可能になります。しかも法相宗の僧侶としては生涯に一度しか受けることができません。

質問者は竪義をまだ受けていない未達《みたつ》の僧侶三人です。基本的には、質問者が一人二問ずつ、三回に分けて質問を発し、それに答者が解答するという形式を取ります。問題は合計六問ですが、その応答には少々複雑な手順を経ます。一人目の問者と答者の間では、二問の質問に対して合計十六回の応答が行われ、二人目では十二回、三人目では四回繰り返されます。それらすべてが無事に答えられた後にも、試験官である精義《せいぎ》が精義調重《ちょうじゅう》・精義表句《ひょうく》・精義発端《ほったん》という質問を重ねて、答者を追い込みます。答者はこれらすべての質問に対して一字一句違えずに答えなければなりません。けれども我々が論じているのは慈悲深い釈迦牟尼が説いた佛教の教理です。上手く答えられずに声を詰まらせる「泣き節」という独特の節回しも事前に用意されています。勿論すべてが「泣き節」では困りますが。

実際の問答を一部紹介しましょう。当日の問答はとても長いので、ここでは一人目の問者との質疑応答を一部抜粋して紹介します。

◇表3　竪義の登場人物

問者（三人）	竪義試験をまだ受けていない未達の僧侶
答者＝竪者	竪義の受験者
註記	進行係
精義	試験官。竪義試験に合格した已《い》達《たつ》者。精義調重《ちょうじゅう》・精義表句・精義発端《ほったん》などで、試験の最後に答者を質問攻めにする

論題「大悲闡提、根末熟故」
　質問内容は①「大悲《だいひ》闡提《せんだい》」と②「根末熟故《こんみじゅくこ》」の二問
　　問者は初めに二問同時に質問する

❖問者

一回目　①「大悲闡提」についての質問

「講讃《こうさん》ノ論《ろん》ノ中《なか》ニ、説教《せっきょう》利生《りしょう》ノ相《そう》ヲ明《あか》スニ付《つき》テ且《しばら》ク、大悲闡提ノ菩薩《ぼさつ》、成佛《じょうぶつ》スト許《ゆる》スベキヤト」

問題を経典から出典した場合は「講讃の経の中に」、論書から出典した場合は「講讃の論の中に」というのが定型文。

質問内容の出典元は、良算『成唯識論同学鈔』（法相宗側の鈔書）。

「大悲闡提。問、宗家意、可許大悲闡提菩薩成佛耶。答、先徳二伝、一云不成佛、二云成佛。付二伝共有疑」。良算『成唯識論同学鈔』（大正新脩大蔵経六六・二七下）

（意味）大悲闡提について。問う。法相宗の考えでは、大悲闡提菩薩は成佛（悟りを開いて佛になること）ができるのだろうか。答える。高徳の僧侶の二伝は、一つ目は成佛できないと言い、二つ目は成佛すると言う。この二伝について、共に疑いがある。

一回目　②についての質問

「論ノ中ニ、法華《ほっけ》論《ろん》所説《しょせつ》ノ四種《ししゅ》ノ声聞《しょうもん》、云何《いかん》ソヤ」

質問内容の出所は智顗《ちぎ》『妙法蓮華経文句《もんぐ》』（天台宗の論書）です。

智顗『妙法蓮華経文句』巻四上（大正新脩大蔵経三四・四六上）の該当箇所を見ると、『法華論』は小乗佛教の出家者である声聞に、決定《けつじょう》（決定声聞《けつじょうしょうもん》）・上慢《じょうまん》（増上慢《ぞうじょうまん》声聞）・退大《たいだい》（退菩提心《たいぼだいしん》声聞）・応化《おうげ》（応化声聞）の四種《ししゅ》がいると説くことを取り上げ、四種とは何か、それぞれどのような特徴があるのかと問い訊《たず》ねています。

ここに出る『法華論』とは、婆藪槃豆《ばすばんず》造・菩提留支《ぼだいるし》等訳『妙法蓮華経憂波提舎《うばだいしゃ》』と、婆藪槃豆造・勒那摩提《ろくなまだい》等訳『妙法蓮華経論優波提舎』のことです。これらの書物の中で四種類の出家者がどのような性質であるかは、次のように書かれています。

決定声聞は、小乗の出家修行者であることが定まっている者。

増上慢声聞は、自惚れで自らの現状を正しく理解できず、修行の欠けている者。

退菩提心声聞は、大乗菩薩の修行を始めたが疲弊し、大乗から小乗に後戻りしてしまった者。

応化声聞は、心は大乗菩薩であるが外見は声聞のままで、衆生を大いなる道に導く者。

✤竪者＝答者

一回目　②についての質問を繰り返す

「論ノ中ニ、法華論所説ノ四種ノ声聞、云何ソヤト」

一回目　①についての質問を繰り返す

「講讃ノ論ノ中ニ、説教利生ノ相ヲ明スニ付テ且ク、大悲闡提ノ菩薩、成佛スト許スベキヤト」

①についての答論

「先徳《せんとく》ノ異議《いぎ》ナルガ故《ゆえ》ニ、成佛スト云《い》イ、或《ある》イハ爾《しか》ラズト云ウ、二ツノ伝《つた》エ有《あ》ルベキナリ。答《こた》エ申《もう》スベキ也《なり》」

②についての答論

「サテ彼《かれ》ハコレモ、決定《けつじょう》、上慢《じょうまん》、退大《たいだい》、応化《おうげ》、是《こ》レ其《そ》ノ四種ノ声聞ナリ。答エ申スベキ也」

❖問者

「サテ彼ハコレモ、先徳ノ異議ナルガ故ニ、成佛スト云イ、或イハ爾ラズト云ウ、二ツノ伝エ有ルベキナリ」

①竪者の答えを繰り返す

「爾《しか》ラバ、二ツノ伝エノ中ニハ、竪者《りっしゃ》何《いず》レノ伝エヲ存《ぞん》ジ申《もう》スソヤ。答エ疑《うたが》イ有《あ》リ」

②竪者の答えを繰り返す

「サテ彼ハコレモ、爾ラバ、今此ノ四種ノ声聞ニ於《お》イテ、定姓《じょうしょう》二乗《にじょう》ヲ証《しょう》スル方《よう》、云何《いかん》ソヤ。御答疑《うたが》イ有《あ》リ。爾ラバ、今此ノ四種ノ声聞ニ於イテハ、定姓二乗ヲ証スル方、云何ソヤト」

①について更に質問する

「サテ彼ハコレモ、爾ラバ、二ツノ伝エノ中ニハ、竪者何レノ伝エヲ存ジ申スソヤト。此ノ事、二義共《とも》ニ文……（略）」

②について更に質問する

このように一つ目の質問に対して十六回のやり取りを行う

（中略）

❖註記「中シ上ゲ」（硯箱ヲ鳴ラス）

「法華論所説ノ四種ノ声聞、云何ソヤ」

②についての質問

「大悲闡提ノ菩薩、成佛スト許スベキヤ」

①についての質問

「先徳ノ異議ナルガ故ニ、成佛スト云イ、或イハ爾ズト云ウ、二ツノ伝エ有ルベキナリ」

①についての答論

「決定、上慢、退大、応化是レ其ノ四種ノ声聞ナリ」

②についての答論

（中略）

❖精義調重（他の関係資料をもとに質問を重ねる）

（中略）

❖精義表句（精義調重とは別の資料をもとに質問を重ねる）

「重々《じゅうじゅう》ノ御《ご》問答《もんどう》デアリゲニ候《そうろう》。（中略）委細《いさい》ノ重《じゅう》ニ至《いた》ッテハ高祖《こうそ》大師《だいし》ノ御《ご》照覧《しょうらん》ヲ仰《あお》ギ奉《たてまつ》ル事《こと》デ候《そうろう》」

「高祖大師」とは慈恩大師のこと。唯識学の宗祖である慈恩大師に伺いを立てる定型文。

（中略）

❖精義発端（さらに詳細な質問を重ねる）

（……続く……）

このように九百五十年を経た現代においても、法相宗はまだ天台宗の最澄と唯識学派が論争した「大悲闡提」（無姓有情＝無性有情＝無性衆生＝無性姓＝一闡提）への解釈を試験問題として出題します。宗派の正式な僧侶として認めるのかどうかは、唯識学の知識が身についているかどうかを判断基準としているのです。

問答が終わると、精義は「五つは得たり。一つは未判《みはん》」と宣言します。これは合格者への定まった文句です。唯識思想では、悟りを獲得した佛となるために、今生の修行は生涯続くものであり、阿僧祇劫《あそうぎこう》（永遠に近い時間）もの長い時間を輪廻して、何世代もの間継続しなければならないと考えます。ですから六つの質問の中で、五つは合格ですと竪者をねぎらい、これからも修行を怠ることなく続けるようにという意味で「一つは未判」と判定するのです。合格宣言にも唯識学派の理論が現れているのですね。

このように竪義を始めとして、法会の講師経験などを積むに従い僧侶の学階は上がっていきます。昔、南都では宮中で行われる御斎会《みさいえ》・薬師寺最勝会《さいしょうえ》・興福寺維摩会《ゆいまえ》の三つの講師を勤めたエリート僧侶を三会已講師《さんねいこうし》と呼び、それは僧正《そうじょう》に補任《ぶにん》（任命されること）されるための道行《みちゆき》でした。現在執行されている慈恩会でも、竪義加行《けぎょう》に合格した遂行者《ついぎょうしゃ》は、この後、已講《いこう》に任ぜられ、淄州《ししゅう》と呼ばれる羽二重の白い襟巻きを身につけることが許されます。

これには今日まで伝えられてきた逸話があります。中国の法相宗第二祖である慧沼《えしょう》（六五〇

〜七一四）は淄州の出身であることから、淄州大師慧沼と呼称されています。ある日、弟子が極寒の中で勉学に勤しんでいるのを見て、慧沼は自ら着用していた衣の袖を取り外し、弟子の襟元に掛けたのです。襟巻きを纏《まと》う度に、弟子はお師匠様の励ましやお護りを感じたことでしょう。日本の法相宗は過酷な竪義を無事に勤め上げた已講に、これからも続く修行への奨励として、慧沼が行った行為を再現するようになりました。この防寒用の白い襟巻きは他の宗派でも用いますが、それを淄州というのは、今は薬師寺だけです。

最後に、竪義が不合格の場合も述べておきましょう。この時は、境内の南西にある不浄門から追放されることになっています。けれども近年その門から出ることになった竪者はいませんので、「開かずの門」と呼ばれています。全国に数ある「開かずの門」で、開かないことが喜ばれる門など珍しいのではないでしょうか。

注1　日本における瑜伽行派の歴史と思想に関する概説として、富貴原（一九四四）を参照。奈良時代の佛教社会に関する概説として、根元（一九九九）を参照。

注2　「法相」など唯識教学に関する呼称の変遷については、吉津（一九九七）を参照。

注3　学問僧を多方面から観察したものとして、根元（一九八六）を参照。遣隋使・遣唐使時代の学問僧の修学状況については、石田（一九九五）を参照。

注4　第一伝の道昭は、玄奘から経典や論書の解釈以外に禅を修学したと伝えられている。道昭の禅の修行実践については、蓑輪（二〇二一・二五九〜二七一頁）を参照。

注5　道昭請来の経典や論書は、天平十九年十月九日附の正倉院文書に記録されている。概要は、富貴原（一九四四・一九五〜一九七頁）を参照。

注6　無性有情とは、人の悟りに対する性質を五種類に分けた五姓格別《ごしょうかくべつ》の中の一種で、唯識特有の分別である。第四章「基本用語」（251〜253頁を参照）。

①　菩薩姓——悟りを獲得して佛になる素質のみを有しているので、直ちに佛になれる。

②　縁覚姓——自分で悟って佛にはなれるが、それを自分だけで享受してしまう性質を持つ。

③　声聞姓——佛法の教えを聞き、悟りを獲得して佛になることができる素質を持つ。

④　不定姓——①②③か①②か①③を組み合わせた素質を持つ。何度も生まれ変わる輪廻の中で、②縁覚姓か③声聞姓を経てから悟るので、①菩薩姓と違い、悟るまでに時間がかかる。

⑤　無性姓——輪廻を繰り返しても、永遠に悟りを獲得して佛になることができない素質の者。無性姓＝無姓有情《むしょううじょう》＝無性有情＝無性衆生＝一闡提《いっせんだい》＝大悲闡提《だいひせんだい》など多くの呼び名がある。

注7　玄昉が逝去した観世音寺と隣接する妙心寺の領内にある戒壇院の歴史については、石田（二〇一五）を参照。

注8　光明皇后発願の五月一日経は、玄昉が『開元釈教録』の記録に基づいて持ち帰った五〇四八巻のすべてを書写することを目標に、天平八年（七三六）から始められ、天平勝宝八年（七五六）に終了した。薬師寺や興福寺などでも校勘（写本を比較して間違いを正したりすること）され、今も一千巻弱が現存する。

注9　奈良県の法隆寺は、昭和二十五年（一九五〇）に法相宗から独立して「聖徳宗《しょうとくしゅう》」となり、京都の清水寺は、昭和四十年（一九六五）に独立して「北法相宗」となった。現在は、奈良県の薬師寺と興福寺が法相宗の大本山である。

注10　南都六宗に関する概説として、平岡・山崎（一九八五）を参照。

注11　『弘法大師二十五箇条遺告』については、武内（二〇〇七）を参照。

注12　いつ、誰が、どの寺院に所蔵されていた経典をどのように書写したのか、またはその貸し借りなど、書写にまつわる詳細は奥書に残される場合がある。例えば唯識宗が重要視した『成唯識論』の場合、一巻ずつ幾度も書写や校勘が行われた記録が残されており、七百年代から千七百年代のものまで確認することができる。例えば、性相学聖典編纂所（一九九四）「成唯識論古本奥書集成」を参照。

注13　行基については、詳細な年表がある。井上薫（一九九七）を参照。

注14　ご興味のある方は、「僧尼令集解」（『新訂増補　国史大系　令集解』）を参照。

注15　薬師寺では、現在でも正式な僧侶になるための竪義試験中に毎日講という口頭試問が行われている。

竪義については、本章第四節（184～193頁）参照。現在この試験の出題元となるのが『成唯識論同学鈔』である。『成唯識論同学鈔』の成立年代や編纂者については、城福（一九八八）を参照。

注16　因明（hetu-vidyā）は、古代のインドで佛教徒が学んだ五種類の学問の一つ。以下の五種をまとめて五明ともいう。①声明《しょうみょう》（文法学）②工巧明《くぎょうみょう》（工芸・技術・暦数）③医方明（医学）④因明（論理学）⑤内明（佛教教理学）。

注17　興福寺系の漸安《ぜんあん》が弘仁《こうにん》六年（八一五）に著した『法相燈明記』（大正蔵七十一巻）では、南北両伝の相違点が比較対照され、そこでは三類境義・三無性・中道・四縁などが挙げられている。

注18　「三一権実論争」については、浅田（二〇〇四）を参照。

注19　今でも使用する僧正《そうじょう》・僧都《そうず》・法頭《ほうず》という言葉は、僧綱制度で定められて用いられるようになった。

注20　十戒《じっかい》とは沙弥・沙弥尼の守るべき十種類の戒のこと。①不殺生《ふせっしょう》、②不偸盗《ふちゅうとう》、③不淫《ふいん》、④不妄語《ふもうご》、⑤不《ふ》飲酒《おんじゅ》、⑥不著香華鬘不香塗身《ふじゃくこうげまんふこうずしん》、⑦不歌舞倡妓不往観聴《ふかぶしょうぎふおうかんちょう》、⑧不坐高広大牀《ふざこうこうだいしょう》、⑨不非時食《ふひじじき》、⑩不捉持生像《ふそくじしょうぞう》金銀宝物《こんごんほうもつ》。

注21　奈良時代の授戒や得度については、中井（一九八六）を参照。

注22　『梵網経』については、船山（二〇一七）を参照。

注23　大乗戒が勅許された日については、張堂（二〇一八）を参照。

注24　国家佛教・民衆佛教についての概説は、速水（一九八六）、小島（二〇一五）を参照。

注25　他宗派との思想的会通を図ろうと務めた貞慶《じょうけい》と良遍《りょうへん》については、勝又（一九六八）を参照。

注26　「慈恩会」の歴史と現状については、興福寺・薬師寺（一九八二）を参照。

「慈恩会」とは法相宗の宗祖慈恩大師窺基の御命日に御影を奉懸《ほうけん》（掛けて奉ること）して行われる御遠忌法要《ごおんきほうよう》のことで、毎年十一月十三日の夜に厳修される。興福寺は天暦五年（九五一）、薬師寺は康平《こうへい》四年（一〇六一）、法隆寺は建保《けんぽう》四年（一二一六）から始修され、以来毎年懈怠《けたい》なく相承されてきたが、廃佛毀釈《はいぶつきしゃく》の世相が強くなった明治時代（一八六八～一九一二）に途絶えてしまった。その「慈恩会」が再興したのは法隆寺の大講堂においてであり、それは明治二十九年（一八九六）十一月十三日、法相宗の宗会《しゅうえ》としてである。

注27　法会や、竪義と僧侶の階位については、堀（一九五二）を参照。後に天台三会（円宗寺の法会と最勝会、法勝寺の大乗会）の講師を勤めた僧侶も、南都佛教同様に三会講師と呼ぶようになった。

注28　竪義加行と行者の心得については、薬師寺に伝わる『法相宗《ほっそうしゅう》 宗制《しゅうせい》』に詳しい規定が記されている。

「或ル竪義ヲ勤メ若クハ祈禱ヲ修ルニ当テ予メ道場ニ入リテ身心ヲ調和シ諸ノ妄想ヲ退治シ諸佛善神ノ影向ヲ得テ精進勇猛ノ心ヲ隆ニスルモノナリ」

「満座マテハ部屋ヲ離レス、坐具ニ居ラレハ言ワス、勤行即チ毎日講堂参等ヲナシ、其余暇ニハ論議暗誦ヲナス。行者ノ意得トスヘキハ、先ツ第一、我ヲ離レサル可ラス。我有ル時ハ、曲事多ク腹立ツ事アリ。コノ故ニ、恒ニ至心ニ影向神ニ帰依シ奉リ、刹那モ心ノ乱レサル様慎ム事肝要ナリ、旦暮ノ法式ニ至テハ謹テ守リ、夢油断アル可ラス。

先徳カコノ道ニ懇ロナル、誠ニ欣仰スヘシ。昼夜誦スル所ノ同学抄、コレ末学ヲ済ウノ慈舟、報恩ノ念、絶エサラシメヨ。又、日日ノ論議同題ヲ用ウ可ラサルハ、深ク神慮ニ悖ル処アレハナリ」

《インド》

戒賢《かいげん》（Śīlabhadra）529-645
インドナーランダー寺の最高指導者

ダルマパーラ（Dharmapāla）
（これ以前は【図1　瑜伽行派の二系統と伝承】80頁参照）

《中国》

法相宗開祖
慈恩《じおん》（＝基《き》＝窺基《きき》）632-682

法相宗鼻祖
玄奘《げんじょう》 602-664

《日本》

【第二伝】帰国年不明
智通《ちつう》 生卒不詳
智達《ちたつ》 生卒不詳
玄奘から無姓有情（＝一闡提など）について教わる

【第一伝】661年帰国
道昭《どうしょう》 629-700
元興寺の学僧／唐に留学して、玄奘の翻訳経典をほぼ持ち帰る／元興寺禅院建立／日本人僧侶の初めての火葬／表4-2参照
元興寺の南寺伝

③行達《ぎょうたつ》 生卒不詳
興福寺の義淵に学ぶ

②良弁《ろうべん》 689-738
初代東大寺別当／新羅から審祥を招いて華厳を学ぶ／三色三階制の僧尼位整備／石山寺造営に尽力

道慈《どうじ》 ?-744
法隆寺の智蔵に三論、義淵に唯識を学ぶ／701年に唐へ留学して三論と密教を学ぶ／718年に帰国して大安寺に三論を請来（三論の第三伝）／大安寺の平城移建に尽力／日本書紀の編纂

①行基《ぎょうき》 668-749
通説では元興寺の道昭と義淵を師とするが、定昭・智通・智達の名を挙げる資料もある／表4-2参照

神叡《じんえい》 ?-737
唐人の記録あり（不確定）／元興寺の学僧だが、後年は吉野の現光寺に住す／師を道昭や行基とする説あり／新羅に留学／唯識・三論・華厳を兼学／大安寺の三論の道慈と共に「釈門の秀」と称された
自然智宗の開祖

道鏡《どうきょう》 ?-772
義淵の弟子で、良弁からも学ぶ／禅師として宮中に入る／下野国薬師寺別当として左遷

明一《みょういつ》 728-798
東大寺に住す／聖徳太子研究

湛昭《たんしょう》 909-987
東大寺49世／応和宗論の講師として天台と論争

南北両系を研鑽

東大寺と薬師寺は僧や学門の往来が顕著

道詮《どうせん》 797-873頃
法隆寺に住し、後に福貴寺（今は生駒の白山神社）に隠棲／東大寺の玄輝から三論を学び、密教を兼学／本来は三論に分類されるが、因明においても権威者／法隆寺東院修復／福貴寺（富貴寺）建立

品恵《ほんえ(?)》 810-824頃活躍
法隆寺に住す／元興寺の智光（三論）の門下／唯識と三論を兼学

慶信《けいしん》 820頃活躍
元興寺系／師弟関係詳細不明

勝悟《しょうご》 732-811
元興寺に住す／行基から唯識、元興寺の尊応から因明を学ぶ／表4-2参照

尊応 生卒不詳
元興寺の学僧

護命《ごみょう》 750-834
元興寺に住す／最澄の大乗戒壇に南都代表として反対／表4-2参照

仲継《ちゅうけい》 778-843
元興寺に住し、薬師寺に移動／薬師寺初の最勝会を執行／表4-2参照

明詮《みょうせん》 789-868
元興寺に住した後、大和の音石山に隠棲／『成唯識論』『因明大疏』の導注や裏書を残す／表4-2参照

隆光《りゅうこう》 ?-891
薬師寺に住す／唯識・倶舎・因明を学ぶ／表4-2参照

東大寺	法隆寺	大安寺	元興寺	薬師寺
華厳宗	昭和25年（1950）聖徳宗を開宗	近年高野山真言宗	真言律宗	法相宗大本山

◆表4－1　唯識学派の僧侶――法相唯識の四伝から南北の教系を取り巻く相関

• ①～⑦は、義淵の「七上足」と言われる門下生

法相宗第三祖
智周《ちしゅう》（＝濮陽大師）668-723

法相宗第二祖
慧沼《えしょう》（＝淄州大師）650-714

【第四伝】 735年帰国
⑦**玄昉**《げんぼう》 ?-746
唐に留学して5000巻以上の経疏類を持ち帰る／聖武天皇に国分寺建立を進言／筑紫の観世音時に左遷／表4-3参照
興福寺の 北寺伝

義淵《ぎえん》 ?-728
大和の龍蓋寺(今の岡寺)や興福寺に住す／「七上足」と呼ばれる門下生など、多くの弟子を教導／日本の法相宗の実質的な開祖とも言われる／大和の龍蓋寺開山／表4-3参照

【第三伝】 703年帰国
智鳳《ちほう》 生卒不詳
智鸞《ちらん》 生卒不詳
智雄《ちゆう》 生卒不詳
（新羅出身）
表4-3参照

⑥**隆尊**《りゅうそん》 702-760
元興寺と興福寺に住す／唯識と華厳を兼学／正式授戒のために栄叡・普照を入唐させて鑑真来日に尽力／東大寺大佛開眼供養の導師

⑤**宣教**《せんきょう》 743-753頃活躍
東大寺の僧／表4-3参照

④**良敏**《ろうびん》 生卒不詳
元興寺に住す／興福寺の義淵に学ぶ／表4-3参照

行信《ぎょうしん》 ?-750頃
元興寺や法隆寺に住す／元興寺の智鳳に学ぶ／法隆寺東院(夢殿)再建

慈訓《じくん》 691-777
興福寺初代別当／元興寺良敏から唯識、大安寺審祥から華厳を学ぶ／表4-3参照

善珠《ぜんじゅ》 723-797
南都を代表して元興寺の護命と共に、最澄の大乗戒壇設立に反対／秋篠寺創建／著作多数／表4-3参照

賢憬《けんきょう》 714-793
興福寺に住す／平安遷都の際、地相を調査して天皇に進言／表4-3参照

玄賓《げんぴん》 734-818
興福寺から地方に隠棲するが、天皇の命で何度も上京／庶民を教化／表4-3参照

報恩《ほうおん》 ?-795
大和高市郡に子嶋山寺(現在の子嶋寺)創建

永厳《ようごん》 生卒不詳
興福寺2世／著作多数／表4-3参照

明福《みょうふく》 778-848
表4-3参照

修円《しゅえん》 771-835
興福寺4世／興福寺伝法院創建／最澄から灌頂を受け、空海と交流あり／表4-3参照

延鎮《えんちん》 生卒不詳
(一説に821卒あり)
興福寺の僧侶／報恩から子嶋山寺を継承／清水寺開山

行賀《ぎょうが》 729-803
興福寺3世／唯識と法華の兼学／唐に留学して500巻以上の経疏類を持ち帰る／表4-3参照

常騰《じょうとう》 740-815
興福寺に住し、西大寺に移る／著作多数／表4-3参照

貞慶《じょうけい》 1155-1213
興福寺に住し、山城笠置寺に隠棲／法相宗の中興の祖／表4-3参照

徳一《とくいつ》 760-840頃
興福寺と東大寺で学ぶ／常陸の筑波に住す／最澄と三一権実論争を行う／表4-3参照

慈朝《じちょう》 生卒不詳
西大寺に住す

興福寺
法相宗大本山

清水寺
昭和40年（1965）
北法相宗を開宗

西大寺
明治28年（1895）
真言律宗に改宗

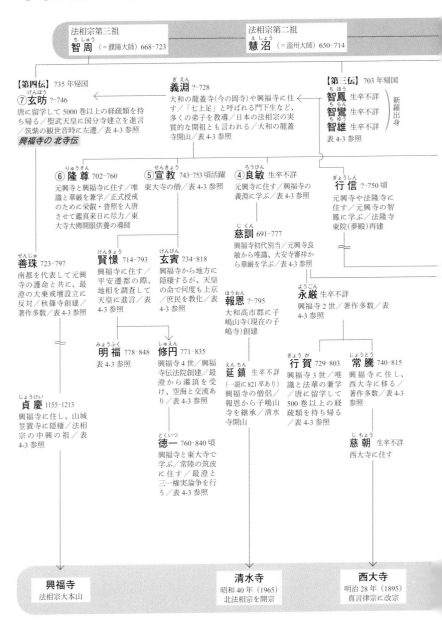

【第一伝】 661 年帰国

道昭《どうしょう》 629–700

元興寺の学僧／唐に留学して玄奘から直接学び、唯識思想を日本に初めて請来した／玄奘の翻訳経典をほぼ持ち帰る／元興寺禅院建立／日本人僧侶の初めての火葬

行基《ぎょうき》 668–749

大安寺・元興寺・薬師寺・東大寺・菅原寺に住したと伝えられる／義淵の七上足と呼ばれる弟子の一人／聖武天皇などに菩薩戒を授けた／東大寺の大佛造営の責任者／僧尼令の禁を破り、民衆に布教／布施屋（無料の宿泊所）や溜池、架橋など社会事業に尽力／日本初の大僧正

勝悟《しょうご》 732–811

元興寺に住す／行基に唯識、元興寺の尊応から因明を学ぶ／最澄の開いた比叡山文殊堂供養会の散華師／桓武天皇に佛法を説き、狩猟断念へと導く

護命《ごみょう》 750–834

東大寺で授戒して元興寺に住す／元興寺の万耀や勝悟に唯識を学ぶ／比叡山一乗止観院の供養会では散華師を務めたが、最澄の大乗戒壇には興福寺の善珠と共に南都を代表して反対／大乗戒壇が認められると大僧都を辞任して山田寺に隠棲したが、天皇が大僧都の待遇を命じた／著書が多く、『大乗法相研神章』は天長勅撰六本宗書の随一と称された

仲継《ちゅうけい》 778–843

元興寺に住し、薬師寺に移動した後、再び元興寺に移る／元興寺の護命に学んだが、勝悟を師とする資料あり／薬師寺最初の最勝会を執行／弟子を多く輩出

明詮《みょうせん》 789–868

元興寺に住し、晩年は大和の音石山善法寺に隠棲／元興寺の施厳や仲継に唯識を学ぶ／『成唯識論』『因明大疏』の導注や裏書を残す／玄奘の翻訳場であり、逝去した場所でもある長安の玉華寺に因んで、元興寺の南に同名の院を創立／元興寺における南寺系主流の最後

これ以降、元興寺の南寺伝系は興福寺の北寺系に合流していく

隆光《りゅうこう》 811–891

薬師寺の学僧／唯識・倶舎・因明を学ぶ／因明の碩学／881 年の最勝会を契機に朝廷に入る

薬師寺の教系

円宗《えんしゅう》 ?–883

元興寺に住す／唯識と三論を兼学

如無《にょむ》 867–938

興福寺の僧／宇多法皇の近侍僧／初めて公卿出身者が僧綱（僧尼を統括）を努める

仁斅《にんこう》 875–949

奈良海龍王寺別当／興福寺の如無と元興寺の円宗から唯識を学ぶ

元興寺の僧が講師を務めた最後

定昭《じょうしょう》 906–983

興福寺一乗院創建（興福寺門跡の起源）

興福寺 18 世／高野山座主／東寺長者 18 世／大覚寺 3 世／東寺長者・仁和寺別当の寛空に伝法灌頂を受けて、広沢流の法脈と大覚寺を付嘱される

定昭から実尊までは、一乗院の法脈が元興寺の南寺伝を継承

定好《じょうこう》 生卒不詳

興福寺一乗院門主／大覚寺門跡 4 世／一説に上宮王院院主

◆表4－2　唯識学派の僧侶──元興寺　南寺伝の主な教系

- 元興寺は南都の中でも早期に建立された寺院。飛鳥寺や法興寺とも呼ばれた時代があり、聖徳太子に佛教を教導した高句麗の慧慈も住した
- 元興寺の南寺伝は、興福寺の一乗院創建以降、同じ興福寺内で研鑽
- 信円が一乗院と大乗院を兼管した後、大乗院は実尊に、一乗院は良円に分けて継承された。それ以降は両院主が交互に別当を務める

真範《しんぱん》 986-1054
興福寺24世／元興寺と長谷寺を兼任／興福寺一乗院に住し、後に滋賀県に隠棲／興福寺一乗院の定昭や定好に唯識を学ぶ(学びは興福寺北寺伝の喜多院系だが、法脈は一乗院)／清水寺清範の法を継ぐ

頼信《らいしん》 1010-76
興福寺27世／興福寺一乗院に住す／因明の大家

覚信《かくしん》 1065-1121
興福寺30世／興福寺一乗院に住す／一乗院に初めて摂関家が入寺／行基以来の大僧正

玄覚《げんかく》 1099-1138
興福寺32世・興福寺34世(還任)／興福寺一乗院に住す／興福寺30世覚信の実弟

恵信《えしん》 1124-71
興福寺39世／興福寺一乗院に住す

一乗院と大乗院が統合

信円《しんえん》 1153-1224
興福寺44世／興福寺一乗院10代目院主／興福寺大乗院4代目を兼管／興福寺の蔵俊に唯識を学ぶ(興福寺喜多院の学系)／1203年の東大寺大佛殿落慶式供養の導師／興福寺39世の恵信は実兄

(興福寺 北寺伝系)
蔵俊《ぞうしゅん》 1104-80
元興寺47世／興福寺権別当／興福寺の覚晴や良慶に学ぶ(興福寺喜多院の学系)／鎌倉初期に名を残す唯識の学匠を多く育てた／興福寺に菩提院創建

1181年、平氏が東大寺・興福寺の現任者を罷免

実尊《じっそん》 1180-1236
興福寺55世／大和菩提山寺(正暦寺)相伝
興福寺大乗院付嘱

良円《りょうえん》 1179-1220
興福寺48世・興福寺53世(還任)／興福寺44世の信円は叔父／天台座主の良快と異母兄弟／18歳にして維摩会の講師を務める
興福寺一乗院院主

これ以降、両院主が相互に別当を務める(興福寺門跡の源)

円実《えんじつ》 1214-72
興福寺59世・興福寺69世(還任)

円実以降、大乗院の院主は九条家から後継者を選出

一乗院の院主は近衛家から後継者を選出

統　合

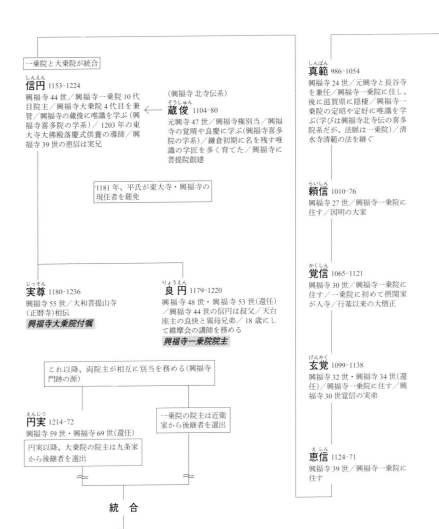

【第三伝】
智鳳《ちほう》 生卒不詳

義淵《ぎえん》 ?-728
興福寺に住す／日本法相宗の実質的な開祖／天智天皇が岡本宮で生育

【第四伝】
玄昉《げんぼう》 ?-746
入唐して、『開元釈教録』掲載の5000巻以上の経疏を請来／興福寺から筑紫観世音寺に左遷

善珠《ぜんじゅ》 723-797
比叡山根本中堂落慶供養の導師／最澄の大乗戒壇設置に反対／光仁・桓武・嵯峨の三天皇から帰依／秋篠寺開基／著作多数

昌海《しょうかい》 生卒不詳
興福寺に住した後、大和広岡寺や定額寺で法相宗を広めた

基継《きけい》 850-932
興福寺12世

空晴《くうせい》 878-958
興福寺14世／唯識の師は延賓／興福寺喜多院に住した／多くの門弟を育てる

③**仲算**《ちゅうざん》 935-976
西大寺(別当)16世／論議に優れ、963年の応和の宗論で天台の良源を論破した。これにより、法相宗は六宗の長官と定められる

真興《しんこう》 935-1004
唯識と真言密教の兼学／子嶋山寺を再興し、密教の子嶋流(壺阪寺)を開いた／著作多数／北寺の真興が南寺の明詮の導本を模写(南北区別の融和)

②**守朝**《しゅちょう》 933-?
興福寺を統率／興福寺一乗院や法隆寺東室小子房に住す／多くの学僧を教導

(①**平仁**《へいにん》
生卒不詳
東大寺に住し、唯識を学ぶ)

宣教《せんきょう》 743-753頃活躍
東大寺の僧

賢憬《けんきょう》 714-793
興福寺に住す／東大寺で行われた日本初の登壇受戒で鑑真から具足戒を受けた／大和室生寺開創／大蔵経を書写して唐招提寺に納めた／平安遷都の際、地相を占定

明福《みょうふく》 778-848
興福寺を管挙して佛教を弘めることに尽力

延賓《えんぴん》 850-?
興福寺の僧／東院や喜多院に属した記録あり
(→空晴)

修円《しゅえん》 771-835
興福寺4世／長谷寺別当10世／興福寺伝法院創建／賢憬と室生寺創建／最澄から灌頂を受け空海と交流あり

徳一《とくいつ》 760-840頃
常陸の筑波に住す／興福寺と東大寺で学ぶ／最澄と三一権実論争を行う／伝承されている創建寺院は30、著作は17

玄賓《げんぴん》 734-818
興福寺に属するが鳥取や岡山に隠棲／大僧都の命を辞退／庶民を教化／嵯峨天皇によって隠棲地の庸米が免除され、民衆の負担が減る

良敏《ろうびん》 生卒不詳
元興寺に住す

慈訓《じくん》 691-777
興福寺初代別当／元興寺の良敏に唯識、審祥に華厳を学ぶ／740年、日本初の『華厳経』の講説で複講師を務める／良弁と共に僧尼統制に尽力

仁秀《にんしゅう》 ?-808
薬師寺に住す／十僧の一人と名声を得る

願安《がんあん》 生卒不詳
良弁が開基した金勝寺の伽藍を建立

平源《へいげん》 861-949
興福寺13世(在任19年)

安秀《あんしゅう》 890-971
興福寺17世／興福寺新院に住す／応和宗論の講師として天台と論争

この教系はここで途絶

永厳《ようごん》 生卒不詳
興福寺2世／興福寺の良敏の弟子や玄昉の弟子とする資料あり

行賀《ぎょうが》 729-803
興福寺3世／興福寺の永厳について出家・授戒／元興寺の平備に唯識を学ぶ／725年に入唐し、唯識・天台を兼学／経疏類を100巻以上持ち帰る／『成唯識論僉記』を著す

常騰《じょうとう》 740-815
近江梵釈寺別当／興福寺や西大寺に住す(一説には大安寺にも)／60余巻の経論に注釈を入れる

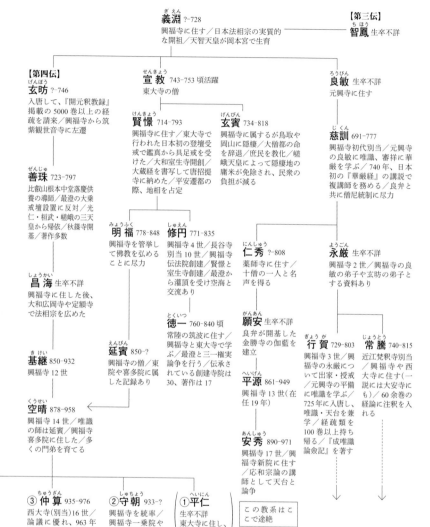

◇表4－3　唯識学派の僧侶――興福寺　北寺伝の主な教系

- ①〜④は空晴の四神足
- ⓐ〜ⓒは唯識三大学匠

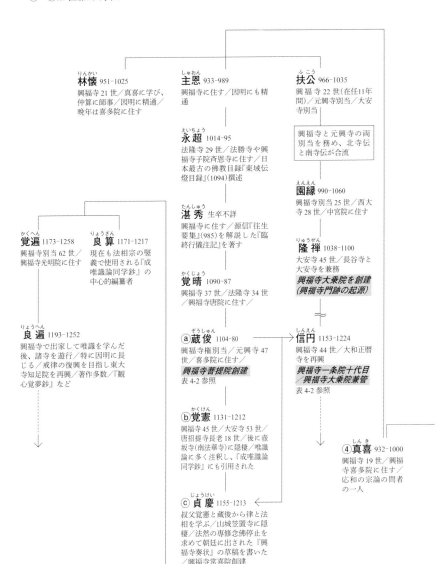

林懐《りんかい》 951-1025
興福寺21世／真喜に学び、仲算に師事／因明に精通／晩年は喜多院に住す

主恩《しゅおん》 933-989
興福寺に住す／因明にも精通

永超《えいちょう》 1014-95
法隆寺29世／法勝寺や興福寺子院斉恩寺に住す／日本最古の佛教目録『東域伝燈目録』(1094)撰述

湛秀《たんしゅう》 生卒不詳
興福寺に住す／源信『往生要集』(985)を解説した『臨終行儀注記』を著す

覚晴《かくじょう》 1090-87
興福寺37世／法隆寺34世／興福寺唐院に住す／

ⓐ**蔵俊《ぞうしゅん》** 1104-80 → 信円
興福寺権別当／元興寺47世／喜多院に住す／
興福寺菩提院創建
表4-2参照

ⓑ**覚憲《かくけん》** 1131-1212
興福寺45世／大安寺53世／唐招提寺長老18世／後に壺坂寺(南法華寺)に隠棲／唯識論に多く注釈し、『成唯識論同学鈔』にも引用された

ⓒ**貞慶《じょうけい》** 1155-1213 ← 蔵俊
叔父覚憲と蔵俊から律と法相を学ぶ／山城笠置寺に隠棲／法然の専修念佛停止を求めて朝廷に出された『興福寺奏状』の草稿を書いた／興福寺常喜院創建

扶公《ふこう》 966-1035
興福寺22世(在任11年間)／元興寺別当／大安寺別当

> 興福寺と元興寺の両別当を務め、北寺伝と南寺伝が合流

園縁《えんえん》 990-1060
興福寺別当25世／西大寺28世／中宮院に住す

隆禅《りゅうぜん》 1038-1100
大安寺45世／長谷寺と大安寺を兼務
興福寺大乗院を創建(興福寺門跡の起源)

≈

信円《しんえん》 1153-1224
興福寺44世／大和正暦寺を再興
興福寺一条院十代目／興福寺大乗院兼管
表4-2参照
↓

（貞慶の門下）

覚遍《かくへん》 1173-1258
興福寺別当62世／興福寺光明院に住す

良算《りょうざん》 1171-1217
現在も法相宗の竪義で使用される『成唯識論同学鈔』の中心的編纂者

良遍《りょうへん》 1193-1252
興福寺で出家して唯識を学んだ後、諸寺を遊行／特に因明に長じる／戒律の復興を目指し東大寺知足院を再興／著作多数／『観心覚夢鈔』など
↓

④**真喜《しんき》** 932-1000
興福寺19世／興福寺喜多院に住す／応和の宗論の問者の一人

◇表5　唯識宗を有した寺院

	寺名	宗成立の契機となる僧	その他の説明
南都七寺	元興寺（南寺系）	道昭	「法相唯識の四伝」の第一伝。日本に初めて唯識を請来した
	興福寺（北寺系）	義淵	「法相唯識の四伝」の第四伝、義淵→玄昉の教系。義淵は多くの弟子を育て、日本の法相宗の実質的な開祖ともいわれる。法相宗中興の祖とされる貞慶へと繋がる
		慈訓	義淵→元興寺良敏→興福寺慈訓の教系。「応和の宗論」の講師、安秀へと繋がる
		宣教	義淵→宣教の教系。三一権実論争の徳一へと繋がる
	薬師寺	行基	南寺伝の教系。元興寺や興福寺に次いで唯識学が活発に行われた
	西大寺	常騰	北寺伝の教系
	東大寺	明一	南北両系が行われた。薬師寺とは学問と僧の往来が顕著に見られる
	法隆寺	行信	南寺伝の教系。元来は三論の寺院。行信から元興寺系の唯識が研鑽されるようになる
	大安寺	慶信	元来は三論の寺院。記録上「法相宗大安寺」が確認できるのは天長二年（八二五）から
	清水寺	延鎮	南北両教系に名前の挙がる学問僧と違い、修験者的要素が強い大和の子嶋山寺（現在の子嶋寺）開祖、報恩の教系

第四章

基本用語

第一章の第三節で「瑜伽行《ゆがぎょう》」と「唯識《ゆいしき》」は、意味も歴史も違うので区別すべしと述べました。「学派《がくは》」（思想を共有する人々の集まり）から見ると、インド大乗佛教の二大学派は中観派《ちゅうがんは》と瑜伽《ゆが》行派《ぎょうは》です。唯識派ではありません。思想から見ると、唯識は瑜伽行の中に後から生まれた新しい考え方です。「唯識」という用語を最初に用いた経典は『解深密経《げじんみっきょう》』でした。その後アサンガ（無著《むじゃく》）の弟、ヴァスバンドゥ（世親《せしん》、天親《てんしん》）が唯識説を理論付ける書として『唯識二十《ゆいしきにじゅう》論《ろん》』を著し、我々の心の外に事物《じぶつ》は何も実在せず、我々の心と、心に現れた心理作用だけがすべてであると説きました。唯識思想は外界《がいかい》（心の外にある対象世界）の実在を認めません。

唯識思想は、他の生きものも、事物も、我が心が作り出した妄想に過ぎないと考えます。我々の心は煩悩にまみれ、無痴蒙昧（「無明《むみょう》」、根源的無知）であるから真実を悟れず、あるがままを達観できず、それ故に、安らぎを得られないのです。我々は煩悩で曇った心を清らかにし、汚れのない鏡のように、あるがままを映し出せるよう心の修練を積まねばなりません。それが瑜伽行派の説く「精神統御（ヨーガ、瑜伽）」です。その長い修行の早い段階で、外界の事物など実在せず、ただ心のはたらきだけが存在するに過ぎないということ——唯識（ヴィジニャプティマートラター、唯識無境性）——を確信します。但し、理詰めの理論として唯識を理解できるようになったとしても、それは頭で考え分かるようになったに過ぎず、悟りを真に実体験することにはなりません。

唯識思想は心の修練（精神統御）に必要ですが、「唯識の理解」と「瑜伽行の体得」は次元が異なります。瑜伽行の境地を高めるための一段階として唯識の理解は不可欠です。以下に、唯識の基礎を確立したヴァスバンドゥの教えに基づいて、第一節で外界存在を否定する論理を学びます。

それに先立って、瑜伽行唯識思想がインドに起こる前からあった佛教の基本を説明します。それを頭に入れておくと、ヴァスバンドゥが『唯識二十論』に説いた理論を理解し易くなります。それは、人や物といった単体の事物を、小さな構成要素に分解して真に存在するものは何であるかを探る理論です。

この理論を人に適用することで形成された佛教の説を「無我論《むがろん》」と呼びます。インド伝統思想では、人を人たらしめる原理として「アートマン（個我、不変不滅の自我）」という実体の存在を認め、人はこの世で死んでもアートマンは死なず、来世に別の体を見付けてそこに宿り、悟らない限り、生きものは輪廻転生を永遠に続けると考えます。一方、佛教は、アートマンなどというものが存在すると思い込むこと自体が迷いの原因であるとし、アートマンなど身体《からだ》のどこを探してもないではないかと、アートマンの実在を否定します。そしてその原初的な論法として、人を、色《しき》（物質すなわち身体）という非精神的要素と、受《じゅ》（苦楽等の感受）・想《そう》（対象を表象する作用）・行《ぎょう》（能動的意志・欲求）・識《しき》（識別・判断）という四種の精神的要素を合わせた計五種の構成要素に分解し、それら五種の集まり（五《ご》蘊《うん》＝五《ご》陰《おん》）のどこにもアートマンはないから、五種が合体した「人」にもアートマンはないと説きます。このように佛教は事物を諸要素に分解できる場合、諸要素を合わせて出来上がる単体の全体は実体でなく、それを実体視するのは我々の勝手な思い込みの妄想であると結論します。

同じ論法は、無生物にも適用可能です。現代風の例を挙げると、例えば自動車は、構成要素に分解すると、どこにも「自動車性」を成り立たせるアートマン（すなわち事物に内在する不変不滅の本性・原理）は存在しないというわけです。こうして人という生きものにも、自動車や机や壺等の物体にも、恒常不変なアートマンはどこにも存在せず、空想の産物に過ぎないと結論します。

このうち、インドの初期佛教から部派佛教までの早期の佛教は、人など生物の無我論を専ら論じました。それを後の時代に「人無我（人間の無我性）」と呼びます。これに対して、紀元一世紀か前一世紀頃に生まれたと考えられる大乗佛教では、生物以外の物体にも無我説を拡大適用し、物質の無我性を「法無我（物質的存在の無我性）」と呼び、人無我と法無我の両方を主張しました。こうして人無我のみを説いた初期佛教・部派佛教の時代から、人無我と法無我の両方――二無我――を説いて、大乗佛教の時代が始まりました。こうして大乗佛教は、無我説を人無我・法無我の二無我を意味するものとして、すべての存在に無我説を適用する思想的展開を遂げました。

法無我は大乗独自の考え方ですが、実際は、部派佛教の末期に、その萌芽が既に存在していたようです。それを告げる資料は、紀元前二世紀後半頃に原形が成立したと推定される『ミリンダ王の問い』（ミリンダパンハ *Milindapañha*）です。『ミリンダ王の問い』はギリシャのミリンダ王と佛教僧ナーガセーナの対論を説くインドの俗語佛教文献であり、大乗の影響を示す明確な要素を持たない文献と考えられています。少し長い引用となりますが、大地原豊氏の名訳によって紹介すると次の通りです。

> さてミリンダ王は、長老ナーガセーナの居場所に進み寄ることとなった。進み寄って長老ナーガセーナにあいさつし、うちとけてなごやかな口上を交わしたのち、一隅に着座した。…略…。ミリンダ王は、長老ナーガセーナに〔問うて〕こういった――「世人は尊者をいかが心得まするか。〔つまり〕あなたは何と仰せか」。
> 「大王どの、それがしは世にナーガセーナとして知られております。同門の人々は、大王どの、それがしをナーガセーナとして遇します。…略…。大王どの、この『ナーガセーナ』と申す者は、呼称《サンカー》・標徴《サンニャー》・記号表出《パンニャッティ》・言語的通念《ヴォーハーラ》・名のみのもの《ナーママッタ》でございまして、ここ〔な名称〕に〔相即して特定の〕人格的実体《プッガラ》〔が存在するものと〕は認められませぬ」。

すると、ミリンダ王は言った――「ご参集の各位――五百のギリシア系市民および八万の比丘《びく》衆――は、それがしの提言を聞かれたい。これなる人物ナーガセーナは、『ここ〔な世界〕に人格的実体〔の存在〕は認められぬ』などと申しますぞ。このこと、はたして是認してよろしかろうか」。

ここでミリンダ王は、長老ナーガセーナに〔向きなおって〕こう言った――「ナーガセーナ先生、もしや〔貴説のように〕人格的実体〔の存在〕は認められぬとしますなら、そもそもあなたに対して、木の皮ごろも・食の施し・寝所と座所・いたつきに効ある医療薬という、〔不可欠な四種の〕修道の資を提供するのは、いったいぜんたい何者なのでしょう。〔他方また、提供をうけて〕それを活用し、行状を慎しみ、精神修養にいそしみ、就道《マッガ》・収果《パラ》・悟入《ニッバーナ》〔の三境地〕を如実に体験するなど、〔聖なる行為のいちいちを〕行なう当事者はいった何者なのでしょう。…略…『同門の人々は、大王どの、それがしをナーガセーナとして遇します』とあなたは〔先刻〕仰せだが、この際ナーガセーナとは、〔以下に列挙するうちの〕いったいどれにあたるのです。先生、〔生体成分のいずれかが、たとえば〕頭髪が、ナーガセーナでしょうか」――と。

「そうではありませぬ、大王どの」

「膚毛《はだげ》が、ナーガセーナですか」

「そうではありませぬ、大王どの」

「爪《つめ》が…歯が…皮膚が…肉が…筋が…骨が…（略）…小便が…頭蓋《ずがい》のなかの脳髄が、ナーガセーナですか」

「そうではありませぬ、大王どの」

…略…

「そうではなくてと、では先生、様態・感受・知覚・表象・認識の総体が、ナーガセーナなのですか」

「そうではありませぬ、大王どの」

「そうではなくてと、では先生、様態・感受・知覚・表象・認識とは別に、ナーガセーナがあるというわけですか」

「そうではありませぬ、大王どの」

…略…

「大王どの、もしやあなたが車でおいででしたのなら、それがしに車［のなんたるか］を述べてくださいませ。大王どの、轅《ながえ》が、車でしょうか」

「いや、先生、そうではありませぬ」

「車軸が…車輪が…車室が…車台が…軛《くびき》が…軛綱が…鞭《むち》打ち棒が、車ですか」

「いや、先生、そうではありませぬ」

「それでは、大王どの、轅・車軸・車輪・車室・車台・軛・軛綱・鞭打ち棒の総体が、車でしょうか」

「いや、先生、そうではありませぬ」

「そうではなくてと、では大王どの、轅・車軸・車輪・車室・車台・軛・軛綱・鞭打ち棒とは別に、車があるというわけですか」

「いや、先生、そうではありませぬ」

……略……

「さあて今度は、大王さま、力の及ぶかぎり弁じてくださいませよ」

するとミリンダ王は、長老ナーガセーナに〔向かって〕こういった――「それがしは、ナーガセーナ先生、うそ偽りをしゃべってはおりませぬ。〔と申しますのは、〕『車』とは、轅・車軸・車輪・車室・車台に依存し《パティッチャ》〔た相対関係のもとに〕て〔はじめて〕呼称・標徴・記号表出・言語的通念・名のみのものとして成立する〔にとどまり、それ自体としての存在はない〕のでございます」――と。

「よくこそ申された、大王どの、あなたは車〔のなんたるか〕がおわかりでいらっしゃる。それとまったく同様でございます、大王どの――それがしにつきましても『ナーガセーナ』

とは、頭髪・膚毛……脳髄に依存し、様態・感受・知覚・表象・認識に依存し〔た相対関係のもとに〕て、〔はじめて〕呼称・標徴・記号表出・言語的通念・名のみのものとして成立する一方、絶対的次元におきましては、ここに〔相即して特定の〕人格的実体〔が存在するものと〕は認められぬ――という次第であります。しかも、大王どの、この点は〔かつて〕比丘尼《びくに》ヴァジラーが世尊（佛陀）のおん前にて語ったところでございます――

『部分を寄せて合わすとき　これよりたとえば車という
名辞の生ずるごとくにて　〔五つの〕組成要因《カンダ》あるところ
ここにはじめて生物という　世上の通念が生じます』――と」

「驚嘆にたえませぬ、ナーガセーナ先生。霊妙のわざです、ナーガセーナ先生。提示なされた質疑応答、あざやか以上でございます。世尊もし世におわしましたら、さぞ『あっぱれ』とのおほめをば、寄せたもうことでありましょう。あっぱれ、あっぱれ、ナーガセーナ、提示なされた質疑応答、あざやか以上でございます」。

（大地原一九七九。括弧等の表記を一部変更）

末尾の部分に明らかなように、『ミリンダ王の問い』は、「ナーガセーナ」という名の人間を形作る五種の構成要素（五蘊《ごうん》）を主題として五種の要素に分解すると、その各要素のどこにも「ナーガセーナ」は存在しないと、人無我説を結論として示します。一方、引用の途中には「車」をその諸要素に分解すると、その各要素のどこにも「車」は存在せず、「車」は名のみの存在である――実体性のない存在である――とも論じますが、これは先に説明した「法無我」に通じる考え方です。

さて以上を、外界の実在を否定する唯識説への入口として、ヴァスバンドゥ『唯識二十論』が外界の実在を批判するために取り上げた当時最新の自然科学理論「原子説」と、その否定論法を学びましょう。

第一節 ❖ 原子の実在を否定する

❇ 存在するものは何か

普段、我々は色々なものを見聞きして生活しています。では我々が見聞きする知覚対象《ちかくたいしょう》とは、要するに何でしょうか。当たり前のことを何故今更訊ねるのかと不審に思うかも知れませんが、実はこれは洋の東西を問わず、人類が歴史を通じて探究した哲学思想の大問題です。我々は何を見ているのか、我々が目の前にあると思っている事物は本当にあるのかという、素朴で根源的な問いです。

※ 原子とは何か

最初に「原子」について説明しましょう。紀元前の古代ギリシャにデモクリトスという人がいて、万物の根源は原子であると考えました。原子のことをギリシャ語で「アトモン」――〔それ以上に小さく〕分けられない要素――と言うそうです。大きさをもつ物質を、構成する部分・要素に細かく分けていった時、その究極となる最極小の要素、物質の最小単位です。現在、英語で原子を「アトム atom」と呼ぶのはデモクリトス説の影響なのです。

原子説が起こった地域はギリシャだけではありません。少し遅れてインドでもデモクリトス説に似た原子論が生まれました。その最初が誰かはよく分かっていませんが、ジャイナ教徒だったとも言われています。現在、多くの原典資料から当時の思想が詳しく分かる文献資料は、正統学派の一つであるヴァーイシェーシカ学派の聖典『ヴァーイシェーシカ・スートラ *Vaiśeṣika-sūtra*』及びその注釈と、部派《ぶは》佛教（いわゆる小乗佛教）のうちで最大の勢力をもった一つである「説一切有《せついっさいう》部《ぶ》（サルヴァアスティ・ヴァーダ Sarvāsti-vāda　一切は実在するという主張）」という部派の書物です。

原子（アトモン）に当たるサンスクリット語は「パラマアヌ paramāṇu」です。パラマは「極めて・非常に・たいへん」を意味し、「アヌ」は「小さなもの・微細なもの」を意味するので、「パラマアヌ」とは、「極めて小さな物質」のことです。「極微《ごくみ》（極めて微細なもの）」と翻訳します。「アトモン」と「パラマアヌ」の基本的意味が共通しているのが分かっていただけるでしょう。

「原子（パラマアヌ）」は、物質を形作る最小の粒であり、それを更に細かく分けることはできません。原子には二つの性質があります。一つは、最小なので、それ以上に小さな部分を持たないこと（無部分性・分割不可能性）、もう一つは、目で見ようとしても小さ過ぎて決して見えないという性質（極小性・不可視性）です。

❊ 原子論をゆるがした大問題

二性質の一つ目は、結局、原子は球形であるいう説に落ち着きました（『ヴァーイシェーシカ・スートラ』第七章第一節第二〇偈）。

二つ目の性質は大きな問題を投げかけました。目で見る物体の原子が見えないなら、一体どのようにして目に見えない物から見える物が生じるのでしょうか。これは単純素朴な問いですが、理路整然と説明することは難しいです。しかしこの問題に皆が納得できる答え、そして誰も反論できないような答えを出せなければ、原子論は破綻してしまいます。そこでインドの原子論で有名なヴァーイシェーシカ学派と佛教説一切有部からの応答をそれぞれ紹介しましょう。

✼ 原子論者からの応答

一、ヴァーイシェーシカ学派　ヴァーイシェーシカ学派は『ヴァーイシェーシカ・スートラ』に施した注釈や他の文献に、次のような考えを示しました――「原子は最も小さな物質で、それ以上に小さいものはないので、それら目に見えない極小の粒（諸原子）はどんなに沢山集まっても、目に見える大きさの単体は生まれない。ちょうど0を何回足しても1にならないのと同じ」というわけです。こうしてヴァーイシェーシカ学派は目に見える単一の物体が原子から成る可能性を放棄し、まったく違う観点から理論を作りました――、すなわち、一人の人間を形作る無数の原子が沢山集まると、諸原子と同じ形に重なるように、原子とはまったく異なる「人間」という別の物質――「全体」という単体の一物質――が突然そこに現れます。それを見た時、我々は「一人の人間を見ている」と認識します。そして「複数の原子を単体と誤認しているのではない」と判断します。例えば、溶けたチョコレートをビスケットの上に重ね合わせると、ビスケット形のチョココーティングがされ、我々はそれを一個のチョコビスケットという「全体」と知覚するというわけです、――正直、余り良い喩えとは言えませんが、これがヴァーイシェーシカの唱える知覚対象は「全体」であるという説です。

二、説一切有部　他方、部派佛教の説一切有部は、教理の解説書である『阿毘達磨大毘婆沙《あびだつまだいびばしゃ》論《ろん》』でヴァーイシェーシカ学派とはまったく異なる原子論を立てました。その要点を三つ紹介します。

第一に、原子の分量は最小で、更に細かく分割することはできず、原子は一つでは見ることも触って認識することもできないが、原子は七つ集まると、やっと目で見える大きさになると考えました（玄奘訳『阿毘達磨大毘婆沙論』巻一三六）。

第二に、『阿毘達磨大毘婆沙論』は、色については、青い物質は青い原子から、黄色い物質は黄色い原子からできていて、長方形の物質は長方形の原子からできていると説きます（玄奘訳『阿毘達磨大毘婆沙論』巻一三・『同』巻一三六）。説一切有部説は、原子は球体であるというヴァーイシェーシカ説より単純素朴だったようです。色については我々にも納得できますが、形については余りにも単純素朴で微笑ましい程です。例えば金平糖の粒を見ている時、それを形作っている原子も金平糖のミニチュア型をしていると説一切有部は考えたわけです。皆さんはどうでしょう。賛成できますか。

第三の特徴は、思想的に最も多くの異説と問題を生みました。原子は互いに接触して（触れ合って）大きな物質となるのか、それとも互いに接触せずに、ほんの少しの隙間を残しながら大きな物質を作り出すのかという問いでした（玄奘訳『阿毘達磨大毘婆沙論』巻一三二）。説一切有部は、原子と原子には隙間があり、直接接触することはないと考えました。その理由は、例えば二原子が接触するならば、原子には接触している部分と接触していない部分の二部分に分かれるから、「原子はもはやそれ以上分割できない」という無部分性・分割不可能性と矛盾するからです。しかし原子の間にすべて隙間があるなら、例えばハンカチを振った時、どうしてハンカチの諸原子はばらばらに飛び散ってハンカチが消えてしまわないでしょうか。これについて説一切有部は、万物を構成する要素に地・水・火・風《ふう》の四元素があり、風という元素はものを散らすはたらきとまとめるはたらきがあるので、ハンカチを振っても風の持つまとめるはたらきによって諸原子はばらばらにならず、集結したままの形を保つと説明します。この説明に納得できるかどうか、恐らく様々な意見があると思いますが、ともかく、説一切有部は、諸原子は各々隙間を保って集まるが、ばらばらにはならないと説明しました。

❇ ヴァスバンドゥ『唯識二十論』

さて、原子論者の代表である正統思想のヴァーイシェーシカ学派と、佛教の説一切有部の説は、右に概説した内容です。

第一章第三節「「瑜伽行」と「唯識」の違い」で説明したように、外界の存在を否定する論法そのものはヴァスバンドゥの独創ではありません。『十地経』に一切は心のみであると説かれ、『解深密経』に一切は識（心のはたらき）のみであると説かれていた大乗経典の教えが基になっています。しかし経典は、心のみ、心のはたらきのみである理由を理詰めで論理的に説明してくれません。そこでヴァスバンドゥは『唯識二十論』において、ヴァーイシェーシカ説と説一切有部説の原子説を検討し、それを否定することによって、結論として『十地経』と『解深密経』の教説を論証しました。

ヴァスバンドゥは、例えば一個の林檎のような知覚対象は、突き詰めると要するに何かと問い、それに対する答えとして、『唯識二十論』第十一偈において、次のような三つの可能性をまず想定しました。

可能性（一） 我々が見ているのは、見たままの一個の林檎（単一の物体）である。——これは、諸原子が集まると、諸原子とは別の「全体」という物質が生じて知覚対象となるというヴァーイシェーシカ説です。

可能性（二） 一個の林檎を見ていると思うのは錯覚であり、実は一個でなく複数の諸原子を見ている。我々は林檎の諸原子を見て、それを単体と勘違いしているに過ぎない。——しかしこれについては、複数の原子は単一物体の認識の原因とならないし、そもそも原子は見えないのだから、この可能性はないと、ヴァスバンドゥ以前に既に否定されています。

可能性（三）見えているのは一個の林檎（単体）でも、また、林檎を作る複数の諸原子でもない。我々は諸原子が緊密に集まった時に諸原子の集まりの上に「林檎」という単一体を見ている。すなわち知覚対象は諸原子の特殊な集結体であり、それは「全体」とは異なる。これは可能性（一）（二）を否定する説一切有部の説です。

このような可能性のうち、（二）は既に否定されているので、実際に検討すべき可能性は（一）と（三）の二つです。それを詳しく解説する箇所は、『唯識二十論』第十一〜十三偈（詩節）とそれに対するヴァスバンドゥの自注です。

可能性（一）の単一な「全体」を認めるヴァーイシェーシカ説について、ヴァスバンドゥは、「〔対象の〕諸部分と別に、単一な「全体」はどこにも認識されないから、「全体」は知覚対象ではない」と切り捨てます。

可能性（三）について、ヴァスバンドゥは、「それら諸原子が集結したものも知覚対象でない。何故ならば、原子という部分が一つの実体であるとはっきり証明されない以上、〔諸原子が集結して実体を構成することもあり得ない〕」と指摘します（『唯識二十論』第十一偈に対する自注）。

更にヴァスバンドゥは、第十二偈で**可能性（二）**を取り上げ、周到に否定します。

〔もし原子を仮定したとしても、一つの原子が実在するとは立証できない。それはなぜかといえば、一原子は周りの〕六個〔の原子と〕同時に結合する故に、原子は六部分をもつことになろう。〔しかしそれ以上分割不能な原子に部分があるのは不合理であるから原子の存在は成り立たない。逆に、中央の一個の原子と周りの〕六個が同一の位置にあるとすれば、〔可視的な大きい〕固体も一原子の大きさと〔同じ大きさに〕なってしまう。〔故に、原子と原子が結合することもあり得ない〕。

（『唯識二十論』第十二偈。梶山一九七六）

ここでヴァスバンドゥが**可能性（二）**を否定する理由は、先に紹介した説一切有部の『阿毘達磨大毘婆沙論』巻一三二と一部共通しますが、ヴァスバンドゥ説の方が論法はより単純で切れ味鮮やかです。すなわち一つの原子が四方と上下の計六原子とそれぞれ各点で接触するなら、中央の一原子には、六箇所の接触点と、それ以外の非接触点という二種の部分があるという不都合が生じるから、原子説に矛盾が起こります。また、もし六原子が中央の一原子と全面的に接触するならば、七原子はすっかり重なるので、七原子はたった一つの原子の大きさとなってしまうという不都合が生じます。したがって、やはり原子論は成り立たないと、ヴァスバンドゥは自注で解説しています。

なお、右に紹介した説で、ヴァスバンドゥが、原子が接触・合体する場合に「七」という数を出す理由は、恐らく、『阿毘達磨大毘婆沙論』巻一三六に示された、七原子が集まるとやっと目で見える状態になるという説に基づきます。四方上下の六原子に囲まれた中央の一原子を合わせて七原子となるからです。

ヴァスバンドゥは再び第十三偈と自注で**可能性**（三）を取り上げ、更に否定します。まずヴァスバンドゥは、**可能性**（三）は「カシュミーラの毘婆沙師《びばしゃし》たち」の説であると自注で解説します。毘婆沙師は『阿毘達磨大毘婆沙論』に基づく説一切有部の学僧を指し、特にカシュミーラ **Kaśmīra**（現在のカシミール。インド北部とパキスタン北東部にまたがる山岳地帯）で活動した毘婆沙師たちは、説一切有部の正統派です。諸原子は隙間を持って接触せずに集まっているという彼らの説に対して、ヴァスバンドゥは、接触しない諸原子の集まりなどあり得ないことを次のように論じます。

諸原子は互いに結合しないのに、それらが集結したばあいに何が結合するというのか。だから、原子の無部分性によって原子の結合がないわけではない。（第十三偈）

こうして、〔原子が結合しないのだから、〕集結したものも互いに結合しないと〔認めざるをえないと〕すれば、君は、原子は部分がないから互いに結合しえないのだと言って

〔結合しえない理由を原子の無部分性に帰す〕べきではない。というのは、部分をもっている集結体ですら、結合するとは認められないのだから。したがって、原子が単一な実体としてあるとは証明されないのである。

（『唯識二十論』第十三偈と自注。梶山一九七六）

隙間を保ちながら、言わば「すかすか」の状態で集まっている諸原子には、それらが集まったからといって一つの対象になることも、見えるようになることもあり得ないと、ヴァスバンドゥは一蹴します。そして第十四偈においても、別の点から原子論の矛盾を突きます。

ヴァスバンドゥは、**可能性（一）**を第十五偈とその自注で再び取り上げ、否定します。『唯識二十論』には特に何も説かれていませんが、そもそも**可能性（一）**は佛教と相反する考え方であるため、決して認められません。本章の冒頭に『ミリンダ王の問い』と関連させて説明したように、もし部分が集まった時に、それにぴたりと重なる別の実体として「全体」が生じることを許してしまったならば、人の身心を五蘊《ごうん》（物質要素「色《しき》」と精神要素「受《じゅ》・想《そう》・行《ぎょう》・識《しき》」の計五種）に分けることによってアートマン ātman（我・自我）の実在を否定する「無我論《むが》」という佛教の基本が成り立たなくなってしまうのです。人の身心を構成要素に分けた時、そのどこにもアートマンはないからアートマンは実在しないと説く論理、それが五蘊は無我であるという説です。一方、諸原子という部分に分けた後にそれを合して元に戻すと「全体」という別の実体が生じるなら、身心を五種に分けた後に再び合した時にアートマンが生じる可能性を認めざるを得なくなります。それ故、部分を合わせると、そこに何かプラスアルファの実体が生じるという**可能性（一）**を、佛教では決して容認できません。

❉ 原子論批判の二問題

本節では、古い昔にインドで流行した原子論と、それを否定することによる外界の実在の否定——すなわち「唯識」——を取り上げました。具体的には、ヴァーイシェーシカ学派の原子および全体の理論と、説一切有部の原子論とを紹介し、それらを否定する瑜伽行派の論法を最もよく示しているヴァスバンドゥの『唯識二十論』の外界否定を紹介しました。ヴァスバンドゥは、当時最新の原子論を否定したわけですから、唯識を論証したことになりました。しかしながら、それはあくまで当時の原子論を否定しただけであり、現在の最先端の原子理論や素粒子の理論から見た場合、ヴァスバンドゥの原子論は余りにも素朴過ぎて、原子論の否定になっていないと反論されるに違いありません。もしヴァスバンドゥが現代に生きていたなら一体どのような外界批判と唯識論証をしたのか、興味は尽きませんが、『唯識二十論』の内容が現代の原子理論をも否定する力を持っていないのは間違いないでしょう。これが原子の実在を否定する瑜伽行思想に内在する一つの問題です。

もう一つの問題は、唯識思想と瑜伽行思想の差に基づく問題です。『唯識二十論』の説き示す原子の実在否定が仮に全面的に是認されたとしても、この論に説かれるヴァスバンドゥ説は、要するに、論証の域に止まっています。原子の実在否定は、自説と逆の場合を仮に想定してその矛盾を突く（これに当たる論法を現代語で「帰謬法《きびゅうほう》」や「背理法《はいりほう》」と呼ぶ）、論理的結論を積み上げ最終結論に至る等々の時間と手間をかけて合理的に考えた結果であり、頭の中の理屈として得た判断に過ぎません。それは、事物を知覚した直後に、判断を下す前に瞬時にありありと知る直接知覚とは次元が違います。つまり『唯識二十論』の原子非実在論を知ることは、時間と手順をかけて頭の中で理屈として知るということであり、一瞬のうちに身心全体で知るという類いの実体験ではありません。

敢えて極端に言えば、原子非実在論に納得した後でも、実際に事物を見たり聞いたりすればその事物は眼前に存在するものと知覚され、それを心が作り出した幻影であると直観することはできません。ここに『唯識二十論』に説かれる瑜伽行思想の限界があります。すべて心のはたらきが作ったものに過ぎないと頭で理解しても、それだけでは直ちに、我が身心の底からありありと知ることはできません。まさにここに、瑜伽行派の思想を全身全霊で知ることができるよう、自らを改革するために修行することの意義があり、理知的に知ることと我が身で直接に知覚体現することとの違いがあるのです。

白幡　明

Shirahata Akira

曼陀羅とは釈迦の悟りの世界を表し、それは宇宙の真理だという。今回はそれを象徴する火・水・地を厚板のガラスから削り出し、組み合わせて立体にした。このガラスは工芸用ではなく、建築或いはレンズ等に加工されるガラスで、鉄分を微量に含んでいる。それが緑色に発色し、通常のクリスタルガラスに比べて硬いのが特徴である。その塊を様々な技術を屈指し、ひたすら削るのだ。

「火水」は人にとって必要不可欠なもの。私は永らくそのとらえ処の無い形を具現化することを試みてきた。「地」は大地から湧き上がる「気」の様なものをイメージし、そこに恵みを表わす金箔を接着した。「火水地」はそれぞれ片面、内外にデザインし、立体的に見える様にする。台は「火水地」を接着する六角と、三箇所を凹に丸く削り、そこに伝統的な紋様を切子した十二角の二重構造。それらを全て接着すれば、作品が完成を見る。

接着剤はガラス専用の紫外線を照射すると硬化する性質を持つ。これが「はがれる」時は壊れる時、それほど強力な接着力である。釈迦が佛法を説いてから二千五百年と聞く。インドのように時に教えが廃れたこともあるけれど、多くの人の生に強弱関係して、これまで、はがれ失われることはなかった。

佛教に関係する作品を、との希望に応えられたのか判らないけれど、平面から立体への仕事は佛法のようにまだまだ続いていく。

白幡　明――「火水地曼陀羅」

前田昭博——白瓷壺
（撮影　斎城卓）

前田昭博

Maeta Akihiro

白磁は、中国の唐時代に誕生したやきもので、色もなく絵や模様も描かれていないが、そこには何か惹きつけられるものがある。その当時の宗教や思想を背景として起こったもので、表現したいすべてをそのまま現すのではなく、省略できるところは省いて、想像力を膨らませて楽しむものとして出来上がってきた。

初めて白磁を見たときに、強い感動を受けた。それは、私の住む土地の真っ白な雪景色と重なったからである。それからは、山陰の雪の白が私の白磁の手本となった。冷たいけれど、どこか温もりをもった白色を今日まで追い求めてきた。

フォルムの美しさと釉の肌合い、そして器に現れる光と影が織りなす陰影の美が、白磁の持ち味ではないかと考える。膨らみのある壺は、内から外へのエネルギーを感じるが、内部は空っぽであり何もない。そこに、無「空っぽ」から有「満たされた状態」までの、器がもつ本質を見ることができる。空ろな空間を、どのように捉え造形していけばよいのか興味がわいてくる。ここから、大乗佛教の二大学派が考える、それぞれの「空の思想」に関心を持つようになった。特に瑜伽行唯識派の「自分の心に映し出されたもの」が全てなのだという考え方には心惹かれる。

時間の経過とともに移り変わる白い肌の陰影に思いを巡らし、心の眼で眺めて楽しんでいただければ幸いである。

第二節 ❖ 三性説——迷いを悟りに転ずる論理

我々は普段、アーラヤ識の存在（本章第三節）に日常経験で気付くことはありません。五種の知覚と意識の六種のはたらきを自覚するだけです。自らの心の奥深いところにアーラヤ識が存在し、迷いの原因とも悟りの原因ともなると感じることはありません。本節では、通常の六種の認識に基づく瑜伽行派の理論として、「三性説《さんしょうせつ》」を紹介します。三性とは、我々の心に備わる三種の本性です。次の三つを指します。

◇表6 三性の概要

	三性（三種の性質）の名称	意味
1	遍計所執性《へんげしょしゅうしょう》（遍計して執する所《ところ》の性）	全くの思い込みで執着されている性質 迷い続ける（心）のあり方。第一の本性
2	依他起性《えたきしょう》（他に依りて起こる性）	他の何かに依存して生じる性質 迷いと目覚めに共通のあり方。第二の本性
3	円成実性《えんじょうじっしょう》（円成せる実なる性）	完全に成就した真実の性質 目覚め（悟り）のあり方。第三の本性

瑜伽行派は、この三種の性質を心の姿と見なし、かつ、心のあり方・状態が外界の事物のように現れて出て来ると説きますから、三種の性質は一方で〔心に現れた〕事物の姿であるとも説きます。三性説の用語をサンスクリット原語とその逐語的和訳で示すと次の通りです。

◆表7 三性のサンスクリット語と意味

	三性の翻訳	サンスクリット語 トゥリ・スヴァブハーヴァ tri-svabhāva	その意味 三つの本性
1	遍計所執性	プラカルピタ・スヴァブハーヴァ parikalpita-svabhāva	心（頭）で捏造された本性
2	依他起性	パラタントラ・スヴァブハーヴァ paratantra-s°.	他の何かに拠る本性
3	円成実性	パリニシュパンナ・スヴァブハーヴァ pariniṣpanna-s°.	完成した本性

瑜伽行派は、心の姿と、心から現れる事物の世界は、すべて、この三種類のいずれかである

と説きます。しかし、これだけでは抽象的で分かりにくいので、三性それぞれの喩えを用いて具体的に示します。

※蛇・縄・麻の喩え

瑜伽行派が最もよく用い、そして最も分かりやすい喩えは、「蛇《へび》」と「縄《なわ》」と「麻《あさ》」です。「蛇《じゃ》・縄《じょう》・麻《ま》の喩《ゆ》」とも言います。瑜伽行派が起こるより前から、インド人は日常起こり易い見間違いを示すのに、「縄紐《なわひも》を蛇と見紛《みまご》う」や「杙《くい》を人と見紛う」の喩えをよく用いました。どちらも我々にとっても馴染みのある経験です。人は薄暗がりの中で怯える心で歩いていると、道に墜ちている縄紐（ロープ状の長い物体）を見た瞬間に、蛇と勘違いして飛び上がります。まさに疑心暗鬼の状態です。やがて恐怖心がやわらいで落ち着いてよく見ると、蛇と思った物は、ただの縄紐だったことに気付きます。「幽霊の正体見たり枯れ尾花」（枯れ尾花はススキの穂）の諺そのままです。あるいはまた、遠くからぼんやりとした状態で見ると、杙やただの木片を人と見間違うこともよくあります。

瑜伽行派の蛇と縄紐の喩えも、この応用です。暗がりで縄紐を見て蛇と見紛うことがあっても、後に落ち着いてよく見ると、それは蛇でなく、縄紐に過ぎないということが分かります。更にまた、その縄紐も分析すると、麻（縄紐の部分・要素）の集まりに過ぎないと知ったり、あるいは同じことですが、縄紐も色形《いろかたち》・臭い・味・触れる対象の四要素に更に細かく分析できるということを知るようになります。

縄紐を蛇と見間違い、ありもしない蛇を見たと誤解すること、それが三性説の第一である「遍計所執性」の喩えです。蛇と思うことは、まったく心（頭）で考えただけの勝手な誤解なのです。

次に、縄紐もまた、麻という構成要素ないし色形《いろかたち》・臭い・味・触れる対象という要素に細かく分析できるから、かりそめに過ぎず、縄紐は、その部分である麻（ないし色形《いろかたち》・臭い・味・触れる対象）によって作られた仮の存在に過ぎないと、知るようになります。これが三性説の第二である「依他起性」の喩えです。縄紐も、その部分という他者によって生じているに過ぎないのです。

そして更に、蛇であるという思い込みも心から消し去り、縄紐もまた仮の存在であることが分かると、遂に、我々が見ているのは、仮の存在を作り出す構成要素に過ぎないという見方に行き着きます。それが三性説の第三である「円成実性」の喩えです。思い込みも仮の存在も消し去った究極のあり方です。

これらの三段階の喩えを、瑜伽行派は、「蛇」と「縄」と「麻」の喩えや「蛇縄《じゃじょう》麻《ま》の喩《ゆ》」と呼びました。

これらの喩えは、最古の根本聖典『瑜伽師地論』には現れませんが、その後に活躍したアサンガ（無著《むじゃく》）『摂大乗論《しょうだいじょうろん》』の玄奘訳『摂大乗論本《しょうだいじょうろんぼん》』巻中「入所知相分《にゅうしょちそうぶん》」に次のように説かれています。

> 喩えば暗闇の中で蛇のようなものが現れるように。それは喩えば縄紐を蛇〔と認識すること〕が真実でないように。何故なら〔蛇はそこに〕存在しないからである。もしそのような対象は存在しないとはっきり知れば、蛇の認識は消滅するけれども、縄紐の認識は依然として残る。〔そこで、その縄紐を更に〕細かな部分に分析するならば、これ（「これは縄紐である」という認識）もまた虚妄である〔と分かる〕。何故なら〔縄紐というのは仮の存在に過ぎず、実は〕色形《いろかたち》・臭い・味・触れる対象〔という諸部分〕を特徴とするからである。この認識に基づいて、縄紐の認識も消し去るべきである。[注1]

右の一節に「蛇」と「縄」と「縄を構成する四部分」が喩えとされています。しかし、ここでは三性説の言葉をそれぞれに適用しないため、更に説明を加えないと、意味が十分明らかとはなりません。そこで中国の唐の窺基は、自らが編纂した概説書『大乗法苑義林章《だいじょうほうおんぎりんしょう》』巻一において喩えを更に詳しく解説し、喩えと三性説の関係を明瞭に説きました。[注2]

※ 金蔵土の喩え

右に示した蛇・縄・麻の喩えは、アサンガすなわち無著の『摂大乗論』に説かれるものであり、その後、中国・日本で三性説を述べる所にしばしば用いる有名な喩えとなりました。しかし長尾雅人氏が指摘するように、[注3]『摂大乗論』には三つの喩えは確かに書いてありますが、著者アサンガ（自身）はそれを三性のそれぞれと逐一対応付けているわけではなく、また、縄の部分は「麻」でなく、「色形《いろかたち》・臭い・味・触れる対象」と言われています。これを三性説の喩えとして有名にしたのは、『摂大乗論』そのものでなく、それを用いて解説を敷衍した中国・日本の法相教理学の人々でした。

これに対して、『摂大乗論』それ自体が三性説とはっきりと結び付けて用いた別の喩えがあります。それは「金蔵土《こんぞうど》の喩《ゆ》」です。「金蔵土」とは、金を内に含む堅い鉱石のことです。まず、砂金から金を採取するのでなく、金を内に含む鉱石を火で精錬することで金を抽出する方法を思い浮かべて下さい。金を含む鉱石は、外から見ると、ただの土の塊のように見え、金の存在を眼で確かめることはできません。金を含む鉱石をただの土の塊と見ることは、三性説の第一の「遍計所執性」の喩えです。そしてそれは金を内に含む鉱石であると知ることが第二の「依他起性」の喩えです。そして更に、その鉱石を火で焼くと純金が現れると知ることが、第三の「円成実性」の喩えです。

最後に、「金蔵土」の喩えで三性説を説く無著造・玄奘訳『摂大乗論本』巻中の解説を紹介します。


『大乗阿毘達磨経』において、世尊は、存在には三種類あり、第一は不純物の混ざったものであり、第二は清らか〔に精錬された〕ものであり、第三は第一と第二の両方〔の性質〕を備えたものであると、説いている。どのような意図によってこのように説くのか。

「依他起という本性（三性の第二）においては、不純物の混じったものが「遍計所執の本性（三性の第一）」であり、〔そして〕清らか〔に精錬された〕ものが「円成実の本性（三性の第三）」である。すなわちが「依他起〔という本性〕」には〔三性の第一と第三という〕この二つの部分がある。これを意図して、このように説いているのである。

この意味について、どのような喩えで表すかというと、金を内に含む土塊《つちくれ》を喩えとしてそれを示すのである。例えば世俗の金を内に含む土塊に三つの存在が得られるのと同じである。〔三つのうち〕一は〔地・水・火・風という四大のうち、堅い〕地の要素であり、二は土塊であり、三は金である。地の要素において土塊は実在せず〔火で焼かれると土塊は消えてなくなる〕けれども、今、〔火で焼く前の状態では〕現に土塊が認められる。〔同じ堅固な地の要素を〕火で精錬すると、土塊という姿は消失して現れず、金の姿が現れ出てくる。また、この堅固な地の要素の土塊が現れ出る時は、〔真実でない〕虚妄が現れる。純金が現れ出る時は、真実が現れる。したがって、堅固な地の要素にはそれら〔土の要素と金の要素という〕二つの部分がある。

認識も、この〔喩え〕と同じである。思い計らうことなき智慧の火で焼く前の時は、この認識にすべて虚妄な「遍計所執の本性」が現れるが、すべて真実の「円成実の本性」は現れていない。この認識が思い計らうことなき智慧の火で焼かれた時は、この認識にすべて真実の「円成実の本性」は現れるが、すべて虚妄な「遍計所執の本性」は現れない。したがってこの虚妄分別の認識である「依他起の本性」は、それら二つの部分を両方持つのである。それはちょうど金を内に含む堅い鉱石においては、すべてが地の要素であるのと同じである。[注4]

もうお分かりでしょう。三性説と二種類の喩えを関係付けて表にすると次のようになります。

◆表8　三性とその喩え

	三性の翻訳	蛇・縄・麻の喩え	金蔵土の喩え
1	遍計所執性	路上の縄を蛇と思い込み、怖がる（存在しない「蛇」を勝手に妄想）	金鉱石をただの土塊《つちくれ》と思う（石の中に金があると気付かない）
2	依他起性	よく見ると蛇でなく縄であると気付く	金鉱石は、見えない金を中に含んでいると知る
3	円成実性	縄は麻紐の合成物であると知る	金鉱石を火で焼くと純金が現れると知る

❇ 迷いから悟りへの転換

三性説はいずれも心の状態、心のあり様を説明する点で共通しています。（一）遍計所執性は迷いの状態にある心を理論的に述べたものです。一方、（三）円成実性は迷いを離れてものごとをあるがままに正しく認識する状態にある心を述べたものです。（一）は迷いの心、（三）は悟りの心を示すというわけです。では、心が迷いから悟りに変化できるのは何故でしょうか。それを説明するのが（二）依他起性です。それは（一）と（三）を仲介し、心の変化を連続的に示す理論を説いています。

蛇・縄・麻の喩えが例示するように、道にころがっている長い物体を「蛇」と誤認して恐怖を感じた後に、心を落ち着けてよくよく観察してみれば、それは蛇でなく、単なる縄（ロープ）であり、怖がる必要はなかったと、物の見方が変わります。この点からすると、（一）遍計所執性は誤った認識を、（二）は正しい認識を示しています。しかし（二）が正しい認識であるのはあくまで（一）との関係からであって、縄というものも、諸部分――紐状態の麻――が合したものに過ぎません。更に突き詰めていうならば、本章第一節で解説したように、麻も更に部分に分割可能なので、究極的には、縄は縄を構成する諸原子の集合に過ぎないと言えます。その意味で、（一）が転換して生じた（二）の縄の認識も、実のところ、真実の存在ではありません。

これに対して、（二）から（三）への転換はどうでしょうか。直前に述べたように、（二）の縄の認識は、縄を更に麻に分解できるから、誤った認識です。一方、（三）の麻の認識の場合、麻は縄の構成要素ですから、縄と麻を比較すると麻のほうがより正しい認識です。この意味で（二）は誤った認識を、（三）は正しい認識を喩えています。

ここから分かるのは（二）の役割です。（一）との関係から言えば（二）は正しい認識ですが、（三）との関係から言えば誤った、不充分な認識です。つまり（二）依他起性には、三性を繋ぐ介在的な性格があり、正しい認識と誤った認識という二重性があるということが分かるでしょう。「正しい認識と誤った認識という二重性」と表現するかわりに、（二）依他起性に存する「悟りと迷いの両面に繋がる中立的性格ないし中性的性格」と表現することもできるでしょう。このような、まったくの誤知から世俗的な正知へ、世俗的な正知から真実の正知へ、という認識の三段階を示す理論が、瑜伽行派の三性説です。既に上に触れたように、（三）の究極的真実を述べる立場は、理論を徹底させようとするならば「麻」で説明を止めるべきではなく、更に麻の構成要素である諸原子に分解すべきであり、更に諸原子すらも実在しないとして唯識性に言及するのが望ましいのですが、説明がそこまで及んでいない理由はいくつか考えられます。大きな理由の一つは、三性説は根本聖典『瑜伽師地論』の本地分に説かれる、瑜伽行派の最も早期の理論の一つであるのに対して、原子の実在とその論駁を示す論書は、『瑜伽師地論』より後のヴァスバンドゥ『唯識二十論』であるので、三性説が形成された当初には原子説や原子説の否定という論点が瑜伽行派の中にまだ芽生えていなかったと考えられます。更に言えば、一般的な佛教教理学から見た時、このような三性説が、佛教で広く説かれる世俗的真実（「世《せ》俗諦《ぞくたい》」）と究極的真実（「勝義諦《しょうぎたい》」）という真実二種説（「二《に》諦《たい》説」）を背景とすると考えることもできます。

三性説を迷いから悟りへの転換の論理とみなし、特に（二）依他起性に、誤知から真実知に認識が転換する構造（二重）を認める時、このような迷いと悟りの二重性ないし中立性を保証する認識の理論体系は通常の六識説ではありません。アーラヤ識を認める八識説こそが、その根拠となります。我々が煩悩から離れられず迷い続けている段階でアーラヤ識は迷いをため込む貯蔵庫としてはたらきますが、我々が煩悩からきっぱりと離れ、悟りの段階に至ると、同じアーラヤ識が、今度は悟りの根拠、悟りの最も深い根源としてはたらきます。この意味で、三性説中の依他起性とまったく同様に、アーラヤ識にも「悟りと迷いの両面に繋がる中立的性格ないし中性的性格」があります。[注5]

このように、三性説は、アーラヤ識の理論と切り離すことができません。そこで次に、アーラヤ識とは何かの概説に進むことにしましょう。

第三節 ❖ アーラヤ識

瑜伽行派に特有の術語として真っ先に上がるのが「アーラヤ識《しき》 ālaya-vijñāna」という言葉です。中国佛教において、北魏《ほくぎ》の菩提流支《ぼだいるし》と陳《ちん》の真諦《しんたい》は、それを「阿黎耶識《ありやしき》」や「阿梨耶《ありや》識」と、唐の玄奘は「阿頼耶《あらや》識」と音写しました。意味を訳す場合は「蔵《ぞう》識」や「（第）八識」と言います。本節では、この唯識の基本語のあらましを整理してみたいと思います。

サンスクリット語の「アーラヤ」は動詞語根アーリー ā√lī（置く・住する）から生じた名詞で、貯蔵することを意味します（もう一つの意味として、初期佛教以来、執着することを表す場合もあります）。ともかく「アーラヤ」に難解な哲学的意味はありません。喩えば今もインドの街を旅すると、サンスクリット語と同じ字体のナーガリー文字で「カーリヤアーラヤ kārya-ālaya（カーリヤーリィ）」と書いてあるヒンディー語の看板を見かけます。ヒンディー語の発音はサンスクリット語と少し異なりますが、この語形がサンスクリット語に直接由来するのは確かです。サンスクリット語で「カーリヤ」は為すべき事柄を意味し、「アーラヤ」は蔵・貯蔵庫を意味しますから、「為すべき事柄のための蔵（カーリヤアーラヤ）」とは一体何のことかと考え込んでしまいますが、ごくごく普通の言葉として、単に「仕事で〔人が〕集まる所（オフィス）」なので事務所・仕事場のことを言うのです。これはほんの一例ですが、「アーラヤ」は難しく深遠な哲学的な用語でなく、日常語であるということがよく分かるでしょう。

アーラヤ識という語は、執着や愛着を意味する語として初期佛教の『阿含経《あごんぎょう》』で既に使われています。それを特別な術語として使い始めたのは、瑜伽行派最古の聖典『瑜伽師地論《ゆがしじろん》』です。玄奘訳『瑜伽師地論』百巻は、百箇所以上で「阿頼耶」を用います。百巻中、最も古い頃に成立したと推定されている前半五十巻の「本地分《ほんじぶん》」と呼ばれる箇所に限っても、「阿頼耶」は二十回近く現れます。

✽ 認識は八種

瑜伽行派では我々の心の中にある認識（ヴィジニャーナ vijñāna、「心」および「意」と同じ意味）を八種に分類し、最後の第八を最も奥深い認識（深層心理）としてアーラヤ識（貯蔵庫となる認識、心の溜まり場）と呼びます。八識説は瑜伽行思想の特徴であり、アーラヤ識について説く最も古い書物は『瑜伽師地論』前半の「本地分」に見られます。

通常、佛教内の他学派や非佛教徒の思想では、認識を六種に分けます。つまり「六識説」が普通なのです。六識は、我々の五感――五種類の感覚器官による知覚（＝視覚・聴覚・嗅覚・味覚・触覚）と、心の中に起こる認識を意味する「意識」を合わせた合計六種を指します。「意識」は、五感に基づいて心で更に考えるはたらきや、五感と関係なく苦や楽などを感受するはたらき、過去や未来のことを考えたり、目の前のことを繰り返し考察したり、理詰めで思考したりする心のはたらき等々を総称して呼ぶ言葉です。したがって「意識」は更に何種類にも細かく分けることができます。ともかく、これら六種に分けて心のはたらきを分類するのが、通常の六識説です。

ところが瑜伽行派は、心のはたらきは生きる上で最も重要な活動と見なすため、六識だけでは心の十分な分類とせず、六識の背後といいましょうか、深いところにといいましょうか、更に二種類の認識がはたらいていると考え、それらを「第七識」と「第八識」と呼びました。
「第七識」は、我々が迷いの世界を彷徨《さまよ》い続ける根拠となる、煩悩によって汚れた心を指し、「染汚意《ぜんまい》（クリシュタ・マナス kliṣṭa-manas）」という術語で呼びます。染汚を「ぜんま」と呼ぶのは伝統読みです。「意《い》」は、「識《しき》（認識）」および「心《しん》」と同じ意味で用います（「心」「意」「識」を同義語とする説は瑜伽行派に限らず、佛教で広く一般に認められています）。この認識を漢字で「末那識《まなしき》」とも言います。
これら六識と第七識より更に奥の、心の最も深いところに存在する識が「アーラヤ識（＝阿頼耶識＝阿黎耶識＝阿梨耶識）」です。我々凡夫のアーラヤ識は迷いの根拠であり、迷いと誤知の貯蔵庫ですが、長時間をかけて修行を進め、その最終段階で煩悩と余韻（残り香）のすべてを離れると、「転依《てんね》」（拠所《よりどころ》の転換、アーシュラヤ・パラーヴリッティ āśraya-parāvṛtti）が起こり、アーラヤ識は、汚れを離れた清浄の極みである「真如」（「あるがまま」）にからりと転換します。[注6]
誤解される可能性があるのを承知で、敢えて現代の心理学や哲学の言葉で言い表すなら、アーラヤ識は無意識のうちに心の表層に作用する究極の深層心理であると言えます。すべての心のはたらきと経験は表層的な六識に止まらず、行為や経験の結果を、第七識を介在して、第八アーラヤ識に貯め込みます。その意味で「アーラヤ（蔵）」は、経験したありとあらゆる認識の貯蔵庫（アーラヤ）なのです。

❈ 六識は一種だけが起こることも六種が同時に起こることもある

瑜伽行派がアーラヤ識の存在を認めることと関わる理論に、六識（視覚・聴覚・嗅覚・味覚・触覚・意識）が同時に起こるかどうかをめぐる理論があります。「識」とは認識・識別であり、「識」と「心」と「意」は同義語です。説一切有部は「二心の併起《へいき》を認めない」という立場を採り、ある一つの瞬間に生じる心（＝識）はただ一つであると主張し、六識が同一瞬間に同時発生することを否定しました。説一切有部は、六識よりも深層の心は存在しないと考えたため、もし六識が同時に発生するなら、それは一人の人間に六つの心が別々に存在しているという不都合を認めざるを得ないと考え、六識の同時発生を否定したのです。

一方、瑜伽行派は、六識は瞬間ごとにそれぞれ単独で起こることもあるが、二種類以上の識が同時に発生することもあると見なしました。その背後にあるのがアーラヤ識の存在です。瑜伽行派にとって、六識は単なる表層的認識に過ぎません。その裏に第七識と第八識とがあり、第八のアーラヤ識がすべての認識の根源として貯蔵庫の役割を果たしています。それ故、ちょうど大海原のあちこちに多くの波が立つのと同じように、アーラヤ識という根源の上に生滅する六識は同時に発生することもあり得ると考えました。ヴァスバンドゥ『唯識三十頌』は、五識（意識以外の五識）を［大海の］波（波浪）に、根本識であるアーラヤ識を［大海の］深水に喩えています。

加藤孝造

Katō Kōzō

心にうかぶことども

ふっと気がつけば手を合わせている
何とも云えない安らぎを覚える
年をとると昼夜を問わず夢を見る……
土の中　画筆の先からボンヤリと　ブッダ　ニョライ　ボサツ　あらゆるものの姿が
うかんではきえてゆく　一瞬の幻影だろうか　一人の自分が居座っているのを気づく
又々の日　蓮華の中に立つ童子　雪の舞う中に立つ雪の子　吹き抜ける風の中に立つ風の子
次々と名も知らぬ童子達……笛の音も聞こえてくる
又々の日　中国に古寺石佛壁画を訪ねること二十数年
春秋を共にした日々
年たりて突然心に住みついていた諸佛が姿を現してくる
煩悩を抱いたまま手が合わさっている
これが祈りというものだろうか
　山高水長　物象千萬

加藤孝造——「志野輪花大鉢」

第四節 ❖ 悟るための修行

本章第一節に、ヴァスバンドゥに先んずる時代、唯識――この世の一切は認識のはたらきのみである――ということを論証し、人々を納得させるために、当時最新の自然科学・自然哲学として認められていた「原子」の存在を理論的に否定したことを解説しました。その際に、原子の実在が成り立たないことを理詰めで証明しても、そのことと自らの心をうまく統制し安楽を得ることは別の次元に属するということも指摘しました。理屈で分かる事柄と、自らの存在すべてを通じて体験する真理は違うのです。悟りを得られないからずるずると繰り返してしまうことや、頭から離れないことは、宗教と遠く離れた喩えなのでかえって誤解を招くかも知れませんが、ちょうど喫煙は体や社会、環境に悪いと頭で分かっただけでは止められないのに似ています。同じように、心の外には何も実在しないことが理屈として分かっても、それでもしばしば、その存在しないはずの外界に心を乱されたり、そそのかされたりするのが人間というものです。外界は実在しないと頭で分かった上で、我々はどのように行動すべきか、何を修行すれば心の真の安らぎを得られるかが肝要です。

頭の中だけで分かったつもりになるのでなく、全身全霊をかけて真理を体得するために行うべき修行とは何でしょうか。

第一章第二節で、大乗の修行とは、菩薩として生きることであり、現世に限らず、何度生まれ変わっても菩薩の修行を繰り返すという決心と覚悟が是非必要であると述べました。このことは瑜伽行派の修行にもそのまま当てはまります。気が遠くなる程の無限に近い将来まで片時も休まず、利他行を続けることを一大決心し、それを実現すべく膨大な時間を輪廻転生してゆく修行者が菩薩です。

❉ 五姓各別説――悟れる人、悟れない人

瑜伽行派独自の説として、修行者の機根《きこん》（生まれつきの素質）を五種に分け、修行すれば将来に悟れる人と、どれだけ努力しても悟れない人がいることを説きます。これを五姓各別《ごしょうかくべつ》――五種の素質はそれぞれ別であり変えられない――の説と呼び習わしています。中国では古い時代からこの「五姓」を「五性」とも書き表しましたが、元の意味から考える時、より適切なのは「五姓」です。姓は「種姓《しゅじょう》」とも言い、生きものが生まれながらに備えている本来の性質・素質（サンスクリット語「ゴートラ gotra」、氏族・種族の意）を指します。五姓というのは次の五種類です。

㈠　**菩薩定姓**《ぼさつじょうしょう》　菩薩として修行して将来必ず悟りを得て佛になれると確定している者
㈡　**独覚定姓**《どっかく》　独覚（＝縁覚、他者を顧みず一人で悟る者の意）になると確定している者
㈢　**声聞定姓**《しょうもん》　声聞（部派佛教の修行者）として修行成果を得ると確定している者
㈣　**三乗不定姓**《さんじょうふじょうしょう》　菩薩・独覚・声聞のいずれになれるか、修行の初めには確定していない者
㈤　**無姓有情**《むしょううじょう》　どんなに修行しても悟れないと最初から確定している者

瑜伽行修行者は、㈠**菩薩定姓**に属し、輪廻転生を超えて菩薩として自利と利他の修行を続け、最後に自ら佛となることを目指します。㈡と㈢は菩薩行でないので、瑜伽行派の修行目的ではありません。最も問題となるのが㈤**無姓有情**です。これは、生まれながらにして悟る可能性を持たない者です。それを知らずに菩薩行をある段階まで行い続けることは可能でも、どのようにしても佛となるという成果に辿り着けないことが初めから定まっている者です。

五姓各別説の芽生えとも言える早期の説は『解深密経』にあり、その後、『楞伽経《りょうが》（ランカーアヴァターラ・スートラ）』に五姓が明記されるようになりました。一方、論書における㈤無姓有情の詳説は、ダルマパーラ『成唯識論』巻三と大乗基『成唯識論述記』巻一本とに見ら

れます[注7]。

※五　道——修行の五段階

インドの瑜伽行思想に基づいて中国で法相学が生まれ、それが日本に伝わると、奈良・平安時代の法相宗の修行論が体系化しました。その要点を簡潔に説明すると以下の通りです。

第一「資糧道《しりょうどう》」の（一）初発心《しょほっしん》　修行者は、自他共に認める菩薩となることから修行も始めます。具体的には菩薩の誓願を発することと、菩薩戒を受ける儀式を済ませます。

第一「資糧道」の（二）十信位《じっしんい》　菩薩は修行が進むに従って境位を深めて行きます。菩薩の境位は、大別して、凡夫《ぼんぶ》（まだ真実を何も悟らない一般人）と、聖人《せいじん》（真実を悟り、煩悩を少しずつ除去する聖者）の二段階があります。そして更に凡夫の段階は、修行を始めたばかりの低い「外凡夫《げぼんぶ》」の段階と、ある程度修行を経たけれどもまだ煩悩を除去するには至れない「内凡夫《ないぼんぶ》」の段階とに区別できます。初発心の次にまず菩薩は外凡夫位《い》に入り、十項目の心を身に付けます。それを十信心《じっしんじん》と言いますが、それを説く経典は『菩薩瓔珞本業経《ぼさつようらくほんごうきょう》』巻上「賢聖名字品《けんしょうみょうじぼん》」です。すなわち信心・念心・精進心・慧心・定心・不退心・廻向心・護心・戒心・願心の十心を体得します。

第一「資糧道」の（三）十住心位《じゅうじゅうしんい》　その後、菩薩は外凡夫位から内凡夫位に進み、その四種の初位である十住心位に入ります。その十項目は、同経巻上「賢聖学観《がくかん》品」に、発心住・治地心住・修行心住・生貴心住・方便心住・正心住・不退心住・童真心住・法王子心住・灌頂心住であると説かれています。

第一「資糧道」の㈣十行心《じゅうぎょうしん》位　次に菩薩が修めるべき心は、内凡夫位の第二位である十行心位に入り、歓喜心行・饒益心行・無瞋恨心行・無尽心行・離痴乱心行・善現心行・無著心行・尊重心行・善法心行・真実心行を修めます（同経巻上「賢聖学観品」）。

第一「資糧道」の㈤十廻向心《じゅうえこうしん》位　更に内凡夫位の第三位である十廻向心位に入り、救護一切衆生離相廻向心・不壊廻向心・等一切佛廻向心・至一切処廻向心・無尽功徳蔵廻向心・随順平等善根廻向心・随順等観一切衆生廻向心・如相廻向心・無縛解脱廻向心・法界無量廻向心を修めます（同経巻上「賢聖学観品」）。以上に列挙した㈢十住心と㈣十行心と㈤十廻向心を、内凡夫の「三十心《さんじゅうしん》」――三十種の心の意でなく、三種の十心の意――と呼び習わし、「資糧《しりょう》位《い》」と総称します。

第二「加行道《けぎょうどう》」　十廻向心位の第十「法界無量廻向心」を得た菩薩は、次に「加行位《けぎょうい》」または「四善根位《しぜんごんい》」、「順決択分《じゅんけっちゃくぶん》」と呼ばれる段階に進みます。「加行」という翻訳のサンスクリット原語「プラヨーガ prayoga」は、〔次に菩薩十地の初地に入るための〕準備的実践を意味します。更に法相学の窺基は、漢字二字を分解して、「功徳を重ね加えて〔菩薩の十地の〕

初地に進み行くから「加行」と言うなど、何通りかの説明をしています（大乗基『成唯識論述記』巻九末「加功而行初位、亦名加行」）。この加行位には「煖《なん》」（同じ意味で「煗《なん》」とも）・「頂《ちょう》」・「忍《にん》」・「世第一法《せだいいっぽう》」の四段階があり、この順に境位が高まります。苦《く》・集《じゅう》・滅《めつ》・道《どう》の四諦《したい》（四聖諦《しょうたい》とも）を対象として分析的に観察し、四段階の境地を順に少しずつ深めます。

第三「通達道《つうだつどう》」 加行道の最終段階で世第一法（世俗知の最高位）に達すると、その直後に修行者は理知的な煩悩から離れ、菩薩の十地の第一「初地《しょじ》」に入ります。ここに至るまでに資糧道と加行道の膨大な修行を経たため、初地に到達した菩薩は喜びに溢れます。それ故、初地のことを「歓喜地《かんぎじ》」（喜びに満ちあふれた段階）とも呼びます。また、部派佛教の修行では煖・頂・忍・世第一法の次に到達する境地を「見道《けんどう》」（真理を目の当たりにした修行道）と呼ぶため、それに相当する大乗の境地である「初地」のことを同じく「見道」とも呼び習わします。

ここで一つ、要点を説明しておかねばなりません。五道のうち、第二の境地と第三の境地には著しい違いがあります。すなわち加行道の最終位「世第一法」までの段階を「世間道《せけんどう》」（世俗的な修行段階）と呼び、その修行者は菩薩ではありますがまだ凡夫《ぼんぷ》に止まり、煩悩を脱することができていません。それに対して、世第一法の次に初地に入ると、初地およびその後を「出世間道《しゅつせけんどう》」（世俗を超えた修行段階）と呼び、修行者の菩薩の境位は「聖人《せいじん》」（せいじん・しょうにん)」に上ります。但し初地の段階は聖人の初位に過ぎず、煩悩がまだ身から完全に離れていませんから輪廻転生を繰り返します。

第四「修道《しゅどう》」 次に修行者は、菩薩の二地から十地までを、とても長い時間をかけて順に修得していきます。その段階では初地の段階ではまだ除去できなかった煩悩から徐々に離れ、清浄さを高めます。十地それぞれの要点は『十地経』に説かれています。また、大乗の「修道《しゅうどう》」は、部派佛教における修行の「修道《しゅどう》」に相当します。

第五「究竟道《くきょうどう》」 菩薩は「転依《てんね》」を果たして修行最高位「十地」に到達すると、菩薩としての修行は完了しますが、更に自らを高める境地が残されています。それを「佛地《ぶつじ》」と呼び、「妙覚地《みょうがくじ》」「等覚地《とうがくじ》」の二段階があります。二地は先に言及した『菩薩瓔珞本業経』の「賢聖名字品」の説を承けています。

✽ 修行に要する時間

菩薩が初発心してから佛となるまで、どれ程の時間が必要でしょうか。一般に佛教では、修行を遂げるために必要な時間は「三阿《さんあ》僧祇《そうぎ》劫《こう》」であると言います。「劫」はカルパという長大なインドの時間単位、「阿僧祇」は「数えられない」を意味するサンスクリット語で、それ自体、数の単位でもあります。

◇表9　菩薩の五道

修行は「↑」の順に図の下から上に進む

究竟分	正覚菩提	妙覚地→等覚地	佛地	聖人位
修道分	修道	二地→…→七地→八地→九地→十地	菩薩十地	
通達分	見道	↑初地		
加行道	順決択分	煖→頂→忍→世第一法＝四善根	—	内凡夫位
資糧道	順解脱分	↑十廻向心	三十心	
		↑十行心		
		↑十住心		
		↑十信心	—	外凡夫位
		菩薩誓願→受菩薩戒＝初発心位		

カルパの長さは十の五十九乗や十の五十六乗である等と数字で明示する解説もありますが、ここでは有名な鳩摩羅什訳『大智度論』（大乗経典『般若経』の注釈）が、「劫《こう》」を数値化せず、二つの喩えで説いているのを紹介しましょう。一つ目の喩えはこうです――、極めて長寿の人がいたと仮定します。彼は四十里四方（約二十メートル四方）の大岩石を、百年ごとに、極めて細い糸で織り込んだ柔らかな衣ですっと一撫でします。すると、ほんの僅か岩が削られ摩滅します。これを百年ごとに繰り返せば、大岩石は少しずつ削られ、遂にはなくなります。もしそれだけ長い時間をかけても、それはカルパの長さに及ばないと『大智度論』は説きます。もう一つの喩えはこうです――、四十里四方の大きな街があるとします。街の外側は高い壁で囲まれています。その街すべてを小さなマスタード粒で満たし一杯にします。さて、極めて長寿の人がいたとします。百年に一度やって来てマスタードを一粒だけ取り除きます。これを百年ごとに繰り返せば、街を覆っていた無数のマスタード粒も遂にはなくなります。もしそれだけの長い時間をかけても、カルパの長さに及ばないと説きます（『大智度論』巻九）。――ばかばかしくも納得してしまう、実にインド的な喩えです。ともかくこのように喩えられる長時間が一カルパです。しかしインドの時間観念はこれで終わりません。修行すべき長さは三阿僧祇劫ですから、上に述べた長大なカルパを数え切れないだけ繰り返した、その三倍です。日本人の常識からすると、まるで無限×無限×3のような、考えつく限り長い時間です。それだけの長さを修行に費やして初めて人は菩薩から佛に至ることができると、インドの大乗佛教は説きます。ただただ恐れ入るばかりです。

では瑜伽行派の菩薩の修行も同じ長さかというと、違います。無著《アサンガ》造・玄奘訳『摂大乗論』巻九はこう説きます――「小乗（部派佛教）は三阿僧祇劫でブッダとなることができると説き示すが、大乗ではブッダとなれるのは三阿僧祇劫の後とも、七阿僧祇劫の後とも、三十三阿僧祇劫の後とも説き示す」（大正新脩大蔵経三一・二二八上）。中国の法相教理学を整理した日本の鎌倉前期の良算《りょうざん》撰と伝えられている『成唯識論同学鈔《じょうゆいしきろんどうがくしょう》』巻九之二は、十地の初地に入るまでに一阿僧祇劫を、初地から七地までに一阿僧祇劫を、八地以降の修行に一阿僧祇劫を要し、合わせて三阿僧祇劫かかると解説します（大正新脩大蔵経六六・五二九中）。これは右掲『摂大乗論』と異なる諸説のうちの一つの如くです。いずれの説にせよ、菩薩が修行し始めてから佛となるまで、とてつもなく長い時間を要するのは間違いありません。

✽ 瑜伽行派学僧たちの到達境位[注8]

悟りに要する三阿僧祇劫や三十三阿僧祇劫がいかに長いかは、余りにも桁が大き過ぎるため、現代日本の我々にはかえって実感しにくいのではないでしょうか。そこで参考までに、インドと中国の佛教史に現れた著名な菩薩について、彼らが現世で一体どれ程の階位まで達したと言い伝えられているかに触れておきたいと思います。

インド初期瑜伽行派の三菩薩の伝承を簡潔に紹介します。

（一）マーイトレーヤ　一人目は、瑜伽行派の祖師マーイトレーヤ（弥勒）菩薩の階位です。中国の伝承によると、マーイトレーヤは瑜伽行派根本聖典『瑜伽師地論』の著者であり、菩薩の最高位である十地に到達したと信じられています。

（二）アサンガ　二人目はマーイトレーヤから直々に教えを受けたアサンガ（無著）菩薩です。最勝子等造・玄奘訳『瑜伽師地論釈』（『瑜伽師地論』に対するジナプトラらの注釈）巻一は、瑜伽行派の始まりについて次のような逸話を紹介します。

〔釈迦牟尼《しゃかむに》〕佛《ぶつ》が涅槃《ねはん》した後、佛説に対する障礙《しょうがい》が紛然と沸き起こり、部派の教えに執《と》われた見解が競うように噴出し、多くの者たちが〔事物は確かに存在するという〕実在論《リアリズム》に縛られた。〔そこで〕ナーガールジュナ菩薩は歓喜地《かんぎじ》（菩薩の十地中の「初地《しょじ》」の別名）を体得し、〔一切に〕決まった姿などなく、空であるということを説く大乗の教えを集めて『中論《ちゅうろん》』等を著し、真実の要諦《ようたい》を究めて説き弘め、人々の実在論《リアリズム》の弊害を払拭《ふっしょく》した。そしてアーリヤデーヴァ（聖提婆）などの大論師たちも『百論《ひゃくろん》』等を著わし、〔ナーガールジュナの〕本義を弘め明らかにした。このため今度は、衆生たちが〔事物は何も存在しないという〕虚無論《ニヒリズム》（非実在論）にとらわれるようになってしまった。〔そこで〕アサンガ菩薩は、初地の位に登り、法光定《ほうこうじょう》〔という三昧《さんまい》〕を体得し、大神通力を得て、偉大にして尊きマーイトレーヤに師事してこの『（瑜伽師地）論』を〔何も理解していない人々に〕に説いてくださるよう懇願した。……

（最勝子等『瑜伽師地論』巻一）

ここでは無著が初地に登り、法光定（ダルマの光という三昧）の境地に入り、弥勒と接触をもったとされます。その後、インドでは、アサンガは三地に達したという伝承も新たに生まれ、それがチベットにも伝わったことが、十四世紀前半チベットの『プトン佛教史』に明記されています。

（三）ヴァスバンドゥ　アサンガの実弟ヴァスバンドゥに関するインド・チベットの伝承は不明ですが、中国の伝承では、ヴァスバンドゥは初地に到達できぬままこの世を去ったとされます。

ヴァスバンドゥが到達した境位を説く最早期は特定できませんが、少なくとも六世紀中期インド僧の真諦（パラマアルタ、生卒年は四九九～五六九）は、ヴァスバンドゥは凡夫のまま去ったと記します。

〔ヴァスバンドゥは〕アヨーディヤー国（現在のウッタル・プラデーシュ州北部ファイザーバードの東）で逝去した。享年は八十。〔ヴァスバンドゥは〕凡夫で終わったが、〔説いた〕理法は、常人の思い計らいを超え、真に奥深いものであった。

（真諦訳『婆藪槃豆伝』。大正新脩大蔵経五〇・一九一上）

更に唐代、玄奘によって瑜伽行派の思想と伝承は更に弘まりました。弟子の大乗基（生卒年は六三二〜六八二）は複数の著作にヴァスバンドゥの到達境位を述べています。大乗基『成唯識論掌中枢要』巻上本は、上述の最勝子（ジナプトラ）造『瑜伽師地論釈』と同じアサンガ初地説に簡単に触れた後に、こう説きます。

ヴァスバンドゥ、唐の言葉で世親、という菩薩がいた。アサンガ菩薩の同母弟で、境位は明得《みょうとく》〔定《じょう》〕に過ぎず、極喜地《ごくきじ》（＝歓喜地《かんぎ》＝初地《しょ》）の直前であった。

（大正新脩大蔵経四三・六〇八上）

「明得〔定〕」が何かの説明は割愛しますが、菩薩の初地に至る前の準備的な一段階で、順決択分《じゅんけっちゃくぶん》（四善根位《しぜんごんい》）の第一「煖《なん》」を言い換えた、大乗佛教に特有の用語「アーローカアーラブダ・サマーディ ālōkālabdha-samādhi」（光明を獲得した三昧）を漢字に翻訳した言葉です。[注9] しかしそれはまだ凡夫の段階であり、聖者の初位である初地に入る前の段階でした。大乗基の説く、ヴァスバンドゥは凡夫の境地に過ぎなかったという伝承は、真諦による伝承と基本的に一致するものです。

始祖マーイトレーヤを十地の菩薩であったとする伝承はさもありなんという感じですが、アサンガとヴァスバンドゥはどうでしょうか。立派な学僧にしては低過ぎると思う諸兄もいるでしょう。しかしそう解釈すべきではありません。なぜなら、菩薩行には、十地に至るまでの長い準備段階があるからです。十地といえば大乗初期経典『十地経』に説かれる程、有名な菩薩の実践項目であり、それだけを見れば、偉大な学僧が単なる駆け出しの初地であるのは筋が通らないと思うかも知れませんが、初地は出発点でなく、初発心《しょほっしん》の後に資糧道《しりょうどう》・加行道《けぎょうどう》を経て、やっと到達できる高い境位です。瑜伽行派の修行において、初地は決して出発点ではなく、長い準備の果てに至れる修行の高い境地なのです。

千住 博

「「断崖図」に寄せて——佛教と崖——」

Senju Hiroshi

菩提達磨が崖に向かって座禅をしたといわれる嵩山少林寺を訪ねた知人が、その崖を見て、なんの変哲もない崖であったと話してくれたことがある。私はその話に弘法大師が重なった。私が高野山金剛峯寺の襖絵を描いていた時、お大師様が若き日に修行をした讃岐の崖を訪ねたが、それは四国のよくある崖であったし、光が口に飛び込んできたという有名な洞穴も、ひときわ凡庸な崖に穿《うが》たれていた。そしてそこからの眺めは、ただ空と海が広がっているだけだった。達磨大師も弘法大師も、結局見ていたのは崖ではなく自身の内面だったのかと思った。

崖は確かに今生のメタファーかもしれない。私はこの作品で、断崖のような厳しい環境でも必死に生きる生命のエネルギーを、樹木を通して示したかった。崖を描いてみて、この光景は外界のどこにも存在せず、作品は私の主観が知覚像として創造したものだから、人の心の中にはなんと広大無辺な広がりがあるのだろうかと思った。それは人も宇宙の一部という証左かもしれない。同時に、ここにしか私には確かなことはない。しかしながら描いている作品は日々見え方が違うから、なかなか完成しない。自分ほど当てにならないものはない、と制作しながらいつも思う。そして以前に描いた作品を気に入ったのでもう一回描こうとしても、そのイメージは過去の中に消えてしまっていて、二度と思い出せない。

一回限りで、無常。それらが制作の内実だと思っている。

千住　博――「断崖図」

奥田小由女——「樹下浄韻」
（額装　井上和好）

奥田小由女

Okuda Sayume

佛教をテーマに制作依頼されたのは初めてです。

菩提樹の下で悟りを開かれたお釈迦様が、捧げられた蓮の花を手に清らかな祈りや法をお説きになっておられるところを描写しました。最初は立体で佛様を創る事を考えましたが、立体は佛師など専門家がおられるので、私にしか出来ない方法として周囲の表現や色彩を用いることができる半立体造形のレリーフという形態を選択しています。お釈迦様の両脇には菩提樹の木をそえて中央には太陽を金箔で表現しました。制作の過程では、精神的に研ぎ澄まされたお顔にしたいとか、男性や女性の性別を超えた凛としたお顔にしたいとか様々な思いが駆け巡り、それが最も難しい点でした。最終的にこのような題材は作り手も精神的なものを身に付け、磨いておかないと手掛けることはできないという事に気づく程苦しい工程で悩みました。

衣全体に金を沢山用いましたが、その上に貝殻を主原料とする胡粉《ごふん》を膠液《にかわえき》で丁寧にといたものをうすく塗って、故意に艶を抑えています。額装は祭壇式を採用し、レリーフ作品が浮きたつ様に造形して下さいました。お釈迦様のように内面から滲み出る輝きといったものを、間近で観て感じて頂けましたらと思います。

第五節 ❖ 佛の三身説

最後に、瑜伽行派がブッダをどのように捉え、自らと繫げたかを説明します。ブッダとは佛教の開祖である釈迦牟尼（シャーキャ・ムニ、シャカ族の聖者の意）を指しますが、その他、「三世十方諸佛」と言うように、過去・現在・未来の三世にわたり十方（四方・四維・上下）の、我々には見えない遠くに、夥しい数のブッダがいるとも説かれます。時間の流れに沿って言うと、過去には釈迦牟尼に到るまで七代のブッダがいて、遠い将来にはマーイトレーヤ菩薩がマーイトレーヤブッダとなって我々の住む閻浮提《えんぶだい》（ジャンブドゥヴィーパ、この地上世界）に降臨すると信じられています。言うまでもなく「ブッダ」はサンスクリット語で「目覚めた者」を意味し、比喩的表現として、煩悩だらけの闇夜から目覚め、悟った者を意味します。

❇ 二身説[注10]

釈迦牟尼の生前は、弟子たちは釈迦牟尼を間近に見て教えを受けましたが、佛が八十歳で般《はつ》涅槃《ねはん》に入り肉体を滅した時から、佛弟子たちはブッダの身体を二種に分類し始めました。肉体を備えるブッダを「色身《しきしん》」（ルーパ・カーヤ rūpa-kāya 物質的な身体）と呼びました。ブッダを火葬（荼毘《だび》）し、ストゥーパ（佛塔）に遺骨を納めましたが、しかしブッダは火葬後も消滅せず、存続していると信じられました。般涅槃後のブッダを「法身《ほっしん》」（ダルマ・カーヤ dharma-kāya 真実・真理そのものとしての身体）と呼び、「法」（ダルマ）とはブッダの教えとして「経典」（スートラ）の形をとり、「法身」は「色身」の死滅後も存続していると考えました。このような「色身」と「法身」の二種から成る佛身説《ぶっしんせつ》を二身説《にしんせつ》と言い、「化身《けしん》」（肉体を備えてこの世に変化した身）と「法身」を二種とすることもあります。初期佛教の佛身説はこのような二身説です。

　マウリヤ朝アショーカ王の時代に、初めて「上座《じょうざ》部」と「大衆《だいしゅ》部」の二つの部派が生まれ、佛教教団の分裂が始まりました（根本《こんぽん》分裂）。その後、それぞれが更に細分し、二十前後の小さな部派に分かれました（枝末《しまつ》分裂）。こうして起こった部派佛教の時代、佛教徒は自らの修行目標として、自ら釈迦牟尼と同じ次元のブッダになることは事実上不可能と諦め、そのかわり、ブッダより一段低い「アルハト」（阿羅漢《あらかん》、供養を受けるべき者の意）になることを自らの目標と定めました。その時代の佛身説も二身説でした。ただし歴史に実在した釈迦牟尼は滅し、釈尊がこの世に蘇ることはありません。したがって部派佛教において「色身」とは過去に死滅した釈迦牟尼またはそれ以外の過去佛か、または、佛の神通力によって仮の姿をとってこの世に現れる「化身」であるかのいずれかでした。

この後、西暦紀元頃あるいはその直前頃に新興の大乗佛教が生まれ、修行の仕方と目標を部派佛教とは異なる形で設定しました。すなわち修行者は、自利行と利他行を兼ね備えて他者を済度する「菩薩」（ボーディサットヴァ）として修行し、自他の目標を「アルハト」になることでなく、部派佛教徒が諦めた「ブッダ」となることに刷新しました。このようにして、社会全体の向上、果ては社会の成員すべての成佛を目標に掲げ、自らは現世のみで修行するのでなく、来世も来々世も、ずっと菩薩として生き続けることを目指しました。

大乗佛教の最早期は経典のみが現れた時代であり、次いで経典の内容を整理し体系化して理論付する論（論書）を著作する最初の学派として「中観派《ちゅうがんは》」が登場しました。しかし中観派までの大乗佛教徒は佛身説として二身説を保持しました。その点は初期佛教・部派佛教と共通しています。

早期の大乗経典のうち「法身」と「色身」の二身説を説くのは『般若経』（鳩摩羅什訳『摩訶般若波羅蜜経』十巻、通称『小品般若経』）です。中観派の始祖ナーガールジュナは『十住毘婆沙論』（菩薩の十地説の解説）において「法身」と「色身」を対にして複数回用いています。

✲ 三身説[注11]

このような流れの中でインド大乗第二の学派である「瑜伽行派」が現れると、佛身説に大きな変化が起こりました。三身《さんしん》説の登場です。三身説とは佛身を三種に分類する新たな説です。三種とは何か、幾通りかの言い方があります。漢字で表記すると、「法身《ほっしん》・報身《ほうじん》・応身《おうじん》」（または化身《けしん》または変化身《へんげしん》）や、「法身・受用身《じゅゆうしん》・化身」や、「自性身《じしょうしん》・受用身・変化身」などの言い方です。どの表記を用いるかは翻訳者と年代によって異なります。一覧表にすると大凡《おおよそ》次頁【表10】の通りです。

このうち早期の例はアサンガ『摂大乗論』です。アサンガの時に三身説を唱え始めました。従来の二身説と瑜伽行派の三身説の違いは「受用身」を別に立てた点にあります。「受用身」は〔真実を〕享受する身体《からだ》（サンスクリット原語「サーンボーギカ・カーヤ」、「楽しむ体軀」の意）という意味ですが、そこには二重の性格が備わっています。すなわち、人間的・肉体的なブッダである「色身」を基にしながら、幻のように現れるのでなく、真実そのもの（翻訳は「法性《ほっしょう》」）が時間的・空間的に具体的に現れた佛として、「色身」を超越する方向と、真実そのものである「自性身」（法身）が聴法者たちの前に具体的に現れ、見佛や聴法を可能にさせるという方向の二つです。この二重性を表すものが悟りの状態からそのまま流れ出て説法するブッダとしての「受用身」です。「法身」がそのまま現象界に流れ出て具象化した佛という意味で、「受用身」のことを「等流身《とうるしん》」や「法界等流身《ほっかいとうるしん》」――法身（真実）がそのまま現象界に

◇表10　三種の佛身

dharma-/svābhāvika-kāya 真実という身体	sāṃbhogika-kāya 〔悟りを〕享受する身体	nirmāṇa-kāya 変化する身体	経典
法《ほっ》身《しん》	報《ほう》身《じん》	応《おう》身《じん》	菩提流支『十地経論』 菩提流支『金剛仙論』
法身	応身	化《け》身《しん》	真諦訳『金光明経』
自性身《じしょうしん》	応身	化身	真諦訳『摂大乗論』 真諦訳『摂大乗論釈』
自性身	受用身《じゅうゆうしん》	化身	笈多訳『摂大乗論釈』
自性身	受用身	変化身《へんげしん》	玄奘訳『摂大乗論』 玄奘訳『摂大乗論釈』
自性身	受用身（自受用身と他受用身）	変化身	玄奘訳『佛地経論』 玄奘糅訳《にゅうやく》『成唯識論』

法身	受用身	化身	義浄訳『能断金剛般若波羅蜜多経論釈』

現れた佛――という言い方によって強調することもしばしばです。

瑜伽行派は、「受用身」という用語を創設しただけではありません。更にそれを「自受用身《じじゅゆうしん》」と「他受用身《たじゅゆうしん》」の二つに細分しました。「自受用身」とは、長い修行の果てに悟った真実を数週間の時間をかけて振り返り、「真実を自ら享受する佛」のことを言います。一方、「他受用身」とは、悟った真実を他の修行者たちに説いて聞かせる佛として利他行につとめる「説法する佛」のことを言います。[注12]

要するに、永遠不滅の真理そのものとしての佛、そしてそれ故に、我々が姿を見たり教えを聞いたりできない佛（法身）が説法している姿、あるいは経典としてこの世に現れて生きものたちを教化する姿を、佛の「受用身」と呼びます。このような説法佛ないし説法の内容をブッダの身体として数え、全体として佛を三種に区別する理論が、瑜伽行派の佛の三身説です。

注1　玄奘訳『摂大乗論本』巻中「如闇中縄顕現似蛇。譬如縄上蛇非真実、以無有故。若已了知彼義無者、蛇覚雖滅、縄覚猶在。若以微細品類分析、此又虚妄、色香味触為其相故。此覚為依、縄覚当滅」（大正新脩大蔵経三一・一四三上）。この箇所をチベット語訳から和訳した研究として長尾（一九八七・四〇～四一頁）を参照。

注2　『大乗法苑義林章』巻一（大正新脩大蔵経四五・二五九上）。

注3　長尾（一九四一／七八・二一六頁）。

注4　無著造・玄奘訳『摂大乗論本』巻中（大正新脩大蔵経三一・一四〇下）。世親造・玄奘訳『摂大乗論釈』巻五も参照（大正新脩大蔵経三一・三四五中）。

注5　勝呂（一九八二・一〇三～一〇八頁「依他起性・アーラヤ識の中性的性格」）。

注6　転依の概説と様々解釈については、早島（一九八二・一五二～一五三頁と一七三頁）、佐久間（二〇一二）ほかを参照。

注7　工藤（一九八二・二三〇頁）と深浦（一九五四・六二九～六三七頁）を参照。

注8　インド瑜伽行派の祖師マーイトレーヤ（弥勒）とアサンガ（無著）、ヴァスバンドゥ（世親・天親）が修行の結果、現世で到達した境位に関する入門的概説と原文資料については、船山（二〇一九b・一四～一九頁）（二〇二〇・一〇七～一一五頁）を参照。更に詳しい学術論文として、船山（二〇〇三）（二〇一九a・三三三～三七九頁「聖者観の二系統」）を参照。本文では割愛したが、唐の玄奘の到達境位と玄奘の兜率天往生への願望については、船山（二〇一九b・一二八～一四〇頁）（二〇二〇・一六一～一七九頁）を参照。

注9　「明得定」の原語と意味については、船山（二〇〇三・一三一頁）を参照。

注10　佛陀の二身説を解説した書として、梶山（一九八七／二〇一三・四四九～四五七頁）を参照。

注11　瑜伽行派の三身説に関する解説として、長尾（一九七一／七八）と梶山（一九八七／二〇一三・四五七～四六三頁）を参照。

注12　「自受用身」と「他受用身」の区別については、長尾（一九七一／七八・二七一～二七二頁）を参照。

並木恒延

Namiki Tsunenobu

大きな川、小さな川、谷間をながれる、せせらぎあり、激流あり……ちょっと考えただけでも様々な流れが思い浮かぶ。一本の川が流れ行く先々で形を変え、周囲の風景も変えて行く。

川は太古より人に深く関わり、その生活を潤してきたし、心も潤してきた。それ故信仰にはなくてはならないものとして今なお存在している。日本に於いても神社佛閣の入口には手洗い場があり、私たちは何のためらいもなく、お清めをしている。伊勢神宮の五十鈴川はそのもっとも象徴的なものではないだろうか。日本に於いては生まれた時の産湯、キリスト教では洗礼、そしてインドの沐浴。生だけではなく、別れの時にも水は必ず重要な役割を果たしてきた。旅立ちの時の水盃、死に水、湯灌……と。水が持つ、常に留まることなく流れ行く清浄な性質に役割を見出し、それを私達は自然に受け入れてきたのである。

我が郷土には多摩川の清流があり、近い町内の神輿《みこし》は川に入ることで禊《みそ》ぎとする。こんな近くにインドの沐浴に似た行為があることに、これまで気が付かずにいた。川の流れが人生に喩えられることや、水には生と死の間で大事な役割がある事も改めて考えさせられた。

お釈迦様の悟りを開かれた心境までは生涯辿りつけないが、川を眺めていると、不思議に炎を眺めている時と同じように引き込まれ、まるで対話しているような心境に至るのです。

並木恒延――「悠々」
（撮影　タケミアートフォトス）

あとがき

令和における唯識の継承

法相宗管長 薬師寺管主 加藤朝胤

唯識の歴史も教理も全く知ることなく、発心して薬師寺の僧侶となり、五十年が経ちました。薬師寺は興福寺と並ぶ法相宗の大本山です。この宗派の僧侶として正式に名前を連ねることができるのは、慈恩会《じおんね》の竪義加行《りゅうぎけぎょう》に合格した者だけです。合格者はその日から、中国の法相宗第二祖である慧沼《えしょう》にちなんだ、淄州《ししゅう》と呼ばれる襟巻を着ける事が許されます。私も髙田《たかだ》好胤《こういん》師匠から純白の淄州を賜り、これまで心の支えや励みにして参りました。還暦を迎えてから大学に復学して佛教を学び直したのも、生涯学びを続けられた師匠のお姿に倣ったのです。けれども私が管主の任を拝命した令和元年八月十六日、今の状態で佛教を学問面から奨励するという本来の意味で、淄州を後代に授けることはできるのだろうかという不安を抱きました。私自身が大学で数年学んだ位では、唯識教理の理解には程遠いということを自覚していたからです。

唯識は、すべての煩悩を滅して払拭しない限り永遠に深い深い泥沼の中を浮沈するような輪廻の輪から抜け出すことができない人間に対して、客観的に問い、理想を追った思想でした。その追求は煩悩に満ちた人間性の在り方を徹底的に問うもので、寸分の妥協も許さない純粋なものだったからこそ、難解な教義として敬遠されるようになりました。今日では学ぶための方法を記した指南書も教理を全般的に解説した教科書も残されていません。我々はただただ竪義加行のように選び出された典籍を丸暗記し、その暗記力を試しているような状況です。その意味をどこまで理解できているのかと問われたら、私も自信を持って答えることが難しいと言わざるを得ません。

そのような杞憂を持つ法相宗の一僧侶として、瑜伽行唯識派の歴史や思想の要となる部分を分かり易くまとめた、『唯識　これだけは知りたい』の上梓はこの上ない喜びです。

本書は京都大学人文科学研究所の船山徹先生と石垣明貴杞先生に、全般に渡って執筆して頂きました。両先生の該博な知識と膨大な資料の中から培われた智慧を以て、ようやく現代で作られた唯識の教科書ともいえる本です。難解だと避けられてきた唯識の歴史と思想を今の分かり易い言葉に置き換えて、教えとして日々活かせるようにと心がけた文章を認《したた》めて下さいました。

また現代を代表する美術工芸界の諸先生にも本書の重要性をご理解頂き、新たな作品を御提供賜ることができました。それぞれの作品には、先生方の芸術活動を通して培われた卓越した技術に、宗教性や精神性が込められています。自然の佇まいをはじめ、動物や植物や法具等、佛教の歴史に登場する様々なモチーフを用いて本書のために制作し、更にその思いまで文章に纏めて頂きました。

風前の灯《ともしび》となった唯識思想を後世へと継承するために、現代のこの日本から錚々《そうそう》たる先生方の一致協力が実現したのです。本書の刊行への道行は、まるで国家国民の幸せを願い、古の南都佛教寺院が協力し合って経典の書写を行い、教理を研鑽して全国へと広宣した時代が蘇ったかのようです。

法相宗の僧侶として今生を生きて七十五年、唯識学の継承の一助を担う役割を果たすことができました。ここまでお導き頂いた先徳や師匠。ご執筆頂いた船山徹先生と石垣明貴杞先生。「推薦のことば」をお書き下さいました宮田亮平先生。作品群は、お釈迦様が御入滅されたクシナガラの沙羅《さら》双樹《そうじゅ》林を、表紙のために描いて下さった田渕俊夫先生。今泉今右衛門先生　江里康慧先生　江里朋子先生　奥田小由女先生　勝城蒼鳳先生　加藤孝造先生　川瀬忍先生　小宮康正先生　小森邦衞先生　白幡明先生　鈴木藏先生　千住博先生　田辺竹雲斎先生　中村信喬先生　並木恒延先生　前田昭博先生　三輪休雪先生　森陶岳先生　樂直入先生。これら総勢二十三名の先生にお世話になりました。また法藏館様にも、学術書の枠を超えた試みに御尽力を賜りました。

このように佛教学者の両先生をはじめ、芸術文化の錚々たる諸先生に昵懇にして頂き、ご指導ご協力を賜った事は七十五年の生涯の大切な宝です。これからも温もりのあるお心に感謝すると共に、それを生涯の励みとしてより一層の研鑽を重ね、慈悲深く限りない法愛を伝えて参りたいと存じます。

誠にありがとうございました。

単純明瞭で確かな心の世界

京都大学人文科学研究所教授　船山　徹

唯識の勘所は何かと訊ねられたら、唯識とはこの世で確かな物事は皆すべて自らの心に現れたことであるという教えですと答えます。我が眼、我が肌、そして我が心で知ったことだけを私たちはしかと実感できます。唯識とは、この世にあるのは我が心だけであるという教えであると、思い切って言い換えてもよい程です。確かな存在はただ心のみです。

唯識の教えには一千七、八百年に及ぶ長い歴史があり、教えが伝わった地もインド・中国・朝鮮半島・日本・チベット・モンゴル、そして現代のヨーロッパとアメリカと世界各地に広がります。ですから教えは一つでも、それを言い表す言葉と歴史の蓄積は膨大な量に上ります。「唯識」と言っても「唯《た》だ識のみなり」と言っても、まず識とは何かを説明しなければ何も始まらないし、この世は心の現れに過ぎないと言っても、心と識は同じか違うかを説明しなければなりません。唯識と唯心は同じか違うか、阿頼耶識《あらやしき》とは何か、八識とは何か、悟りのことをなぜ転依《てんね》と呼ぶか、無著《むじゃく》と世親《せしん》は何をした人か、唯識とエゴイズム・利己主義・哲学の独我論《どくがろん》はどう違うか等々、細かいことを論じ始めればきりがありません。

わたくしは普段、インドの瑜伽行派唯識思想を研究しています。これまでに書いた論文の主題は中国日本に伝わらなかったディグナーガ以降の思想史、特に八世紀後半のカマラシーラの思想でした。原文を読むために用いる言語は、サンスクリット語と漢訳（古い中国語訳）とチベット語訳、研究書を読むのに普段から使う現代語は日本語・英語・中国語・ドイツ語などです。わたくしは大学三回生から佛教を学び始めましたが、指導してくれた先生は、「佛教学をモノにするには古典語と現代語あわせて八カ国語必要――英語・ドイツ語・フランス語・日本語・サンスクリット語・パーリ語・チベット語・中国語（漢文・古典漢語）――である」と言われ、眼の前が暗くなったのを思い出します。佛教を本格的に学ぼうとすれば、それは本当のことなのです。

今回、思いがけなくも、インドの早期唯識と東アジア伝来の概説について加藤朝胤管主の企画に協力する機会を与えられたことは身に余る幸せです。わたくしが臆することなく、一つ一つの事柄を楽しみ、どのように説明すれば不慣れな方々に分かり易くなるかを色々考えながら書けたのは大きな喜びでした。あそこをこう書き改めようと風呂で思い付いたり、布団の中で名案が浮かんだりの唯識三昧を堪能しました。嫌々ながらに書くと、その雰囲気は不思議と読者に伝わるものですが、楽しく書いた内容はきっと読者の興味を引くことにつながるでしょう。

日頃わたくしは、論文と称して沢山の注を付けた原文引用だらけの文を書き重ね今に至ります。一方、本書のように注を最小限に切り詰め、細か過ぎることに足を突っ込んで重箱の隅をつつくような真似をせずに、まず要するにどういうことかを単刀直入に書くことは、書き手の度胸と理解の度合いをそのまま映し出します。唯識学の研究書は堅苦しくて分かりにくく七面倒臭いです。それは専門家が専門家のみに向けて書いているからです。唯識の大綱、最も大切な是非知っておきたい事柄はむしろ少なく綺麗にまとまります。数学の定理と同じ様にすっきり単純で美しいとは言いませんが、「これだけは知っておきたい」と思う唯識の基本は意外に簡潔明瞭です。

本書を草するにあたってわたくしが特に心懸けたことは二つです。不要な語句や書名・人名の羅列を避けることと、少ない術語で基本を単純明快に説明することでした。それがうまくいったかどうかは分かりません。わたくし自身は、この稀有の機会を心から感謝しています。

私達の生き方と唯識の考え方

京都大学人文科学研究所　石垣明貴杞

日本人は、近世まで誰もインドの地で直接佛教を学べませんでした。これは日本佛教の歴史的な事実です。インドで釈迦牟尼が説かれた「悟り」は、現世での幸せと共に繰り返す輪廻を断ち切り、二度と苦しみや悲しみのあるこの世界には生まれ出ない、という将来を理想としました。唯識は、その道のりが大変長く厳しいことを説く教えです。

それでは最後に、これまで本書の中で述べられてきた歴史や思想を念頭に置いて、唯識思想で最も特徴的な五姓格別《ごしょうかくべつ》の無姓有情《むしょううじょう》を、私達の人生に照らし合わせて考えてみたいと思います。無姓有情とは、幾度生まれ変わっても悟れない存在のことでした。それは具体的にどのような気質の人をいうのでしょうか。残念なことに詳細を詳《つまび》らかにした文字資料は見つかっていません。けれども幾度生まれ変わっても悟れないことから、犯した罪を未来永劫反省することができず、過ちを繰り返す可能性が高い気質であることが連想されます。

ご自分がそれに該当すると思われる方はおられますか？ 確かに私達は間違いを起こして積み重ねます。けれども誰かに尽くしたことがないという方はおられるでしょうか。家族のために働くこと。夜を徹した看病。大切な人とのお別れで止められない涙。過ちと共に、これまで他者を慈《いつく》しむ行為も重ねながら暮らしてきたのではないでしょうか。ごめんなさいの言葉は言えなくても、喧嘩の後の笑顔には、そこに何らかの反省があったはずです。そのような行いを重ね、佛縁を得て、悟りはまだ先のことだと思われるような方を、私はとても無姓有情だと断定することなどできません。

唯識思想に従うならば、皆さんが無姓有情でない限り、いつかは「悟り」を得ることができるはずです。けれどもそれは、永遠と言える程遠い未来のことかもしれません。そうであるならば、数えきれない輪廻を繰り返す先のことでも、まだ「悟り」を得ることを第一目標に掲げるでしょうか。それとも近く訪れる次の世に想いを馳せて、達成可能だと思われる目標も置かれますか。

伴侶を亡くした老齢の女性が「生まれ変わっても、もう一度お父さんと結婚したい」と言い、両親より早くに命の燈を消した子供が「またお父さんお母さんの子供に生まれたい」と言葉にしました。これらは私が実際に耳にした言葉です。彼らは釈迦牟尼のように輪廻を止めようとは思っていません。来世があることを心の支えにし、最も近い未来に幸せを託しているのです。

このように時代や環境によって、人を救う考え方や求められる思想は変わるのです。どちらが正しい、どちらが悪いと単純に判断できるものではありません。釈迦牟尼は修行者のために定めた戒律を、相手に合わせて臨機応変に対応させたことが記録に残されています。足の肌が傷つきやすい修行者には、草履《ぞうり》を履くことを許しました。唯識の教理を人生の指針にして、日々厳しい生活を営んだ先徳の精神力と生き方は充分尊敬に値します。けれども佛教の歴史には、絶対に守るべき面と、柔軟な考え方が適応される面があったことを、私は本書に記しました。このようなしなやかな特性があったからこそ、佛教社会や唯識思想は現代までの長い時間、国を超え、時には多くの人々の励みになり、時には悪の行為を止める抑止力にもなったのではないでしょうか。

私達はこれからも間違った行いをすることがあるでしょう。けれども本書を読まれた皆さんは、もうご存知のはずです。唯識では「悟り」を得るのに大変長い時間を要することを。そして私達が無姓有情でない限り、その思想を信じて命懸けで山を越え海を渡り、導き救いとなる行動を起こした多くの僧侶や、それを支えた在家信者と同じように、生を積み重ねながら「悟り」へと進むことができることを。日本に残る、唯識思想を今も継承する寺院に見守られながら。

どうか幸せな時だけでなく、人生で迷った時、苦しい時、悲しい時にも、本書に記された歴史や思想、佛教に対する心の籠った素晴らしい作品の数々を思い出して頁を開き、一歩、「悟り」へと歩みを進めることができますように。そして機会があれば、法相宗の寺院でご自身の人生を省みて、進むべき道を知り、励みとなる力に恵まれますように。

本書がそのように役立つことを心から願います。

謝辞　日本を代表する美術や工芸の先生方から、本書は多大なご協力を賜ることができました。依頼時、すべての先生が「ご協力させて頂きます」と即答して下さいました。同時にほとんどの先生が「私で宜しいのでしょうか」と、敬虔な言葉を添えられたことを皆さんにお伝えしておきたいと思います。

退院直後や超御多忙であるにもかかわらずご快諾下さった先生。百五十キロもの土をクレーンで持ち上げて中に入り、くり抜く技法で制作された先生。日常で使えなければ工芸品ではないと、具体的な使用例までご教示下さった先生。依頼が入った時、丁度テーマに沿う作品を制作中であったことに強くご縁を感じられた先生。親子でご制作下さった恩師の先生とお嬢様。

周囲に蛇が出る工房でひたすら制作に打ち込まれた先生。奥様が材料作りをされている、実は共同作品。膝を痛めていた私に、自作の杖を分けて下さった先生。次世代への継承に心を砕かれる先生。ご家族総出で作品を選んで下さった先生。子供達の持つ素晴らしい特性を熱心に話される先生。そして諸先生を支えておられる奥様方やご家族の皆様。何度伺っても道を覚えられず、ナビにも表示されない山中の工房や、雪道を時速三十キロで帰った日。

本当に日本をあっちへこっちへと移動しながらの数年でした。けれどもお目に掛かれば、いつも笑顔や溢れんばかりの珠玉の言葉、そして大きな力を頂戴することができました。若くとも、七十歳や八十歳を越えられていても、「まだやりたいことがあるんだよね」が、先生方共通の言葉であったことを忘れられません。使命感や責任感を背負うべくして背負われたご人徳と、常にさらなる高みを目指す御姿に、ただただ頭を垂れるばかりの私でした。令和の日本には、これほど素晴らしい人材と文化があるではないかと、心から誇らしく思う数年でした。

本書出版への契機と、多くの先生方との橋渡しをして下さった加藤朝胤先生。美術や工芸の先生方と広く親交があり、鋭い指摘と共に推薦文を賜った宮田亮平先生。全般にわたり専門的な知識と最新情報を惜しみなくご教示下さった船山徹先生。快く資料をご提供頂いた興福寺の森谷英俊貫首。質問にご回答頂いた法隆寺の古谷正覚管長と大野正法執事長。真っ赤に訂正された原稿を黙々と編集して下さった法藏館編集部の今西智久さんと他の皆様。そしてあの世の存在を思うきっかけをくれた父。私の活動を応援してくれる母節子。常に心の支えになってくれる子供達とその伴侶の裕貴・貴都・嵩久・晴香。元気の源である初孫の伊織。ご縁のあった多くの方々のお陰で本書に携わることができました。

心より感謝を申し上げます。

参考書

☆は入門者の必読書。✽は原典の現代語訳。無印は専門書。

浅田（二〇〇四）　浅田正博「徳一との法華権実論争」、大久保良峻（編）『日本の名僧3　山家の大師最澄』、吉川弘文館、一三六〜一六一頁。

石田（一九九五）　石田瑞麿「学問僧と諸宗の学」、中井真孝（編）『奈良佛教と東アジア　論集奈良佛教5』、雄山閣出版、一三〜三一頁。

石田（二〇一五）　石田琳彰『観音寺の歴史と文化財　府大寺から観音寺信仰の寺へ』、花乱社。

井上薫（一九九七）　井上薫『行基事典』、国書刊行会。

井上光貞（一九六一）　井上光貞「南都六宗の成立」、『日本歴史』一五六、二〜一四頁。

宇井（一九二八／六五）　宇井伯壽「決定蔵論の研究」、同『印度哲学研究 第六』、岩波書店、五四一〜七八九頁。

王邦維（二〇〇〇）　王邦維（校注）『南海寄帰内法伝校注』、中外交通史籍叢書、中華書局。

王邦維（二〇〇九）　同（校注）『大唐西域求法高僧伝校注』、中外交通史籍叢書、中華書局。

✽大地原（一九七九）　大地原豊（訳）「ミリンダ王の問い」、長尾雅人（編）『世界の名著1　バラモン教典・原始佛典』、中央公論社、五三九～五五二頁。

大野（一九七九）　大野達之助（編）『日本佛教史辞典』、三秀舍。

✿梶山（一九七六）　梶山雄一（訳）「唯識二十論」、長尾ほか（一九七六）、五～三〇頁の訳、三五九～三六四頁の注。＝梶山雄一（訳）「二十詩節の唯識論（唯識二十論）」、長尾編（一九七八）、四二七～四四五頁。

✿梶山（一九七八）　同（訳）「認識と論理（タルカバーシャー）」、長尾編（一九七八）、四四七～五四三頁。

梶山（一九八七／二〇一三）　同「佛教思想史における親鸞」、『梶山雄一著作集　第六巻　浄土の思想』、春秋社、二〇一三、三八三～四七七頁。原載─梶山雄一『大乗佛典　中国・日本篇22　親鸞』、中央公論社、一九八七、三〇五～四三〇頁「解説──佛教思想史における親鸞」。

勝又（一九六八）　勝又俊教「鎌倉時代における法相教學の諸問題」、『印度學佛教學研究』一六‐二、一〇六～一一三頁。

✿桂（一九七七）　桂紹隆「因明正理門論研究［一］」、『広島大学文学部紀要』三七、一〇六～一二六頁。

✿桂（一九七八）　同「因明正理門論研究［二］」、『広島大学文学部紀要』三八、一一〇～一三〇頁。

✿桂（一九七九）　同「因明正理門論研究［三］」、『広島大学文学部紀要』三九、六三～八二頁。

✻桂（一九八一）　同「因明正理門論研究［四］」、『広島大学文学部紀要』四一、六二～八二頁。

✻桂（一九八二）　同「因明正理門論研究［五］」、『広島大学文学部紀要』四二、八二～九九頁。

✻桂（一九八四）　同「因明正理門論研究［六］」、『広島大学文学部紀要』四四、四三～七四頁。

✻桂（一九八七）　同「因明正理門論研究［七］」、『広島大学文学部紀要』四六、四六～六五頁。

✻桂（二〇一六）　同「龍樹『根本中頌（ムーラ・マドゥヤマカ・カーリカー）翻訳編』、桂紹隆・五島清隆『龍樹『根本中頌』を読む』、春秋社、三～一一三頁。

工藤（一九八二）　工藤成樹「中観と唯識――空、一乗・三乗、二諦等をめぐって」、平川彰・梶山雄一・高崎直道（編）『講座・大乗佛教8　唯識思想』、春秋社、二一一～二三三頁。

黒板（一八五七）　黒板勝美（編）『新訂増補国史大系・尊卑分脉』、吉川弘文館。

黒板（一九八九）　黒板勝美・国史体系編修会（編）『令集解　第一』、吉川弘文館、二一九頁。

興福寺・薬師寺（一九八二）　『慈恩大師御影聚英』、法藏館、一六一～一七三頁。

小島（二〇一五）　小島信泰「〈論説〉日本古代・中世の国家と佛教」、『創価法学』四五（二）、一～一二三頁。

佐伯（一九二五）　佐伯良謙『慈恩大師伝』、京都・藤井佐兵衛。

佐久間（二〇一二）　佐久間秀範「瑜伽行思想とは何か」第二節「修行者の視点——転依思想の展開史」、高崎直道（監修）桂紹隆・斎藤明・下田正弘・末木文美士（編）『シリーズ大乗佛教7　唯識と瑜伽行』、春秋社、三五～四〇頁。

城福雅伸（一九八八）　城福雅伸「『唯識論同学鈔』の編纂上の問題に関する一考察（二）」、『印度學佛教學研究』三六－一二、一六〇～一六二頁。

沈剣英（二〇〇八）　沈剣英『敦煌因明文献研究』、上海古籍出版社。

勝呂（一九七六／二〇〇九）　勝呂信静「瑜伽論の成立に関する私見」、『勝呂信静選集第一』、山喜房佛書林、二〇〇九、二九七～三四二頁。初出一九七六年。

勝呂（一九八二）　同「唯識説の体系の成立」、平川彰・梶山雄一・高崎直道（編）『講座・大乗佛教8　唯識思想』、春秋社、七七～一一二頁。

勝呂（一九八九）　同『初期唯識思想の研究』、春秋社。

✼諏訪（一九九一）　諏訪義純（訳）「真諦伝」、諏訪義純・中嶋隆藏（訳）『大乗佛典　中国・日本篇14　高僧伝』、中央公論社、五一～五八頁。

武内（二〇〇七）　武内孝善「『空海僧都伝』と『遺告二十五ヶ条』」、『密教文化』二一八、一一～三五頁。

✼『ターラナータ佛教史』　→ Chimpa/Chattopadhyaya (1997)

張堂（二〇一八）　張堂興昭「大乗戒勅許と最澄の最後をめぐる定説への疑義――『叡山大師伝』を中心に」、『印度學佛教學研究』六七―一、二八～三三頁。
＊戸崎（一九七九）　戸崎宏正『佛教認識論の研究（上巻）』、大東出版社。
＊戸崎（一九八五）　同『佛教認識論の研究（下巻）』、大東出版社。
＊戸崎（一九八六）　同「法称著『プラマーナ・ヴィニシュチャヤ』第１章現量（知覚）論の和訳（１）」、『哲学研究』四五（九州大学文学部）、一～八頁。
＊戸崎（一九八七）　同「法称著『プラマーナ・ヴィニシュチャヤ』第１章現量（知覚）論の和訳（２）」、『哲学研究』四六、一～一二頁。
＊戸崎（一九八九a）　同「法称著『プラマーナ・ヴィニシュチャヤ』第１章現量（知覚）論の和訳（３）」、藤田宏達博士還暦記念論集刊行会（編）『インド哲学と佛教――藤田宏達博士還暦記念論集』、平樂寺書店、三二七～三四〇頁。
＊戸崎（一九八九b）　同「法称著『プラマーナ・ヴィニシュチャヤ』第１章現量（知覚）論の和訳（４）」、『哲学研究』四八、一～一八頁。
＊戸崎（一九九〇a）　同「法称著『プラマーナ・ヴィニシュチャヤ』第１章現量（知覚）論の和訳（５）」、『哲学研究』四九、六一～七九頁。
＊戸崎（一九九〇b）　同「法称著『プラマーナ・ヴィニシュチャヤ』第１章現量（知覚）論の和訳（６）」、『西日本宗教学雑誌』一二、五八～六二頁。
＊戸崎（一九九一）　同「法称著『プラマーナ・ヴィニシュチャヤ』第１章現量（知覚）論の和

訳（7）」、『哲学研究』五〇、一〜一〇頁。

※戸崎（一九九二）　同「法称著『プラマーナ・ヴィニシュチャヤ』第1章現量（知覚）論の和訳（8）」、『哲学研究』五一、一〜七頁。

中井（一九八六）　中井真孝「奈良時代の得度制度——特に後験制を中心に」、速水侑（編）『論集日本佛教史　第二巻　奈良時代』、八三〜一〇八頁。

長尾（一九四一／七八）　長尾雅人「三性説とその譬喩」、長尾雅人『中観と唯識』、岩波書店、二〇七〜二三六頁。論文初出一九四一年。

長尾（一九七一／七八）　同「佛身論をめぐりて」、長尾雅人『中観と唯識』、岩波書店、二六六〜二九二頁。論文初出一九七一年。

※長尾（一九八二）　同『摂大乗論　和訳と注解　上』、インド古典叢書、講談社。

※長尾（一九八七）　同『摂大乗論　和訳と注解　下』、インド古典叢書、講談社。

※長尾編（一九七八）　長尾雅人（編）『世界の名著2　大乗佛典』、中央公論社。

※長尾ほか（一九七六）　長尾雅人・梶山雄一ほか『世親論集』、大乗佛典、中央公論社。

※中村（一九七八）　中村元（訳）『真理のことば・感興のことば』、岩波文庫、一九七八年。

根本（一九八六）　根本誠二「奈良時代の師僧」、速水侑（編）『論集日本佛教史　第二巻　奈良時代』、雄山閣出版、一三三〜一五〇頁。

根本（一九九九）　同『奈良時代の僧侶と社会』、雄山閣出版。

☆服部（一九七〇／九七）　服部正明「第一部瑜伽行としての哲学」、服部正明・上山春平『認識と超

越「唯識」』、角川書店、一九～一九五頁。初出一九七〇年。

早島（一九八二）　早島理「唯識の実践」、平川彰・梶山雄一・高崎直道（編）『講座・大乗佛教8　唯識思想』、春秋社、一四五～一七六頁。

速水（一九八六）　速水侑「律令国家と佛教」、速水侑（編）『論集日本佛教史　第二巻　奈良時代』、雄山閣出版、五～五〇頁。

平岡・山崎（一九八五）　平岡定海・山崎慶輝（編）『日本佛教宗史論集　第二巻　南都六宗』、吉川弘文館。

深浦（一九五四ａ）　深浦正文『唯識学研究　上巻　教史論』、永田文昌堂。

深浦（一九五四ｂ）　同『唯識学研究　下巻　教義論』、永田文昌堂。

富貴原（一九四四／八九）　富貴原章信『日本唯識思想史』、大雅堂、一九四四年。再版『富貴原章信佛教学選集　第三巻』、国書刊行会、一九八九年。

富貴原（一九七五）　同『日本中世　唯識佛教史』、大東出版社。

船山（二〇〇三）　船山徹「龍樹、無著、世親の到達した階位に関する諸伝承」、『東方學』一〇五、一三四～一二一頁。

船山（二〇一九ａ）　同『六朝隋唐佛教展開史』、法藏館。

☆船山（二〇一九ｂ）　同『佛教の聖者——史実と願望の記録』、京大人文研東方学叢書8、臨川書店。

☆船山（二〇二〇）　同『菩薩として生きる』、同（編）シリーズ実践佛教第一巻、臨川書店。

✽船山（二〇二一）　同『婆藪槃豆伝――インド佛教思想家ヴァスバンドゥの伝記』、法藏館。

法隆寺（一九九四）　法隆寺「成唯識論古本奥書集成」、『法隆寺勧学院開設百周年記念性相・法隆寺学研究』、春秋社、三三一～三四九頁。

堀池（一九八九）　堀池春峰「東大寺別当次第」、『国史大辞典10』、吉川弘文館。

✽水谷（一九九九a）　玄奘、水谷真成（訳注）『大唐西域記1』、東洋文庫653、平凡社。

✽水谷（一九九九b）　玄奘、水谷真成（訳注）『大唐西域記2』、東洋文庫655、平凡社。

✽水谷（一九九九c）　玄奘、水谷真成（訳注）『大唐西域記3』、東洋文庫657、平凡社。

蓑輪（二〇二一）　蓑輪顕量「第七章　日本における玄奘の門下生に見る修行道――道昭と行基」佐久間秀範・近本謙介・本井牧子（編）『玄奘三蔵――新たなる玄奘像をもとめて』、勉誠出版、二五九～二七一頁。

薬師寺　『法相宗宗制』。

結城（一九四〇）　結城令聞『唯識の思想と歴史』、大法輪閣。

横山（二〇一二）　横山紘一『唯識とは何か――『法相二巻抄』を読む』、春秋社、一九八六年初版、二〇〇五年増補版、二〇一二年新装版。

✽吉川・船山（二〇〇九）　慧皎（著）、吉川忠夫・船山徹（共訳）『高僧伝（一）』、岩波文庫、岩波書店。

吉津（一九九七）　吉津宜英「「法相宗」という宗名の再検討」、『渡邊隆生教授還暦記念論集　佛教思想文化史論叢』、永田文昌堂、四六五～四八四頁。

鷲尾（一九九六）　鷲尾順敬（編）『辞典叢書　12　日本佛家人名辞書』（復刻第一刷）、東京美術。初版一九〇三年、一九一一年増訂再版、一九八二年増訂第六刷。

✼渡辺（一九六九／八二）　渡辺照宏（訳）「唯識三十頌」、『渡辺照宏佛教学論集』、筑摩書房、一〇七～一一八頁。初出一九六九年。

『新編纂図本朝尊卑分脈系譜雑類要集』、吉川弘文館、一九〇三～一九〇四年。

『大日本佛教全書』第六十五巻　史伝部四、鈴木学術財団（編）、講談社。

『南都六宗　日本佛教宗史論集　第二巻』、吉川弘文館。一九八五年。

『日本佛教人名辞典』、法藏館、一九九二年。

✼Chimpa/Chattopadhyaya (1997)　Lama Chimpa and Alaka Chattopadhyaya (tr.), *Tāranātha's History of Buddhism in India*, Delhi: Motilal Banarsidass.

Dhruva (1930)　Dhruva, Anandshankar B. (ed.), *The Nyāyapraveśa*, pt. 1., Gaekwad's Oriental Series 38, Barodha: Oriental Institute.

Frauwallner (1951)　Frauwallner, Erich, *On the Date of the Buddhist Master of the Law Vasubandhu*, Serie Orientale Roma 3, Roma: Is.M.E.O.

Frauwallner (1959)　Id., "Dignāga, sein Werk und seine Entwicklung," *Wiener Zeitschrift für die Kunde Süd- und Ostasiens* 3, pp. 83–164.

Frauwallner (1961)　Id., "Landmarks in the History of Indian Logic," *Wiener Zeitschrift für die Kunde*

Süd- und Ostasiens 5, pp. 125–148.

Funayama (2021) Funayama Toru, "The Genesis of **Svasaṃvitti-saṃitti* Reconsidered." In Siderits, Mark, Ching Keng, and John Spackman (eds.), *Buddhist Philosophy of Consciousness: Tradition and Dialogue*, Leiden / Boston: Brill Rodopi, pp. 209–224.

Gnoli (1960) Gnoli, Raniero, *The Pramāṇavārttikam of Dharmakīrti: The First Chapter with the Autocommentary*, Roma: Is.M.E.O.

✻ Hattori (1968) Hattori, Masaaki 服部正明, *Dignāga on Perception: Being the Pratyakṣapari-ccheda of Dignāga's* Pramāṇasamuccaya *from the Sanskrit Fragments and the Tibetan Versions*, Cambridge MA: Harvard University Press.

Hugon and Tomabechi (2011) Hugon, Pascale and Toru Tomabechi (eds.), *Dharmakīrti's Pramāṇaviniścaya, Chapter 3*, Beijing: China Tibetology Publishing House and Vienna: Austrian Academy of Sciences Press.

Jambuvijaya (2009) Muni Jambuvijaya (ed.), *Nyāyapraveśakaśāstra of Bauddhācārya-Diṅnāga (The Father of the Buddhist Logic): With the Commentary of Ācārya Haribhadrasūri and with the Subcommentary of Pārśvadevagaṇi*, Delhi: Motilal Banarsidass / Ahmedabad: Siddhabhuvan Manohar Jain Trust / Bhavnagar: Jain Atmanand Sabha.

✻ Obermiller (1932)	Obermiller, E., *History of Buddhism (Chos-'byung) by Bu-ston, II Part, The History of Buddhism in India and Tibet*, Heidelberg: In Kommission bein O. Harrassowitz.
Sāṅkṛtyāyana (1937)	Sāṅkṛtyāyana, Rāhula, *Dharmakīrti's Pramāṇavārttika with a Commentary by Manorathanandin*, Bihar and Orissa Research Society.
Schmithausen (1967)	Schmithausen, Lambert, "Sautrāntika-Voraussetzungen in Viṃśatikā und Triṃśikā," *Wiener Zeitschrift für die Kunde Süd- und Ostasiens* 11, pp. 109–136.
Schmithausen (1992)	Id., "A Note on Vasubandhu and the Laṅkāvatārasūtra," *Asiatische Studien* 46/1, Bern / Frankfurt / New York / Paris / Wien: Peter Lang, pp. 392–397.
Steinkellner (2005)	Steinkellner (ed.), *Ernst, Dignāgat's Pramāṇasamuccaya, Chapter 1: A Hypothetical Reconstruction of the Sanskrit Text with the Help of the Two Tibetan Translations on the Basis of the Hitherto known Sanskrit Fragments and the Linguistic Materials Gained from Jinendrabuddhit's Ṭīkā*, DOI: www.oeaw.ac.at/ias/Mat/dignaga_PS_1.pdf, April 2005.
Steinkellner (2007)	Id. (ed.), *Dharmakīrti's Pramāṇaviniścaya, Chapters 1 and 2*, Beijing: China Tibetology Publishing House and Vienna: Austrian Academy of Sciences Press.

Steinkellner (2016) Id., *Dharmakīrti's Hetubindu*, critically edited by Ernst Steinkellner on the basis of preparatory work by Helmut Krasser with a translation of the Gilgit fragment by Klaus Wille, Beijing: China Tibetology Publishing House and Vienna: Austrian Academy of Sciences Press.

✻ Steinkellner (2022) Id., *A Splash of the Logical Reason: Dharmakīrti's Hetubindu Translated*, Vienna: Austrian Academy of Sciences Press.

年表

Aインド、B中国、C日本　全角太字は瑜伽行唯識派・法相の記事

社会一般	佛教　Aインド	佛教　B中国	佛教　C日本
B前七七〇~四〇三　春秋時代 B前四〇三~二二一　戦国時代 A前三一七頃　チャンドラグプタ、マウリヤ朝を創始	前四六三~三八三頃または五六六~四八六頃　シッダールタ（後の釈迦牟尼）、カピラヴァストゥに生まれ、ボドガヤで成道し、四十五年余り遊行説法し、クシナガルで卒す 佛滅直後　釈迦牟尼の直弟子、佛典結集《ぶってんけつじゅう》を行う		
A前二六八~二三二頃　アショーカ王、マウリヤ朝を治める B前二二一　秦の始皇帝、中国を統一 B前二二一~二〇七　秦 A前一五五~一三〇頃　ギリシャ人メナンドロス王、北	初期佛教時代が終わり、アショーカ王の時、佛教教団に最初の分裂が生まれ、部派佛教の時代始まる		

西印度を支配
B前二〇六～後八　前漢
B後八～二三　新
B前二五～二二〇　後漢
A後一世紀中頃～三世紀前半　クシャーナ朝、インド北西部を統治
B二二〇～八〇　三国時代（魏・蜀・呉）
B二六五～三一六　西晋
B三〇四～四三九　五胡十六国
B三三七～七〇　前秦
A約三二〇～三五頃　グプタ朝チャンドラグプタ一世
B三八四～四一七　後秦
B三一七～四二〇　東晋
A約三七六～四一五頃　グプタ

紀元直前頃か前一世紀頃　インド大乗佛教の始まり
～後三世紀頃　『般若経』等の初期大乗経典、世に現る
一五〇～二五〇頃　中観派始祖ナーガールジュナ
四世紀後半　始祖マーイトレーヤ下生し、瑜伽行派始まる
四世紀後半～五世紀前半　瑜伽行派アサンガとヴァスバンドゥ

後六八　後漢の明帝、佛教初伝（中国における佛教公認の始まり）
一五〇前後頃　安世高、洛陽で初めて佛典を翻訳
一八〇前後頃　支婁迦讖、洛陽で大乗経典を翻訳
四〇一～四〇九頃　鳩摩羅什、長安で佛典を翻訳。三論学の始まり
四一二～四三三　曇無讖、姑臧

朝チャンドラグプタ二世、
北インドを統一
B三八六～五三四　北魏（北朝）
B三九七～四三九　北涼
B四二〇～四七九　南朝宋
B四七九～五〇二　南朝斉
A六世紀初　グプタ朝衰退す
B五〇二～五五七　梁（南朝）
B五〇二～五四九　武帝、梁を
統治
B五三四～五五〇　東魏（北朝）
B五三五～五五六　西魏（北朝）
B五五七～五八九　陳（南朝）
B五五〇～五七七　北斉（北朝）
B五五七～五八一　北周（北朝）
B五八一～六一八　隋
B五八九　隋、全土を統一

四八〇～五四〇頃　経量部瑜伽
行派ディグナーガ
六世紀中後期　ダルマパーラ
（護法）
同じ頃　瑜伽行派スティラマ
ティ（安慧）、中観派バハー
ヴィヴェーカ（清弁）ら

で如来蔵経典を翻訳
四四六～四五二　北魏の太武
帝、佛教を弾圧（廃佛毀釈）
四五二　北魏で佛教復興す
六世紀前半　菩提留支ら洛陽
に地論学を弘める（瑜伽行派
の中国初伝）
五四八～五六九　真諦、江南に
摂論学を弘める（瑜伽行派の
中国第二伝）

C五三八／五五二　佛教伝来

C五九二～七一〇　飛鳥時代
A六〇六　ハルシャヴァルダナ（別名シーラアーディティヤ）のヴァルダナ朝
B六一八～九〇七　唐
B六二六～六四九　唐の太宗
B六九〇～七〇五　武則天、周を建国

六〇〇頃　中観派チャンドラキールティ
約六〇〇～六六〇頃　経量部瑜伽行派ダルマキールティ
八世紀頃　中観派シャーンティデーヴァ

六二九頃～四五　玄奘インド留学
六四五　玄奘、インドより帰り、長安で訳経開始
六四五～六六四　玄奘、根本典籍を翻訳し、次世代の法相学（瑜伽行派の中国第三伝）を基礎付ける
六六四　玄奘卒
六三二～六八二　窺基（慈恩大師、法相学初祖）
六三五～七一三　義浄
六七三～八五　義浄インド留学
七〇〇～七一一　義浄、佛典翻

C六三〇　第一回遣唐使
六五三　奈良の道昭（六二九～七〇〇）、瑜伽行思想を初めて日本に伝えるべく遣唐使船で入唐し、玄奘に学ぶ
六五八～　智通と智達、入唐し玄奘と智周に学ぶ
六六一　第一伝の道昭、奈良の飛鳥寺で活動（第一伝）
六七四　第二伝の智通（第二伝）
六七八頃　新羅の智鳳・智鸞・智雄の入唐と修学
六八〇　天武天皇、薬師寺建立を発願
六八六　天武天皇皇后、持統天皇として即位

C七一〇〜　平城京（奈良）

C七一〇〜七九四　奈良時代

B七一二〜七五六　唐の玄宗皇帝

A七五〇　パーラ朝起こる

A約七七〇〜八一〇頃　ダルマパーラ王、パーラ朝を統治

約六九〇〜七五〇頃　瑜伽行派ヴィニータデーヴァ、ナーランダー寺で活動

訳

六四三〜七一二　法蔵（華厳学）

六五〇〜七一四　慧沼（淄州大師、法相学二祖）

六七〇〜七〇〇頃　地婆訶羅・佛陀波利ら密教経典を翻訳す

七〇〇〜七一一　義浄、インドより帰り、訳経に従事

六六八〜七二三　智周（濮陽大師、法相学三祖）

同じ頃　実叉難陀・菩提流志・善無畏・不空ら密教経典を翻訳

七三〇　智昇『開元釈教録』

同じ頃　密教経典の翻訳流行

六九八　薬師寺の活動開始

七〇三〜　智鳳・智鸞・智雄、帰国し第三伝

七一〇〜　興福寺（奈良）

七一七　玄昉、遣唐使船で入唐して智周に学ぶ

七三〇　薬師寺東塔建立

七三五　玄昉帰国（瑜伽行派日本第四伝）

七三六〜　華厳宗（奈良）

七三七　第四伝の玄昉、僧正

七四五　薬師寺行基、大僧正

七四五　第四伝の玄昉、筑紫の観世音寺に左遷

七四六　玄昉卒

七五二　東大寺大佛開眼供養

七五三　鑑真（六八八〜七六三）、律宗《りっしゅう》を開く（奈良）

C七九四～　平安京（京都）
C七九四～一一八五　平安時代
B九〇七～九六〇　五代
B九〇七～一一二五　遼
B九六〇～一一二七　北宋
B九七九　北宋、全土を統一
C一一世紀末　ベンガルでパーラ朝に代わりセーナ朝起こる

約七二五～七八八頃　瑜伽行中観派シャーンタラクシタ
約七四〇～八〇〇頃　瑜伽行派ダルモッタラ
約七四〇～七九五頃　瑜伽行中観派カマラシーラ
九世紀初頃　ハリバドラ、『般若経』に注釈
九世紀前半　瑜伽行派プラジニャーカラグプタ
一〇世紀末　中観派プラジニャーカラマティ
同じ頃　ヴィクラマシーラ寺の隆盛
一一世紀前半　瑜伽行派ジニャーナシュリーミトラとラトナキールティ、ヴィクラマシーラ寺で活動

七三八～八三九　澄観（華厳学）
七八〇～八四一　宗密（華厳学）
八一〇頃　佛典翻訳の衰退
九七一～七七　世界初の木版大蔵経「開宝蔵《かいほうぞう》」の刊行
九八二～　天息災の佛典翻訳
一〇一一頃～八七　高麗大蔵経初雕本（開宝蔵系）

八〇六　最澄《さいちょう》（七六六頃～八二二）、天台《てんだい》宗を開く
八〇六　天台宗の比《ひ》叡山《えいざん》延《えん》暦寺《りゃくじ》
約八二〇前後　最澄と法相宗の徳一《とくいつ》の三一権実《さんいちごんじつ》論争
九世紀初　空海《くうかい》（七七四～八三五）、真言《しんごん》宗を開く

B一一一五～一二三四　金
B一一二七～一二七九　南宋
C一一八五～一三三三　鎌倉時代
B一二七一～一三六八　元
C一三三六～一五七三　室町時代
B一三六八～一六四四　明
C一五七三～一六〇三　安土桃

一二世紀末　インド佛教の衰退
一二〇三　ヴィクラマシーラ寺、ムスリムにより滅ぶ

一〇八〇～一一一二　崇寧大蔵経（東禅寺版）の刊行
一一一二～一一五一　毘盧大蔵経（開元寺版）の刊行
一一四九～七八　金蔵（開宝蔵系）
一二七七～九〇　元、普寧寺大蔵経の刊行

一一七五　法然《ほうねん》（一一三三～一二一二）、浄土宗を開く
一一九一　栄西《えいさい》（一一四一～一二一五）、臨済宗を開く
一一九五　重源《ちょうげん》（一一二一～一二〇六）、東大寺大佛を再建
一二〇二　京都の建仁寺
一二二四　親鸞（一一七三～一二六二）、浄土真宗を開く
一二二七　道元（一二〇〇～一二五三）、曹洞宗を開く
一七世紀前半　隠元《いんげん》（一五九二～一六七三）、黄檗《おうばく》宗を開く

山時代
C一六〇三~一八六八　江戸時代
B一六六二~一九一二　清
B一六四四　清、全土を統一
C一八六八~一九一二　明治時代
B一九一二　中華民国
C一九一二~二六　大正時代
C一九二六~八九　昭和時代
B一九四九　中華人民共和国
C一九八九~二〇一九　平成時代
C二〇一九~　令和時代

一五八九~一六七六　明、嘉興大蔵経（万暦版）の刊行
一七三五~三八　清、乾隆大蔵経（龍蔵）を刊行

一六六八~七八　黄檗宗の鉄眼《てつげん》（一六三〇~八二）、黄檗版大蔵経（鉄眼版）を刊行
一八七〇　明治政府、神佛分離により廃佛毀釈
一九二四~三四　大正新脩大蔵経を刊行
二〇〇八　大正新脩大蔵経電子版（ＳＡＴ）

【監修者】

加藤朝胤（かとう・ちょういん　法相宗管長 薬師寺管主）

【執筆者】

宮田亮平（みやた・りょうへい　前文化庁長官）
船山　徹（ふなやま・とおる　京都大学人文科学研究所教授）
石垣明貴杞（いしがき・あきこ　京都大学人文科学研究所）

【作品制作者】

今泉今右衛門（十四代）（いまいずみ・いまえもん）
江里康慧（えり・こうけい）
江里朋子（えり・ともこ）
奥田小由女（おくだ・さゆめ）
勝城蒼鳳（かつしろ・そうほう）
加藤孝造（かとう・こうぞう）
川瀬　忍（かわせ・しのぶ）
小宮康正（三代）（こみや・やすまさ）
小森邦衞（こもり・くにえ）
白幡　明（しらはた・あきら）
鈴木　藏（すずき・おさむ）
千住　博（せんじゅ・ひろし）
田辺竹雲斎（四代）（たなべ・ちくうんさい）
田渕俊夫（たぶち・としお）
中村信喬（三代）（なかむら・しんきょう）
並木恒延（なみき・つねのぶ）
前田昭博（まえた・あきひろ）
三輪休雪（十三代）（みわ・きゅうせつ）
森　陶岳（もり・とうがく）
樂　直入（十五代 樂吉左衛門）
（らく・じきにゅう）

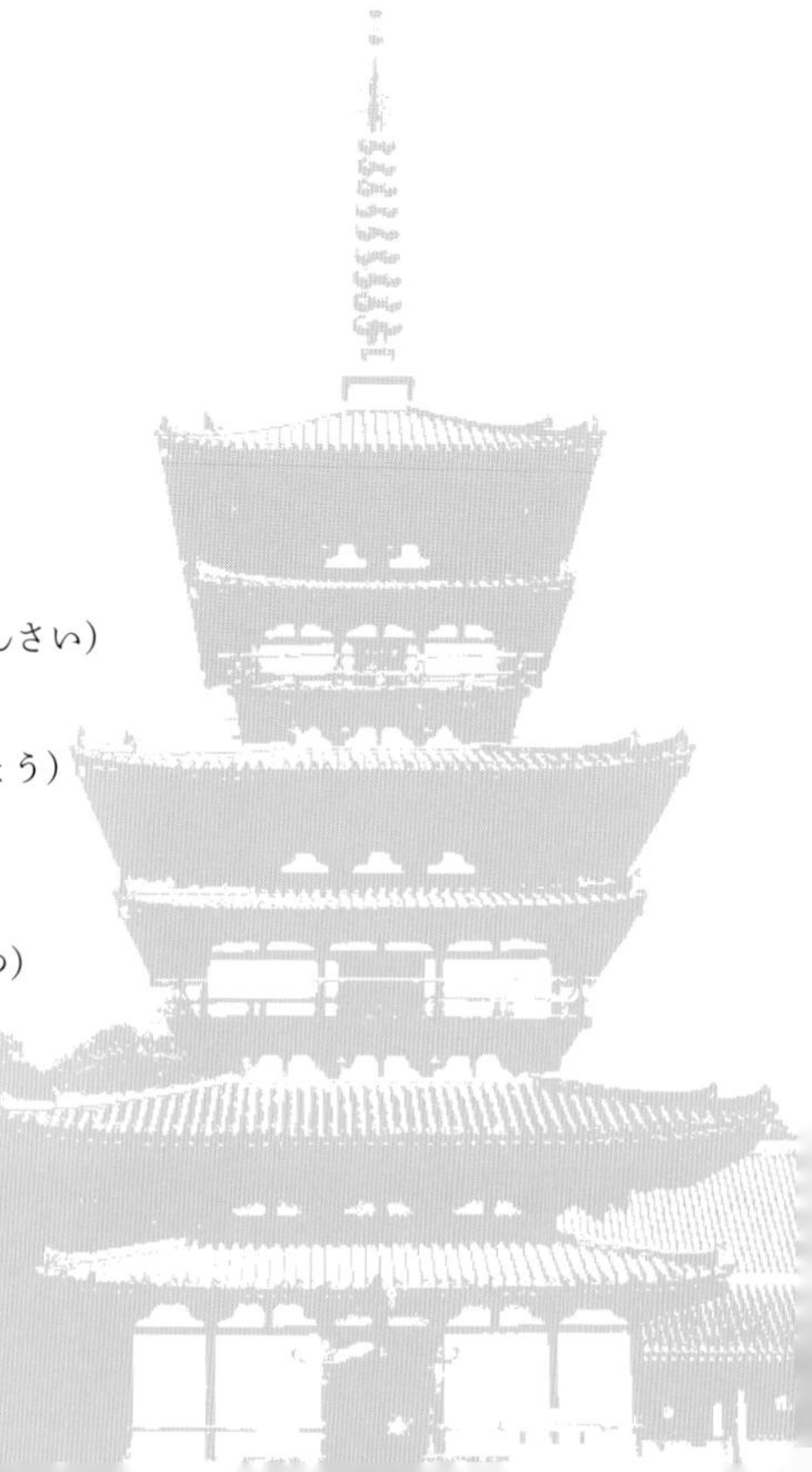

索　引

【ア】

【カ】

【サ】

【ナ】

【ハ】

唯《ゆい》識《しき》　これだけは知りたい

令和五年（二〇二三）四月二十一日　初版第一刷発行

監修者　加藤朝胤
発行者　西村明高
発行所　株式会社　法藏館
京都市下京区正面通烏丸東入
郵便番号　六〇〇－八一五三
電話　〇七五－三四三－〇〇三〇（編集）
〇七五－三四三－五六五六（営業）

装幀　上野かおる
印刷・製本　中村印刷株式会社

ISBN 978-4-8318-7771-0　C0015